O SEMINÁRIO
DE JACQUES LACAN

Campo Freudiano no Brasil

Coleção dirigida por Judith (*in memoriam*) e Jacques-Alain Miller

Assessoria brasileira: Angelina Harari

Jacques Lacan

O SEMINÁRIO

livro 17
o avesso da psicanálise

Texto estabelecido por
Jacques-Alain Miller

16ª reimpressão

ZAHAR

Tradução autorizada da primeira edição francesa publicada em 1991 por Éditions du Seuil, de Paris, França, na coleção Champ Freudien, dirigida por Jacques-Alain e Judith Miller.

Título original
Le Séminaire de Jacques Lacan
Livre XVII: L'envers de la psychanalyse

Grafia atualizada segundo o Acordo Ortográfico da Língua Portuguesa de 1990, que entrou em vigor no Brasil em 2009.

Novo projeto feito em 2016, sem alteração de conteúdo.

CIP-Brasil. Catalogação na fonte
Sindicato Nacional dos Editores de Livros, RJ

Lacan, Jacques, 1901-1981
L129s O Seminário, livro 17: o avesso da psicanálise, 1969-1970 / Jacques Lacan; texto estabelecido por Jacques-Alain Miller; [versão brasileira de Ary Roitman, consultor, Antonio Quinet]. – 1ª ed. – Rio de Janeiro: Zahar, 1992.

(Campo freudiano no Brasil)

Tradução de: Le séminaire de Jacques Lacan livre XVII: L'envers de la psychanalyse.
Anexos
ISBN 978-85-7110-235-4

1. Psicanálise – Discursos, conferências etc. I. Miller, Jacques-Alain. II. Título. III. O avesso da psicanálise. IV. Série.

CDD: 150.195
9710-2 CDU: 159.964.2

EDITORA SCHWARCZ S.A.
Praça Floriano, 19, sala 3001 – Cinelândia
20031-050 – Rio de Janeiro – RJ
Telefone: (21) 3993-7510
www.companhiadasletras.com.br
www.blogdacompanhia.com.br
facebook.com/editorazahar
instagram.com/editorazahar
twitter.com/editorazahar

livro 17

o avesso da psicanálise
1969-1970

Versão brasileira:
ARI ROITMAN

Consultor:
ANTONIO QUINET

SUMÁRIO

O avesso da vida contemporânea

Anexos

I

Produção dos quatro discursos

O discurso como sem palavras.
Os lugares pré-interpretam.
A relação do saber com o gozo.
O escravo roubado de seu saber.
O desejo de saber.

Permitam-me, caros amigos, interrogar mais uma vez esta assistência, em todos os sentidos do termo, que vocês me dão, especialmente hoje, seguindo-me, alguns de vocês, no terceiro de meus deslocamentos.

Antes de retomar esta interrogação, não posso fazer menos do que esclarecer, para agradecer a quem de direito, como estou aqui. É na qualidade de um préstimo que a Faculdade de Direito aceita fazer a vários de meus colegas da Escola de Altos Estudos, entre os quais aceitou me incluir. Que a Faculdade de Direito, e em particular suas mais altas autoridades – especialmente o sr. Decano – recebam aqui, penso que com o assentimento de vocês, os meus agradecimentos.

Como já lhes deve ter indicado o cartaz, só vou falar aqui na segunda e terceira quartas-feiras de cada mês – não certamente que o lugar não me tenha sido oferecido para todas as quartas –, liberando-me assim, para outros ofícios sem dúvida, as outras quartas-feiras. Particularmente, creio poder anunciar que na primeira dessas quartas de cada mês, ao menos em parte – quer dizer, uma de cada duas, e portanto as primeiras quartas-feiras de dezembro, fevereiro, abril e junho –, é a Vincennes que irei levar não meu seminário, como foi anunciado de maneira errônea, mas aquilo que, em contraste, e para sublinhar bem que se trata de outra coisa, tive o cuidado de denominar *quatro impro-*

visos, a que dei um título humorístico do qual vão tomar conhecimento nos locais onde já está afixado.

Pois, como vêem, gosto de deixar em suspenso tal indicação, e aproveito logo para deixar escapar aqui um escrúpulo que me ficou de uma espécie de acolhida que dei a uma pessoa, porque, pensando bem, vejo que foi pouco amável – não que eu tenha querido isto, mas se mostrou assim de fato.

Um dia, uma pessoa que talvez esteja aqui, e que sem dúvida não se apontará, abordou-me na rua bem no momento em que eu entrava em um táxi. Deteve sua pequena motoneta e me disse: – *O senhor não é o doutor Lacan?* – *Sou*, respondi, *por quê?* – *O senhor vai retomar seu seminário?* – *Claro que sim, e logo.* – *Onde?* E aí – sem dúvida tinha para isto minhas razões, ela haverá de acreditar em mim – respondi – *Aguarde e verá.* Depois disso, ela partiu em sua motoneta, arrancando com tal presteza que fiquei desconcertado e cheio de remorsos. São estes remorsos que queria exprimir hoje apresentando-lhe minhas desculpas, se ela está aqui, para que me perdoe.

Na verdade, é certamente uma ocasião para observar que jamais é pelo excesso de um outro, seja da forma que for, que alguém se mostra, pelo menos aparentemente, excedido. É sempre porque esse excesso vem coincidir com um excesso de vocês. Foi sem dúvida porque eu já estava, naquele ponto, em certo estado que representava um excesso de preocupação que me manifestei assim, de um modo que logo logo achei intempestivo.

Com isso, passemos ao assunto que trazemos este ano.

1

A Psicanálise pelo avesso, pensei que assim devia intitular este seminário.

Não creiam que este título deva algo à atualidade, que se julgaria em vias de virar ao avesso um certo número de lugares. Disto só darei a seguinte prova. Em um texto datado de 1966, especificamente em uma dessas introduções que fiz no momento da compilação de meus *Escritos* e que o escandem, texto que se intitula *De nossos antecedentes*, caracterizo na página 68[1] o que constitui meu discurso como uma retomada – disse eu – do projeto freudiano pelo avesso. Escrito portanto bem antes dos acontecimentos – *uma retomada pelo avesso.*

O que isso quer dizer? Ocorreu-me com muita insistência no ano passado distinguir o que está em questão no discurso como uma estrutura necessária, que ultrapassa em muito a palavra, sempre mais ou menos ocasional. O que prefiro, disse, e até proclamei um dia, é *um discurso sem palavras*.

É que sem palavras, na verdade, ele pode muito bem subsistir. Subsiste em certas relações fundamentais. Estas, literalmente, não poderiam se manter sem a linguagem. Mediante o instrumento da linguagem instaura-se um certo número de relações estáveis, no interior das quais certamente pode inscrever-se algo bem mais amplo, que vai bem mais longe do que as enunciações efetivas. Não há necessidade destas para que nossa conduta, nossos atos, eventualmente, se inscrevam no âmbito de certos enunciados primordiais. Se não fosse assim, o que seria do que encontramos na experiência, especialmente a analítica – sendo esta evocada nessa articulação apenas por havê-la precisamente designado –, o que seria do que se encontra para nós sob o aspecto do supereu?

Há estruturas – não poderíamos designá-las de outro modo – para caracterizar o que se pode extrair daquele *em forma de* sobre o qual me permiti, ano passado, enfatizar um emprego particular – quer dizer, o que se passa em virtude da relação fundamental, aquela que defini como sendo a de um significante com um outro significante. Donde resulta a emergência disso que chamamos sujeito – em virtude do significante que, no caso, funciona como representando esse sujeito junto a um outro significante.

Como situar essa forma fundamental? Essa forma, se vocês concordarem, vamos sem mais delongas escrevê-la este ano de uma nova maneira. Eu o tinha feito no ano passado a partir da exterioridade do significante S_1, aquele de onde parte nossa definição do discurso tal como iremos acentuá-la, neste primeiro passo, com um círculo marcado com a sigla do A, ou seja, o campo do grande Outro. Mas, simplificando, consideramos S_1 e, designada pelo signo S_2, a bateria dos significantes. Trata-se daqueles que já estão ali, ao passo que no ponto de origem em que nos colocamos para fixar o que vem a ser o discurso, o discurso concebido como estatuto do enunciado, S_1 é aquele que deve ser visto como interveniente. Ele intervém numa bateria significante que não temos direito algum, jamais, de considerar dispersa, de considerar que já não integra a rede do que se chama um saber.

Isto se estabelece primeiro nesse momento em que S_1 vem representar alguma coisa por sua intervenção no campo definido, no ponto em que estamos, como o campo já estruturado de um saber. E o seu suposto, *upokeimenon*, é o sujeito, na medida em que representa esse traço específico, a ser distinguido do indivíduo vivo. Este é certamente o seu lugar, seu ponto de marca, mas não é da ordem daquilo que o sujeito faz entrar em virtude do estatuto do saber.

$$\frac{S_1}{\$} \longrightarrow \frac{S_2}{a}$$

Eis aí, sem dúvida, em torno da palavra *saber*, o ponto de ambigüidade no qual vamos hoje acentuar aquilo a que desde já sensibilizei seus ouvidos por diversos caminhos, trilhas, momentos de luz, relâmpagos de *flash*.

Será que evoco isto para aqueles que tomaram nota, para aqueles que talvez ainda tenham isto martelando na cabeça? Ocorreu-me no ano passado chamar de *saber* o gozo do Outro.

Negócio engraçado. É uma formulação que, para dizer a verdade, nunca fora proferida antes. Já não é nova, posto que no ano passado pude dar a ela, diante de vocês, verossimilhança suficiente, sustentá-la sem provocar especiais protestos. Aí está um dos pontos de encontro que anunciava para este ano.

Completemos primeiro o que teve primeiro dois pés, e depois três – demos-lhe seu quarto.

Sobre este, venho insistindo há muito tempo, especialmente no ano passado, pois há muito o seminário era feito para isso – *De um Outro ao outro*, intitulei-o. Este outro, o pequeno, com seu tom de notoriedade, era o que designamos nesse nível, que é de álgebra, de estrutura significante, como o objeto *a*.

Nesse nível de estrutura significante, só temos que conhecer a maneira pela qual isso opera. Assim, temos a liberdade de ver no que dá isso se escrevermos as coisas dando a todo o sistema um quarto de giro.

Esse famoso quarto de giro, falo dele há bastante tempo e em outras ocasiões – especialmente desde a publicação do que escrevi sob o título *Kant com Sade* –, para que se pudesse pensar que um dia se veria talvez que isso não se limita ao fato do esquema chamado Z, e que há nesse quarto de giro outras razões além desse puro acidente de representação imaginária.

$$\frac{\$}{a} \longrightarrow \frac{S_1}{S_2}$$

Eis um exemplo. Se parece legítimo que a cadeia, a sucessão de letras dessa álgebra, não pode ser desarrumada, ao nos dedicarmos à operação de quarto de giro, iremos obter quatro estruturas, não mais, das quais a primeira lhes mostra de algum modo o ponto de partida.

É bem fácil produzir com rapidez, no papel, as três restantes.

Isto é só para especificar um aparelho que não tem absolutamente nada de imposto, como se diria em uma certa perspectiva, nada de abstraído de qualquer realidade. Muito pelo contrário, está desde já inscrito naquilo que funciona como essa realidade de que eu falava agora mesmo, a do discurso que já está no mundo e que o sustenta, pelo menos aquele que conhecemos. Não apenas já está inscrito, como faz parte de seus pilares.

Pouco importa, é claro, a forma das letras onde inscrevemos essa cadeia simbólica, por pouco clara que ela seja – isso basta para que algo de relações constantes se manifeste. Assim é essa fórmula.

Que diz ela? Ela situa um momento. A seqüência do que o nosso discurso desenvolverá aqui é que nos dirá que sentido convém dar a esse momento. Ela diz que é no instante mesmo em que o S_1 intervém no campo já constituído dos outros significantes, na medida em que eles já se articulam entre si como tais, que ao intervir junto a um outro, do sistema, surge isto, $, que é o que chamamos de sujeito como dividido. Todo o seu estatuto deverá ser retomado este ano, com todo o seu peso.

Enfim, nós sempre acentuamos que desse trajeto surge alguma coisa definida como uma perda. É isto o que designa a letra que se lê como sendo o objeto *a*.

Não deixamos de designar o ponto de onde extraímos essa função do objeto perdido. É do discurso de Freud sobre o sentido específico da repetição no ser falante. De fato, não se trata, na repetição, de qualquer efeito de memória no sentido biológico. A repetição tem uma certa relação com aquilo que, desse saber, é o limite – e que se chama gozo.

Eis porque é de uma articulação lógica que se trata na fórmula pela qual o saber é o gozo do Outro. Do Outro, obviamente, na medida em que o faz surgir como campo – posto que não há nenhum Outro – a intervenção do significante.

Vocês sem dúvida me dirão que, em suma, nisso estamos sempre dando voltas – o significante, o Outro, o saber, o significante, o Outro, o saber etc. Mas é justamente aí que o termo *gozo* nos permite mostrar o ponto de inserção do aparelho. Fazendo isto, saímos sem dúvida do que autenticamente está em questão no saber, do que é reconhecível como saber, para nos reportarmos aos limites, ao seu campo como tal, aquele que a palavra de Freud ousa enfrentar.

De tudo o que ela articula, o que resulta? Não o saber, mas a confusão. Pois bem, da própria confusão temos que extrair uma reflexão, pois trata-se dos limites e de sair do sistema. Sair dele em virtude de quê? De uma sede de sentido, como se o sistema o necessitasse. O sistema não tem nenhuma necessidade. Mas nós, seres de fragilidade, que como tais voltaremos a nos encontrar em cada curva no decorrer deste ano, nós temos necessidade de sentido. Pois bem, eis aqui um sentido.

Talvez não seja o verdadeiro. Mas também iremos certamente ver que há muitos desses *talvez não seja o verdadeiro*, cuja insistência nos sugere propriamente a dimensão da verdade.

Observemos a própria ambigüidade que, na estupidez psicanalítica, assumiu a palavra *Trieb* – em lugar de se dedicarem a captar como se articula essa categoria. Ela não carece de ancestrais, quero dizer, a palavra não carece de utilização anterior, que remonta a bem longe, até Kant, mas aquilo para que ela serve no discurso analítico mereceria que não houvesse precipitação em traduzi-la apressadamente por *instinto*. Mas, afinal, não é sem razão que esses deslizamentos se produzem, e embora venhamos insistindo há muito no caráter aberrante dessa tradução, temos mesmo assim o direito de tirar algum proveito dela. Não certamente para consagrar, sobretudo a este propósito, a noção de instinto, mas para lembrar o que, do discurso de Freud, a torna habitável – para tratar, simplesmente, de fazer com que esse discurso seja habitado de outra maneira.

Popularmente, a idéia de instinto é justamente a idéia de um saber – de um saber do qual não se é capaz de dizer o que quer dizer, mas que se presume, e não sem razão, que tenha como resultado que a vida subsista. Em contrapartida, se damos um sentido ao que Freud enuncia do princípio do prazer como essencial ao funcionamento da vida, de ser aquele em que se mantém a tensão mais baixa, isto já não é dizer o que a seqüência de seu discurso demonstra como sendo-lhe imposto? Ou seja, a pulsão de morte.

A noção lhe foi imposta pelo desenvolvimento de uma experiência, a experiência analítica, uma vez que é estrutura de discurso. Pois não esqueçamos que não é considerando o comportamento das pessoas que se inventa a pulsão de morte.

A pulsão de morte, nós a temos aqui. Nós a temos onde algo se passa entre vocês e aquilo que digo.

2

Disse *aquilo que digo* – eu não falo do que sou. Para quê, já que isto se vê, em suma, graças à assistência de vocês. Não é que ela fale em meu favor. Ela fala às vezes, e geralmente em meu lugar.

De qualquer maneira, o que justifica que eu aqui diga algo é o que chamarei de essência dessa manifestação que foram, sucessivas, as diversas assistências que atraí, segundo os lugares de onde falava.

Queria muito conectar em algum ponto a observação seguinte, porque hoje, como estou em um lugar novo, achei que era o dia. O lugar sempre teve seu peso para estabelecer o estilo do que chamei de manifestação, sobre a qual não quero perder a oportunidade de dizer que tem relação com o sentido corrente do termo *interpretação*. O que disse por, para e na assistência de vocês está, em cada um desses tempos – definindo-os como lugares geográficos –, sempre já interpretado.

Isto irá tomar lugar nos pequenos quadrípodes[2] giratórios que hoje começo a utilizar, e a eles voltarei. Mas para não deixá-los completamente no vazio, vou logo indicando alguma coisa.

Se tivesse que interpretar o que dizia em Sainte-Anne entre 1953 e 1963, quero dizer, anexar-lhe uma interpretação – interpretação num sentido contrário à interpretação analítica, que faz perceber bem o quanto a interpretação analítica está, ela própria, na contramão do sentido comum do termo –, diria que o mais sensível, o tom que verdadeiramente predominava, era a gozação.

O personagem mais exemplar dessa audiência, que sem dúvida era médico – mas enfim, lá havia alguns assistentes que não eram médicos –, era aquele que alfinetava meu discurso com uma espécie de jato contínuo de *gags*. Isto é o que tomarei como o que foi, durante dez anos, o mais característico de minha manifestação. Como prova suplementar, as coisas só começaram a se azedar a partir do dia em que dediquei um trimestre à análise do chiste.

É um grande parêntese, e não posso avançar muito tempo nessa direção, mas é preciso acrescentar o que foi a característica da interpretação do local onde vocês me deixaram na última vez, a Escola Normal Superior.

E.N.S. – é absolutamente magnífico em iniciais. Isto gira em torno do ente.[3] Temos sempre que saber aproveitar os equívocos literais, sobretudo quando são as três primeiras letras da palavra *ensinar*. Pois bem, foi na rua d'Ulm que se percebeu que o que eu dizia era um ensino.

Isto não era antes, de modo algum, uma evidência. Não era nem mesmo admitido. Os professores, especialmente os médicos, estavam extremamente inquietos. O fato de que aquilo de modo algum fosse médico tornava extremamente duvidoso que fosse digno do título de ensino, até o dia em que vimos chegar uns rapazinhos, os de *Cahiers pour l'analyse*, formados nesse lugar em que – como eu dizia muito tempo antes, justamente no tempo dos *gags* – por efeito de formação não se sabe nada, mas ensinam isso admiravelmente. Que eles tenham interpretado assim o que eu dizia – falo hoje de uma outra interpretação, diversa da interpretação analítica – tem justamente um sentido.

Naturalmente, não se sabe o que vai acontecer aqui. Não sei se virão estudantes de Direito, mas, na verdade, isto seria capital para a interpretação. Será provavelmente o tempo mais importante dos três, pois trata-se este ano de pegar a psicanálise pelo avesso, e talvez, justamente, dar-lhe seu estatuto no sentido chamado jurídico do termo. Isto, em todo caso, sempre teve a ver, e no grau mais elevado, com a estrutura do discurso. Se o Direito não é isso, se não é aí que percebemos como o discurso estrutura o mundo real, onde então será? É por isto que não estamos aqui pior em nosso lugar do que em outra parte.

Não é então simplesmente por razões de comodidade que aceitei este prêmio. Mas também é o que menos atrapalha vocês em seus périplos, pelo menos aos que estavam habituados ao outro lado. Não estou muito certo de que seja fácil para estacionar, mas enfim, para isso, vocês ainda têm a rua d'Ulm.

3

Retomemos.

Havíamos chegado ao nosso instinto e ao nosso saber como situados, em suma, naquilo que Bichat definiu como a vida. *A vida*, disse ele – e é a definição mais profunda, de modo algum acaciana se vocês a olham de perto –, *é o conjunto de forças que resiste à morte.*

Leiam o que diz Freud sobre a resistência da vida à tendência para o Nirvana, como foi designada de outra maneira a pulsão de morte no momento em que ele a introduziu. Certamente faz-se presente no seio da experiência analítica, que é uma experiência de discurso, essa tendência de retorno ao inanimado. Freud chega até aí. Mas o que constitui, diz ele, a subsistência dessa bolha – a imagem verdadeiramente se impõe à audição dessas páginas – é que a vida só retorna aí pelos mesmos caminhos de sempre, que ela uma vez traçou. O que será isto, senão o verdadeiro sentido dado ao que encontramos na noção de instinto, o de implicação de um saber?

Essa trilha, esse caminho, já o conhecemos, é o saber ancestral. E o que é esse saber, se não esquecemos que Freud introduz o que ele mesmo chama de além do princípio do prazer, o qual nem por isso é derrubado? O saber, isto é o que faz com que a vida se detenha em um certo limite em direção ao gozo. Pois o caminho para a morte – é disso que se trata, é um discurso sobre o masoquismo –, o caminho para a morte nada mais é do que aquilo que se chama gozo.

Há uma relação primitiva entre o saber e o gozo, e é ali que vem se inserir o que surge no momento em que aparece o aparato do que concerne ao significante. É desde então concebível que, desse surgimento do significante, releiamos sua função.

Basta, irão dizer – que necessidade temos de explicar tudo? E a origem da linguagem, por que não? Todos sabem que, para estruturar corretamente um saber, é preciso renunciar à questão das origens. O que fazemos, ao articular isto, é supérfluo em relação ao que temos que desenvolver este ano, que se situa no nível das estruturas. É uma busca inútil de sentido. Mas, como já disse, levemos em conta o que nós somos.

Portanto, prossigo. É na juntura de um gozo – e não de qualquer um, ele sem dúvida deve permanecer opaco –, é na juntura de um gozo privilegiado entre todos – não por ser o gozo sexual, pois o que esse gozo designa por estar na juntura é a perda do gozo sexual, é a castração –, é em relação à juntura com o gozo sexual que surge, na fábula freudiana da repetição, o engendramento daquilo que lhe é radical, e dá corpo a um esquema articulado literalmente. Tendo surgido S_1, primeiro tempo, repete-se junto S_2. Desse estabelecimento de relação surge o sujeito que algo representa, uma certa perda, a respeito da qual vale a pena haver feito esse esforço em direção ao sentido para compreender a ambigüidade.

Não foi à-toa que esse mesmo objeto – que eu, por outro lado, designara como aquele em torno do qual se organiza toda a dialítica da frustração –, eu o tenha chamado, no ano passado, de *mais-de-gozar*. Isto quer dizer que a perda do objeto é também a hiância, o buraco aberto em alguma coisa, que não se sabe se é a representação da falta em gozar, que se situa a partir do processo do saber na medida em que ganha ali um acento totalmente diverso, por ser desde então saber escandido pelo significante. Será mesmo o mesmo?

A relação com o gozo se acentua subitamente por essa função ainda virtual que se chama a função do desejo. É também por esta razão que articulo como *mais-de-gozar* o que aqui aparece, e não o articulo como um forçamento ou uma transgressão.

Que se calem um pouco, por favor, parem com essa baboseira. O que a análise mostra, se é que mostra alguma coisa – invoco aqui os que têm a alma um pouco diferente daquela da qual se poderia dizer, como diz Barrès do cadáver, que ela não diz coisa com coisa –, é precisamente isto, não se transgride nada. Entrar de fininho não é transgredir. Ver uma porta entreaberta não é transpô-la. Teremos ocasião de retomar o que estou introduzindo – não se trata aqui de transgressão, mas antes de irrupção, queda no campo de algo que é da ordem do gozo – um bônus.

Pois bem, mesmo isto, talvez seja isto que se tenha que pagar. Foi por esta razão que lhes disse no ano passado que, em Marx, o *a* que ali está é reconhecido como funcionando em um nível que se articula – a partir do discurso analítico, não de outro – como mais-de-gozar. Eis o que Marx descobre como o que verdadeiramente se passa no nível da mais-valia.

Não foi Marx, obviamente, quem inventou a mais-valia. Só que antes dele ninguém sabia o seu lugar. Era o mesmo lugar ambíguo que o que acabo de dizer, do trabalho a mais, do mais-de-trabalho. O que é que isso paga, pergunta ele – senão justamente o gozo, o qual é preciso que vá para algum lugar.

O que há de perturbador é que, se o pagamos, o temos, e depois, a partir do momento em que o temos, é urgente gastá-lo. Se não se o gasta, isso traz todo tipo de conseqüências.

Deixemos por enquanto a coisa em suspenso.

4

O que é que estou fazendo? Estou começando a fazer vocês admitirem, simplesmente por tê-lo situado, que esse aparelho de quatro patas, com quatro posições, pode servir para definir quatro discursos radicais.

Não é por acaso que seja esta a forma que lhes dei como primeira. Nada diz que eu não poderia ter partido de qualquer outra, por exemplo da segunda. Mas é fato, determinado por razões históricas, que essa primeira forma, a que se enuncia a partir desse significante que representa um sujeito ante outro significante, tem uma importância toda particular na medida em que, entre os quatro discursos, ela se fixará no que iremos enunciar este ano como a articulação do discurso do mestre.[4]

O discurso do mestre, penso que é inútil informar-lhes sua importância histórica porque apesar de tudo vocês são, em seu conjunto, recrutados pelo crivo chamado de universitário, e por este fato não podem deixar de saber que a filosofia só fala disso. Antes de que falasse apenas disso, isto é, que o chamasse por seu nome – pelo menos é o que ressalta em Hegel, e é muito especialmente ilustrado por ele –, já estava manifesto que era no nível do discurso do mestre, do senhor, que aparecia algo que nos concerne quanto ao discurso, seja qual for sua ambigüidade, e que se chama filosofia.

Não sei até onde poderia levar o que tenho hoje para lhes apontar, pois não devemos demorar se quisermos percorrer os quatro discursos em questão.

Como se chamam os outros? Vou lhes dizer de imediato – por que não? – nem que seja para atrair vocês.

Este aí, o segundo no quadro, é o discurso da histérica. Isto não se vê de imediato, mas vou explicá-lo.

E em seguida os outros dois. Um deles é o discurso do analista. O outro – não, decididamente, não vou lhes dizer o que é. Se fosse dito assim, hoje, se prestaria a demasiados mal-entendidos. Vocês verão – é um discurso completamente atual.

Retomemos então o primeiro. Tenho que fundamentar o que cabe à designação do aparato algébrico presente como sendo aquele que fornece a estrutura do discurso do senhor.

S_1 é, para andar rápido, o significante, a função de significante sobre a qual se apóia a essência do senhor. Por um outro lado, vocês talvez se lembrem do que enfatizei muitas vezes no ano passado – o campo próprio do escravo é o saber, S_2. Lendo os testemunhos que temos da vida antiga, em todo caso do discurso que se emitia sobre essa vida – leiam sobre isto a *Política* de Aristóteles –, não fica qualquer dúvida sobre o que afirmo quanto ao escravo caracterizando-o como suporte do saber.

Na era antiga, ele não era simplesmente, como nosso moderno escravo, uma classe – era uma função inscrita na família. O escravo de que fala Aristóteles está tanto na família quanto no Estado, e ainda mais em uma que no outro. Está lá porque é aquele que tem um *savoir-faire*, um saber fazer. Antes de saber se o saber se sabe, se se pode fundar um sujeito na perspectiva de um saber totalmente transparente em si mesmo, é importante saber enxugar o registro do que é originalmente *saber-fazer*.

Ora, o que é que acontece sob os nossos olhos e que dá um sentido, um primeiro sentido – vocês terão outros – à filosofia? Afortunadamente, temos sinais disso graças a Platão, e é essencial recordá-lo para pôr em seu lugar o que está em questão. Afinal, se algo tem sentido no que nos preocupa, só pode ser o de pôr as coisas em seu lugar. O que designa a filosofia em toda a sua evolução? Isto – o roubo, o rapto, a subtração de seu saber à escravaria, pela operação do senhor.

Para perceber isto, basta ter um pouquinho de prática dos diálogos de Platão, e Deus sabe os esforços que faço, há dezesseis anos, para que os que me escutam adquiram essa prática.

Comecemos por distinguir o que chamarei, nesta ocasião, de as duas faces do saber – a face articulada e esse saber-fazer, tão aparentado ao saber animal, mas que no escravo não está absolutamente desprovido desse aparelho que faz dele uma rede de linguagem das mais articuladas. Trata-se de perceber que isso, a segunda camada, o aparelho articulado, pode ser transmitido, o que quer dizer transmitido do bolso do escravo ao do senhor – se é que havia bolsos naquela época.

Está aí todo o esforço de deslindamento do que se chama *episteme*. É uma palavra engraçada, não sei se vocês alguma vez refletiram bem sobre ela – *colocar-se em boa posição*, é em suma a mesma palavra que *verstehen*. Trata-se de encontrar a posição que permita que o saber se torne um saber de senhor. A função da *episteme* especificada como saber transmissível – remetam-se aos diálogos de Platão – é sempre tomada por inteiro das técnicas artesanais, quer dizer, dos servos. O que está em questão é extrair sua essência para que esse saber se torne um saber de senhor.

E depois, isto se duplica naturalmente mediante um pequeno ricochete, que é exatamente o que se chama de lapso, de retorno do recalcado. Mas, diz fulano ou sicrano, Karl Marx ou qualquer outro.

Reportem-se ao *Menon*, ao momento em que se trata da raiz de 2 e seu incomensurável. Alguém diz – Porém vejamos, o escravo, mas que venha, o pequenino, vocês vêem, ele sabe. Faz-se-lhe perguntas, perguntas de senhor, de mestre, obviamente, e o escravo responde com naturalidade às perguntas o que as perguntas já ditam como respostas. Acha-se aí uma forma de derrisão. É um modo de escarnecer do personagem que está lá virando no espeto. Mostram que o importante, a finalidade, é mostrar que o escravo sabe, mas, ao confessar isto apenas por esse viés de derrisão, o que se oculta é que trata-se exclusivamente de arrebatar do escravo sua função no plano do saber.

Para dar sentido ao que acabo de enunciar, seria bom ver – e este será nosso passo da próxima vez – como se articula a posição do escravo com relação ao gozo. Foi o que comecei a dizer já no ano passado, sob a forma de um *hint* pitoresco. O que se diz ordinariamente é que o gozo é privilégio do senhor. O interessante, pelo contrário, e todos sabem disso, é o que, lá por dentro, desmente isso.

Em suma, o que está em questão no caso é o estatuto do senhor. Como introdução, só queria hoje lhes dizer até que ponto nos interessa profundamente esse estatuto, cuja enunciação vale a pena guardar para um próximo passo. Interessa-nos porque o que se desvela – e no mesmo movimento se reduz a um canto da paisagem – é a função da filosofia. Tendo em vista o espaço que me concedi, mais curto este ano que em outros, não posso certamente desenvolver isto. Não tem importância, que alguém retome este tema e faça com ele o que quiser. A filosofia, em sua função histórica, é essa extração, essa traição, eu quase diria, do saber do escravo, para obter sua transmutação em saber de senhor.

Quer isto dizer que o que vemos surgir como ciência para nos dominar seja fruto dessa operação? Aqui também, longe de termos que nos precipitar, constatamos que, pelo contrário, não é nada disso. Essa sabedoria, essa *episteme* feita de todos os recursos a todas as dicotomias, resultou apenas em um saber que se pode designar com um termo que servia ao próprio Aristóteles para caracterizar o saber do senhor – um saber teórico. Não no sentido frouxo que damos a esta palavra, mas no sentido enfático que a palavra *theoria* tem em Aristóteles. Erro singular. Volto a isto porque é para meu discurso um ponto sensível, um ponto-pivô. Foi só no dia em que, num movimento de renúncia a esse saber, por assim dizer, mal adquirido, alguém pela primeira vez extraiu da relação estrita entre S_1 e S_2 a função do sujeito como tal, eu nomeei Descartes – Descartes tal como creio poder articulá-lo, não sem a anuência de pelo menos uma parte importante dos que se ocuparam dele –, foi nesse dia que a ciência nasceu.

Convém distinguir entre o tempo em que surge a virada dessa tentativa de outorga do saber do escravo para o senhor e o de seu recomeço, que motiva apenas uma certa maneira de pôr na estrutura toda função possível do enunciado, na medida em que somente a articulação do significante a sustenta. Eis um exemplo, já visível, das luzes que o tipo de trabalho que este ano proponho a vocês pode lhes trazer. Não pensem que isto pára aí.

O que disse aqui apresenta pelo menos, a partir do momento em que é mostrado, o caráter de revelação de uma evidência – quem pode negar que a filosofia tenha sido sempre um empreendimento fascinatório em benefício do senhor? No outro extremo, temos o discurso de Hegel e a barbaridade chamada de saber absoluto. O que pode querer dizer saber absoluto, se partimos da definição que me permiti lembrar como primordial para o que está em nosso encaminhamento referente ao saber?

Talvez partamos daí na próxima vez. Será pelo menos um de nossos pontos de partida, pois há outro, que não é menor, e é muito especialmente salutar em conseqüência das barbaridades verdadeiramente intoleráveis que ouvimos dos psicanalistas no que concerne ao desejo de saber.

Se há algo que a psicanálise deveria forçar-nos a sustentar tenazmente, é que o desejo de saber não tem qualquer relação com o saber – a menos, é claro, que nos contentemos com a mera palavra lúbrica da transgressão. Distinção radical, que tem suas conseqüências últimas do ponto de vista da pedagogia – o que conduz ao saber não é o desejo de saber. O que conduz ao saber é – se me permitirem justificar em um prazo mais ou menos longo – o discurso da histérica.

Há de fato uma pergunta a ser feita. O senhor que opera essa operação de deslocamento, de transferência bancária, do saber do escravo, será que ele tem vontade de saber? Um verdadeiro senhor, vimos isto em geral até uma época recente, e se vê cada vez menos, um verdadeiro senhor não deseja saber absolutamente nada – ele deseja que as coisas andem. E por que haveria ele de querer saber? Há coisas mais divertidas. Como terá chegado o filósofo a inspirar o desejo de saber ao senhor? É aí que eu os deixo. Trata-se de uma pequena provocação. Se houver quem descubra algo daqui até a próxima vez, eles me dirão.

26 DE NOVEMBRO DE 1969

Complemento

Sessão seguinte: Contestação

As pessoas que por motivos diversos me querem bem advertiram-me que a contestação estava à espreita.

Elas não se dão conta o suficiente de que eu também estou à espreita da contestação. E isto por um objeto que me interessa eminentemente – para que ela confirme ou desminta o nível onde eu situo a estrutura de um discurso.

Acabo de dizer *eu*.

Evidentemente porque o discurso em questão, eu o olho de outro lugar. Olho-o de um ponto onde sou situado por outro discurso, do qual sou o efeito. De modo que, nas circunstâncias, dá no mesmo dizer *me* situa ou *se* situa esse discurso.

No plano desse discurso, não é dar uma boa aula, dar o meu recado, como se diz, que é tudo. Claro que isso é pouco, e não podem me dizer que, até o momento, ocorreu a alguém não poder tomar notas.

Na verdade, não tenho do que me queixar por jamais ter sido perturbado.

Mas não creio que contestar seja perturbar uma aula. Seria um infortúnio que eu tivesse que ensinar isto à própria contestação.

Na verdade, igualmente essencial ao fato de que eu fale ou não tranqüilamente é aquilo em que estão imersos os que me escutam. O que estou falando assinala, de fato, a entrada em ação desse discurso que não é o meu, mas sim aquele de que sou, para me ater a este termo provisório, o efeito.

Estive semana passada em Vincennes, onde se pôde pensar que o que acontecia não era de meu gosto. Com efeito, estava combinado que minha ida, apenas na qualidade de personagem em evidência, seria a oportunidade para um efeito de obstrução. Acharam que isso pudesse de algum modo chocar-me? Será preciso dizer que eu estava prevenido para o que encontrei ali? E que esperam que esse incidente constitua para mim uma grande novidade do contexto, quando tal obstrução não é de ontem?

Para tomar as coisas pelo início, quando comecei meu discurso em Sainte-Anne, o que chamo *aquilo em que estão imersos meus ouvintes* foi então constituído mediante uma pequena pesquisa de opinião da qual não conheço o ritmo, mas deve ter sido mensal, e depois trimestral. Era um interrogatório ansioso que se lhes fazia, no próprio ambiente onde era eu o anfitrião, sobre a questão de saber se meu ensino respondia bem às garantias do que constitui um ensino médico. Poderia ser – angústia e tremor – que meu ensino não tivesse as características de um ensino médico.

Sobre o assunto que era o meu para começar – ou seja, meu Deus, a crítica de Freud –, quais poderiam ser as características de um ensino médico? Será que deveria consistir apenas em algum ato de referência, não disse reverência, a termos considerados sagrados porque eles mesmos estão situados bem no centro, no âmago do ensino médico? Deveria eu ter indicado, para que este ensino fosse médico, que talvez um belo dia sejam encontradas causas endócrinas para a neurose? Ou simplesmente recordado que existe um pequeno elemento, desses que, no entanto, não podemos deixar de levar em conta, e que se chama elemento constitucional? Isto é que teria sido bem médico.

Em suma, como não me detinha muito com tais cumprimentos, a pesquisa parou, e foram convencidos de que eu os havia metido na triste necessidade de suportar, no âmago de um local essencialmente médico, um ensino que não o era.

Foi então que fizeram chegar a mim, por pessoas das quais era infelizmente mais do que certo que o recado forçosamente me chegaria, já que estavam em análise comigo, o que pensavam de meu público.

Evoco isto porque, no público que vocês formam hoje, distingo um pouco melhor do que na última vez as veias, os componentes, delimito melhor as figuras – há muitas delas familiares, me rejubilo com isto, assim como me rejubilo também com o relativo esvaziamento que posso constatar – na última vez, isto aqui estava como um metrô um pouquinho espremido.

Um bom número de vocês já estava naquele meu antiqüíssimo auditório antes de me seguir para o lugar de onde tive que emigrar, e posso dizer que meu auditório de Sainte-Anne era então verdadeiramente constituído por aqueles que atualmente são os pilares da Escola Freudiana, não quero dizer com isto que não sejam pessoas de toda confiança. Bom, parece que se sentia, meu Deus – era só ver as silhuetas deles dando voltinhas antes de entrarem para me escutar ao meio-dia e meia, como sempre –, que havia ali não sei que sinal de toxicomania e de homossexualidade. Isto se sentia. Era, bem evidentemente, o que refletia o estilo, a forma geral, o jeito desses passeadores.

Para lhes dizer que isto não data de ontem, que meu público exala – o quê?, é justamente o que interrogo –, a partir de sua composição, não sei qual efeito de incomodidade. Fizemos esta experiência em um local que nos proporcionou um pouso, pelo qual certamente agradeço aos que evocaram o fato de que tenha também durado bastante tempo. De todo modo, vocês não imaginam que tenha partido de lugares acidentais a demarcação, meio incômoda, de meu auditório.

Foram os alunos da Escola Normal, os elementos normalianos, esses pequenos príncipes da Universidade que sabem um bocado sobre o fato de que não há qualquer necessidade de saber determinada coisa para ensiná-la, que acharam que coisas bem curiosas se passavam em meu seminário. Acontece que lá, quando vocês fumavam – na verdade, por causa disto fiz eco, vez por outra, ao fato de que vocês poderiam ter-se abstido –, ocorria algo que eu nunca vi produzir-se em lugar nenhum – é que a fumaça atravessava o teto da sala, de modo que os elegantes normalianos que estavam, ao que parece, nos locais de biblioteca lá em cima, não podiam mais respirar.

São coisas extraordinárias, que manifestamente só podem se produzir por causa do público que vocês são. É a importância disso que lhes mostro.

[Chegada de um bedel.]

Eu, que duvidava da contestação em Vincennes, e vocês a vêem aí de verdade, inteirinha. Este simpático homem é bem tocante.

Tudo isto acontece em uma zona que não perde entretanto sua significação.

[O bedel apaga as luzes e leva o quadro-negro.]

Por mais divertidos que sejam tais gracejos, provenientes da organização deste alto lugar, suspendo a sessão.

10 DE DEZEMBRO DE 1969

Eixos da subversão analítica

II

O MESTRE E A HISTÉRICA

Um saber que não se sabe.
A histerização do discurso.
O saber e a verdade.
O semi-dizer.
Enigma, citação, interpretação.

U	M	H	A
$\frac{S_2}{S_1} \longrightarrow \frac{a}{\$}$	$\frac{S_1}{\$} \longrightarrow \frac{S_2}{a}$	$\frac{\$}{a} \longrightarrow \frac{S_1}{S_2}$	$\frac{a}{S_2} \longrightarrow \frac{\$}{S_1}$

Estas quatro fórmulas são úteis aqui como referência.

Os que assistiram a meu primeiro seminário ouviram ser evocada a fórmula pela qual o significante, diversamente do signo, é aquilo que representa um sujeito para outro significante. Como nada diz que o outro significante saiba alguma coisa sobre o assunto, fica claro que não se trata de representação, mas de representante.

Mediante o que, nessa mesma data, achei que podia ilustrá-lo com o que chamei de discurso do mestre.

1

O discurso do mestre, do senhor, se podemos vê-lo reduzido a um único significante, isso implica que ele representa alguma coisa. Chamar isto de *alguma coisa* já é dizer muito – ele representa *x*, que é justamente o que tem que ser elucidado nessa história.

Nada indica, com efeito, de que modo o senhor imporia sua vontade. Não há dúvida de que aí é preciso um consentimento, e o fato de que Hegel não possa referir-se nessa ocasião, como significante do senhor absoluto, senão à morte, é, por ora, um sinal – um sinal de que nada é resolvido por essa pseudo-origem. Com efeito, para que isto continue, não ficaria demonstrado que o senhor é o senhor a menos que ele ressuscitasse, isto é, que tivesse passado efetivamente pela prova. Quanto ao escravo, é a mesma coisa – ele renunciou precisamente a se confrontar com ela.

O enigma da função do senhor, então, não se dá a conhecer imediatamente. Indico, por já estar no caminho – um caminho que não temos que fingir descobrir, e que não é o da teoria do inconsciente –, que de modo algum é óbvio que todo saber, por ser saber, se saiba como tal.

O que descobrimos na experiência de qualquer psicanálise é justamente da ordem do saber, e não do conhecimento ou da representação. Trata-se precisamente de algo que liga, em uma relação de razão, um significante S_1 a um outro significante S_2.

Estes aí são termos bem pulverosos, diria, se é que posso, usando esta metáfora, dar a entender o realce que convém atribuir, no caso, ao termo *saber.*

É em tal relação, no entanto, e justamente na medida em que ela não se sabe, que reside a base do que se sabe, do que se articula tranqüilamente como um senhorzinho, como um dândi,[5] como *eu*, como aquele que sabe um bocado sobre o assunto.

Mesmo assim vejo, de quando em quando, que isso enguiça. Ali está a irrupção de toda a fase de lapsos e tropeços em que se revela o inconsciente. Mas é bem melhor e vai bem mais longe do que à luz da experiência analítica.

Nós nos permitimos ler uma biografia quando temos meios para isso, quando temos documentos suficientes para que se ateste o que uma vida acredita, o que acreditou haver sido como destino, passo a passo, e mesmo, eventualmente, como acreditou ter encerrado esse destino.

Contudo, à luz da noção de que não é certo que um saber se saiba, não parece impossível que possamos ler no nível de que saber inconsciente foi feito o trabalho que decanta o que efetivamente é a verdade de tudo o que se acreditou ser.

Para operar com o esquema do discurso do M maiúsculo, digamos que o trabalho escravo, invisivelmente, é que constitui um inconsciente não revelado, que dá a conhecer se essa vida vale a pena que se fale dela. O que, de verdades, de verdades verdadeiras, fez surgir tantos desvios, ficções e erros.

O saber, então, é posto no centro, na berlinda, pela experiência psicanalítica. Isto, por si só, nos impõe um dever de interrogação que não tem razão alguma para restringir seu campo. Para dizer de uma vez, a idéia de que o saber possa constituir de algum modo, ou em algum momento, mesmo que seja de esperança no futuro, uma totalidade fechada – eis o que não tinha esperado pela psicanálise para parecer duvidoso.

Talvez essa dubitação tenha sido abordada um pouco superficialmente quando se trata dos céticos – falo daqueles que se intitularam com este nome no tempo em que ela constituía uma escola, coisa da qual só nos resta uma pálida idéia. Mas afinal, será que valeria a pena, o que sabemos disso? O que sabemos disso, a partir do que nos resta dos céticos? Talvez fosse melhor não julgar. De seu saber só temos – talvez – aquilo que deles foram capazes de recolher os outros, os que não sabiam de onde partiam as fórmulas céticas de radical questionamento de todo saber, *a fortiori* da totalização do saber.

O que serve bem para mostrar o quão pouco pesa a incidência das escolas é o fato de que a idéia de que o saber possa constituir uma totalidade é, por assim dizer, imanente ao político como tal. Sabe-se disso há muito tempo. A idéia imaginária do todo tal como é dada pelo corpo – como baseada na boa forma da satisfação, naquilo que, indo aos extremos, faz esfera –, foi sempre utilizada na política, pelo partido da pregação política. O que há de mais belo, mas também de menos aberto? E o que se parece mais com o fechamento da satisfação?

A colusão dessa imagem com a idéia da satisfação, eis contra o quê temos que lutar cada vez que encontramos alguma coisa que faz nó no trabalho de que se trata, o do descobrimento pelas vias do inconsciente. É o obstáculo, o limite, ou melhor, é a névoa na qual perdemos a direção e onde nos vemos obstruídos.

É singular ver que uma doutrina tal como a de Marx, que instaurou sua articulação sobre a função da luta, da luta de classes, não impediu que dela nascesse aquilo que agora é justamente o problema que se apresenta a todos, a saber, a manutenção de um discurso do senhor.

Este, é claro, não tem a estrutura do antigo, no sentido de que este último se instala no lugar indicado sob esse M. Ele se instala no da esquerda, encabeçado pelo U. Eu lhes direi porquê. O que ocupa ali o lugar que provisoriamente chamaremos de dominante é isto, S_2, que se especifica por ser, não saber-de-tudo, nós não chegamos aí, mas tudo-saber.[6] Entendam o que se afirma por não ser nada mais do que saber, e que se chama, na linguagem corrente, burocracia. Não se pode dizer que não haja ali alguma coisa problemática.

Em minha primeira enunciação, há três semanas, partimos de que o saber, no primeiro estatuto do discurso do senhor, é a parte do escravo. Pensei ter indicado, sem poder desenvolver da última vez por um pequeno contratempo – que lamento –, que o que se opera entre o discurso do senhor antigo e o do senhor moderno, que se chama capitalista, é uma modificação no lugar do saber. Até pensei que poderia chegar a dizer que a tradição filosófica tinha sua responsabilidade nessa transmutação.

De maneira que é por ter sido despossuído de algo – antes, obviamente, da propriedade comunal –, que o proletário pode ser qualificado com esse termo despossuído, que justifica tanto o empreendimento quanto o sucesso da revolução.

Não se percebe que o que lhe é restituído não é, forçosamente, a sua parte? Seu saber, a exploração capitalista efetivamente o frustra, tornando-o inútil. Mas o que lhe é devolvido, em uma espécie de subversão, é outra coisa – um saber de senhor. E é por isto que ele não fez mais do que trocar de senhor.

O que sobra é exatamente, com efeito, a essência do senhor – a saber, o fato de que ele não sabe o que quer.

Eis o que constitui a verdadeira estrutura do discurso do senhor. O escravo sabe muitas coisas, mas o que sabe muito mais ainda é o que o senhor quer, mesmo que este não o saiba, o que é o caso mais comum, pois sem isto ele não seria um senhor. O escravo o sabe, e é isto sua função de escravo. É também por isto que a coisa funciona, porque, de qualquer maneira, funcionou durante muito tempo.

O fato de que o tudo-saber tenha passado para o lugar do senhor, eis o que, longe de esclarecer, torna um pouco mais opaco o que está em questão – isto é, a verdade. De onde sai isso, o fato de que haja nesse lugar um significante de senhor? Pois este é precisamente o S_2 do senhor, mostrando o cerne do que está em jogo na nova tirania do saber. Isto é o que torna impossível que nesse lugar apareça, no curso do movimento histórico – como tínhamos, talvez, esperanças –, o que cabe à verdade.

O sinal da verdade está agora em outro lugar. Ele deve ser produzido pelos que substituem o antigo escravo, isto é, pelos que são eles próprios produtos, como se diz, consumíveis tanto quanto os outros. *Sociedade de consumo*, dizem por aí. *Material humano*, como se enunciou um tempo – sob os aplausos de alguns que ali viram ternura.

Isto merecia ser apontado, pois o que agora também nos concerne é interrogar do que se trata no ato psicanalítico.

2

Não vou considerá-lo no nível onde eu esperara, há dois anos, poder fechar o circuito – que ficou interrompido – do ato em que se fundamenta, em que se institui como tal o psicanalista. Vou considerá-lo no nível das intervenções do analista, uma vez instituída a experiência em seus limites precisos.

Se há um saber que não se sabe, como já disse, ele é instituído no nível de S_2, ou seja, aquele que chamo de outro significante. Esse outro significante não está sozinho. O ventre do Outro, do grande Outro, está repleto deles. Esse ventre é aquele que dá, como um cavalo de Tróia monstruoso, as bases para a fantasia de um saber-totalidade. É claro, porém, que sua função implica que de fora venha alguma coisa bater à porta, sem o que jamais sairá nada dali. E Tróia jamais será tomada.

O que é que o analista institui?

Escuto falarem muito de discurso da psicanálise, como se isso quisesse dizer alguma coisa. Se caracterizamos um discurso centrando-nos no que é predominante, existe o discurso do analista, e este não se confunde com o discurso psicanalisante, com o discurso proferido efetivamente na experiência analítica. O que o analista institui como experiência analítica pode-se dizer simplesmente – é a histerização do discurso. Em outras palavras, é a introdução estrutural, mediante condições artificiais, do discurso da histérica, aquele que está indicado aqui com um H maiúsculo.

Procurei pontuar isto no ano passado ao dizer que esse discurso existia, e que existiria de qualquer jeito, quer a psicanálise estivesse lá ou não. Eu o disse de maneira figurada, dando a isto seu suporte mais comum, aquele de onde surgiu para nós a experiência principal que é, a saber, o rodeio, o traçado em ziguezague onde repousa esse mal-entendido que, na espécie humana, as relações sexuais constituem.

Como temos o significante, é preciso que a gente se entenda – e é justamente por isto que não nos entendemos. O significante não é feito para as relações sexuais. Desde que o ser humano é falante, está ferrado, acabou-se essa coisa perfeita, harmoniosa, da copulação, aliás impossível de situar em qualquer lugar da natureza. A natureza apresenta espécies infinitas, que em sua maioria, aliás, não comportam nenhuma copulação, o que mostra a que ponto pesa pouco nas intenções da natureza que isso constitua um todo, uma esfera.

Em todo caso, uma coisa é certa – se para o homem isso funciona assim-assim, é graças a um truque que permite isso, pelo fato, em primeiro lugar, de torná-lo insolúvel.

Eis o que quer dizer o discurso da histérica, industriosa como ela é. Ao dizer *industriosa*, assim no feminino, fazemos da histérica uma mulher,[7] mas isto não é privilégio seu. Muitos homens se analisam e, só por este fato, são forçados a também passar pelo discurso histérico, pois essa é a lei, a regra do jogo. Trata-se de saber o que se obtém disso no que se refere à relação entre homem e mulher.

Vemos então a histérica fabricar, como pode, um homem – um homem que seria movido pelo desejo de saber.

Expus em meu último seminário esta questão. Constatamos que historicamente o senhor lentamente frustrou o escravo de seu saber, para fazer deste um saber de senhor. Mas o que permanece misterioso é como o desejo pôde lhe advir. Do desejo, creiam-me, ele bem que abria mão, pois o escravo o preenchia antes mesmo que ele soubesse o que podia desejar.

É aí que teriam chegado minhas reflexões da última vez, se aquela coisa encantadora não houvesse surgido do real – me afirmam que se tratou do real da descolonização. Teria sido um hospitalizado, mantido por nós na antiga Argélia, e colocado aqui. Como vêem, uma encantadora pilhéria, graças à qual eu não saberia – ao menos por um certo tempo, pois tenho que avançar – que parentesco estabelecer entre o discurso filosófico e o discurso da histérica, já que parece ter sido o discurso filosófico que motivou no senhor o desejo de saber. O que pode ser a histeria aqui em questão? Há ali um domínio que não deve ser deflorado. Se há gente cujo pensamento gosta de se meter um pouquinho adiante do que o orador está contando, acharão aí uma oportunidade de exercer seu talento. Eu lhes asseguro que a via me parece promissora.

Seja como for, para dar uma fórmula mais ampla do que ao localizá-la no plano da relação homem-mulher, digamos que, lendo apenas o que inscrevi ali quanto ao discurso da histérica, nem sempre sabemos o que é esse $\$$. Mas se é de seu discurso que se trata, e esse discurso é o que possibilita que haja um homem motivado pelo desejo de saber, trata-se de saber o quê? – que valor ela própria tem, essa pessoa que está falando. Porque, como objeto *a*, ela é queda, queda do efeito de discurso, por sua vez quebrado em algum ponto.

O que a histérica quer que se saiba é, indo a um extremo, que a linguagem derrapa na amplidão daquilo que ela, como mulher, pode abrir para o gozo. Mas não é isto que importa à histérica. O que lhe importa é que o outro chamado homem saiba que objeto precioso ela se torna nesse contexto de discurso.

Não estará aí, afinal, o próprio fundamento da experiência analítica? Pois digo que ela dá ao outro, como sujeito, o lugar dominante no discurso da histérica, histeriza seu discurso, faz dele um sujeito a quem se solicita que abandone qualquer referência que não seja a das quatro paredes que o envolvem, e que produza significantes que constituam a associação livre soberana, em suma, do campo.

Dizer qualquer coisa, como é que isto poderia levar a algo, se já não estivesse determinado que, no surgimento ao acaso dos significantes – pelo próprio fato de tratar-se de significantes – não há nada que não se reporte àquele saber que não se sabe, que na verdade é o que trabalha?

Só que não há razão alguma para que ele não saiba um pouco mais sobre isto. Se o analista não toma a palavra, o que pode advir dessa produção fervilhante de S_1? Certamente muitas coisas.

O analista que escuta pode registrar muitas coisas. Com o que um contemporâneo médio é capaz de enunciar, se não está acautelado, pode-se fazer o equivalente a uma pequena enciclopédia. Isto daria uma enormidade de claves, se estivesse registrado. Poder-se-ia mesmo, depois de construir isso, mandar fazer uma pequena máquina eletrônica. Esta, aliás, é a idéia que alguns podem ter – constroem a máquina eletrônica graças à qual o analista só tem que retirar o *ticket* para dar-lhes a resposta.

Vejamos o que aqui está em jogo no discurso do analista. Ele, o analista, é que é o mestre. Sob que forma? Isto é o que terei que reservar para os nossos próximos encontros. Por que sob a forma de *a*?

É do seu lado que há S_2, que há saber – quer adquira esse saber escutando seu analisante, quer seja um saber já adquirido, localizável, isto pode, em um certo nível, ser limitado ao *savoir-faire* analítico.

Mas o que é preciso compreender deste esquema – como já foi indicado ao colocar S_2, no discurso do senhor, no lugar do escravo, e em seguida colocá-lo, no discurso do senhor modernizado, no lugar do senhor – é que não é o mesmo saber.

Ali, no discurso mais à direita, em que lugar ele está? No lugar que Hegel, o mais sublime dos histéricos, nos designa no discurso do senhor como sendo o da verdade.

Não se pode dizer, de fato, que a *Fenomenologia do espírito* tome consistência a partir do *Selbstbewusstsein* pretensamente captado no nível mais imediato da sensação, implicando que todo saber se saiba desde o início. Para quê toda essa fenomenologia, se não se tratasse de outra coisa?

Porém, o que chamo de histeria desse discurso resulta precisamente do fato de que ele elude a distinção que permitiria perceber que mesmo que essa máquina histórica – que de fato não é outra coisa senão a marcha das escolas e nada mais – nunca atingisse o saber absoluto, isto seria apenas para marcar a anulação, o fracasso, o desvanecimento ao término da única coisa que motiva a função do saber – sua dialética com o gozo. O saber absoluto seria pura e simplesmente a anulação desse término. Quem quer que estude de perto o texto da *Fenomenologia* não pode ter qualquer dúvida a respeito.

O que nos ensina agora a posição de S_2 no lugar da verdade?

3

O que é a verdade como saber? Seria o caso de dizê-lo: – Como saber sem saber?

É um enigma. Esta é a resposta – é um enigma –, entre outros exemplos. E vou dar-lhes um segundo.

Os dois têm a mesma característica, que é o próprio da verdade – a verdade, nunca se pode dizê-la a não ser pela metade. A nossa querida verdade da imaginária de Épinal,[8] que surge do poço, é sempre um corpo.

Na Itália, numa das conferências que não sei por que tinham me pedido, e que enfrentei mediocremente, bem sei, fiz menção à Quimera, onde se encarna precisamente o caráter original do discurso da histérica. E a Quimera propõe um enigma ao homem Édipo, que talvez já tivesse um complexo, mas não certamente aquele ao qual haveria de dar seu nome. Ele lhe responde de uma certa maneira, e é assim que se torna Édipo.

À pergunta da Quimera, poderia ter dado muitas outras respostas. Por exemplo, poderia ter dito: – Duas patas, três patas, quatro patas, é o esquema de Lacan. Isto teria dado um resultado completamente diferente. Também poderia ter dito: – É um homem, um homem quando criança de peito. Aí, começou com quatro patas. Prossegue com duas, retoma uma terceira e, no mesmo movimento, sai correndo como uma bala, direto para o ventre de sua mãe. Isto é o que de fato se chama, com bons motivos, complexo de Édipo.

Creio que vocês vêem o que aqui quer dizer a função do enigma – é um semi-dizer, como a Quimera faz aparecer um meio-corpo, pronto a desaparecer completamente quando se deu a solução.

Um saber como verdade – isto define o que deve ser a estrutura do que se chama uma interpretação.

Se insisti longamente na diferença de nível entre a enunciação e o enunciado, foi justamente para que a função do enigma ganhe sentido. O enigma é provavelmente isso, uma enunciação. Encarrego vocês de convertê-lo em enunciado. Virem-se como puderem – como fez Édipo –, vocês sofrerão suas conseqüências. Eis do que se trata no enigma.

Mas há outra coisa, na qual não se pensa, em que toquei, de raspão, uma vez ou outra, mas que, para dizer a verdade, me concernia o bastante para que não me fosse fácil falar dela tranqüilamente. Chama-se a citação.

Em que consiste a citação? No decorrer de um texto em que você avança mais ou menos bem, se você está, digamos, nos pontos certos da luta social, de repente cita Marx, e acrescenta – *disse Marx*. Se você é analista, cita Freud e mete: – *disse Freud*. Isto é capital.

O enigma é a enunciação – e virem-se com o enunciado. A citação é – eu exponho o enunciado e, quanto ao restante, trata-se do sólido apoio que encontram no nome do autor, que deixo ao encargo de vocês. Assim está muito bem, e isto nada tem a ver com o status mais ou menos vacilante da função do autor.

Quando se cita Marx ou Freud – não foi por acaso que escolhi estes dois nomes –, isto se dá em função da participação em um discurso pelo leitor suposto. À sua maneira, a citação é também um semi-dizer.

É um enunciado sobre o qual se lhes indica que só é válido na medida em que vocês já participam de certo discurso, estruturado, no nível das estruturas fundamentais que estão lá no quadro. Eis o único ponto que faz com que a citação – podia eu explicá-lo até agora? –, o fato de que se cite ou não um autor, possa ter em segundo grau uma importância. Vou explicar-lhes isto, e espero que não levem a mal, porque é um exemplo familiar.

Suponham que num segundo tempo alguém cite uma frase indicando onde ela está, o nome do autor, por exemplo o sr. Ricoeur. Suponham que se cite a mesma frase, colocando-a sob o meu nome. Isto não pode absolutamente ter o mesmo sentido nos dois casos. Espero que entendam com isto o que está em questão no que chamo de citação.

Pois bem, esses dois registros, na medida em que participam do semi-dizer, eis o que dá o meio – e, por assim dizer, o título – sob o qual a interpretação intervém.

A interpretação – aqueles que a usam se dão conta – é com freqüência estabelecida por um enigma. Enigma colhido, tanto quanto possível, na trama do discurso do psicanalisante, e que você, o intérprete, de modo algum pode completar por si mesmo, nem considerar, sem mentir, como confissão. Citação, por outro lado, às vezes tirada do mesmo texto, tal como foi enunciado. Que é aquele que pode ser considerado uma confissão, desde que o ajuntem a todo o contexto. Mas estão recorrendo, então, àquele que é seu autor.

O que impressiona, com efeito, nessa instituição do discurso analítico que é a mola-mestra da transferência, não é, como alguns pensaram ter escutado de mim, que o analista, seja ele colocado na função do sujeito suposto saber. Se a palavra é tão livremente dada ao psicanalisante – é justamente assim que recebe essa liberdade –, é porque se reconhece que ele pode falar como um mestre, isto é, como um estouvado, mas isto não dará resultados tão bons quanto no caso de um verdadeiro mestre, de quem se supõe que conduz a um saber – um saber do qual se torna penhor, refém, aquele que aceitar de antemão ser produto das cogitações do psicanalisante, ou seja, o psicanalista – posto que, como tal produto, está ao final destinado à perda, à eliminação do processo.

O que significa que ele possa assumir esse lugar que, no nível do discurso do senhor, é o do senhor? Já no simples funcionamento das relações entre o senhor e o escravo, fica claro que o desejo do senhor é o desejo do Outro, pois é o desejo que o escravo predispõe.

É uma outra questão saber de quê o analista toma o lugar para desencadear o movimento de investimento do sujeito suposto saber – sujeito que, por ser reconhecido como tal, é fértil de antemão, em seu recanto, daquilo que chamamos transferência.

Seguramente é muito fácil ver passar por aqui a sombra da satisfação de ser reconhecido. O essencial não está aí, supor, o sujeito, saber o que faz ainda mais do que a histérica, o que é a verdade da conduta, mas não o próprio ser.

Ele, o analista, se faz de causa do desejo do analisante. O que quer dizer essa coisa estranha? Devemos considerá-la um acidente, uma emergência histórica, que teria surgido no mundo pela primeira vez? Antecipando a tomada de uma via que nos arrastará, talvez, por um longo desvio, vou apenas assinalar que essa função já apareceu, e que não é por nada que Freud recorria de preferência a tantos pré-socráticos, Empêdocles entre outros.

Como sei que às duas horas este anfiteatro estará ocupado, doravante vou terminar, como faço hoje, às quinze para as duas. Vamos reencontrar-nos na segunda quarta-feira de janeiro.

17 DE DEZEMBRO DE 1969

III

SABER, MEIO DE GOZO

Como sou traduzido.
Dominantes e fatos de estrutura.
Repetição e gozo.
A produção da entropia.
A verdade é a impotência.

$$\overset{U}{\frac{S_2}{S_1} \longrightarrow \frac{a}{\$}} \qquad \overset{M}{\frac{S_1}{\$} \longrightarrow \frac{S_2}{a}} \qquad \overset{H}{\frac{\$}{a} \longrightarrow \frac{S_1}{S_2}} \qquad \overset{A}{\frac{a}{S_2} \longrightarrow \frac{\$}{S_1}}$$

Deram-me giz vermelho, de um vermelho forte. Vermelho sobre preto, é claro que não fica legível.

Estas fórmulas não são novas, pois já as escrevi no quadro da última vez.

É útil que estejam aí presentes – por mais simples que elas sejam, por simples que seja deduzir uma de outra, pois trata-se apenas de uma permutação circular, com os termos permanecendo na mesma ordem – porque se comprova que nossas capacidades de representação mental não são tais que possam suprir o fato de que isso esteja ou não escrito no quadro.

Vamos então continuar o que estou fazendo aqui, um aqui que é sempre no mesmo tempo, aqui ou acolá, quarta-feira ao meio-dia há dezessete anos.

Isto, vale a pena que eu o relembre no momento em que todo mundo se regozija por entrar em uma nova década. Para mim, seria antes uma boa ocasião de me voltar para o que a precedente me proporcionou.

1

Há dez anos, dois de meus alunos apresentavam algo, que provinha das teses lacanianas, sob o título *O Inconsciente, estudo psicanalítico.*

Isto acontecia pelo que pode ser chamado de ato do príncipe.[9] Só o príncipe é capaz de um ato liberal, entendendo-se que um ato liberal quer dizer um ato arbitrário, e admitindo-se também que arbitrário quer dizer não comandado por nenhuma necessidade. Nenhuma necessidade, quanto a esse ponto, pressionava – nem em um sentido, nem em outro[10] – o príncipe, meu amigo Henri Ey, que pôs *O Inconsciente* na ordem do dia de um certo congresso, o de Bonneval, e confiou sua redação, ao menos em parte, a dois de meus alunos.

De algum modo, esse trabalho é de boa fé. Na verdade, não sem razão. Tanto é de boa fé que esses meus alunos pensaram que podiam fazer com que fosse escutado algo do que eu dizia sobre um tema interessante, já que se tratava de nada menos que do inconsciente, ou seja, aquilo de onde, no início, meu ensino alçou seu vôo – fazer com que fosse escutado no interior de um certo grupo.

Esse grupo se distinguira por uma espécie de palavra-de-ordem a respeito do que eu enunciava. O interesse que ali adquiriu tinha se manifestado, de fato, por algo que traduzi recentemente, em um pequeno prefácio, *como proibido para menores de 50 anos.* Estávamos em 1960, não nos esqueçamos, e estávamos longe – estaremos hoje mais perto? eis a questão – de qualquer contestação a alguma autoridade, entre outras à do saber. De modo que essa proibição, proferida com características curiosas – um deles comparou-a a uma espécie de monopólio, um monopólio de saber –, essa proibição foi pura e simplesmente cumprida.

Isto é para dizer o trabalho que se propunha aos que aceitaram se encarregar disso – tratava-se de fazer com que as orelhas em questão escutassem algo, propriamente falando, inaudito.

Como o fizeram? Não é tarde demais para que eu faça um balanço disso, já que também não era o caso de fazê-lo naquele momento, pela razão de que já era demais ver isso entrar em jogo para orelhas absolutamente desprevenidas, que nada tinham admitido do mínimo do que, há sete anos então, eu pudera articular. Evidentemente não era o momento, frente àqueles mesmos que se dedicavam a esse trabalho de decifração, de apresentar ali o que quer que pudesse parecer passível de crítica. Aliás, lá havia também muitos elementos excelentes.

Este balanço, então, surge aqui a propósito de uma tese, tese recente que, meu Deus, foi produzida nas fronteiras da área francófona, bem onde luta-se valentemente para manter seus direitos. Foi em Louvain que se fez uma tese sobre o que chamam, talvez inadequadamente, minha obra.

Essa tese, não esqueçamos, é uma tese universitária, e o mínimo que transparece é que minha obra não se presta bem para isso. E é mesmo por isto que não é desfavorável a tal pronunciamento de tese universitária situar o que, já de universitário, pôde contribuir para ser o veículo da dita obra, sempre entre aspas. É também por isto que um dos autores desse relatório de Bonneval ficou também ali exposto, e de tal forma que fez com que eu não pudesse deixar de salientar, em meu prefácio, que deve-se fazer a distinção entre o que é eventualmente tradução do que enuncio e o que eu, propriamente falando, disse.

No pequeno prefácio que fiz para essa tese que vai sair em Bruxelas – e é evidente que um prefácio meu lhe facilita as coisas –, sou forçado a mostrar claramente – aí está sua única utilidade – que não é a mesma coisa dizer que o inconsciente é a condição da linguagem e dizer que a linguagem é a condição do inconsciente.

A linguagem é a condição do inconsciente, é isto o que eu digo. A maneira pela qual o traduzem obedece a razões que certamente poderiam, em seu detalhamento, ser totalmente ativadas por motivos estritamente universitários – e isto com certeza levaria longe, e os levará, talvez, bastante longe este ano. Do motivo estritamente universitário, digo eu, resulta que a pessoa que me traduz, por ser formada no estilo, na forma de imposição do discurso universitário, não pode fazer outra coisa – creia ela ou não estar me comentando – senão inverter minha fórmula, isto é, dar-lhe um alcance, é preciso dizê-lo, estritamente contrário à verdade, e mesmo sem qualquer homologia com o que eu afirmo.

Seguramente, a dificuldade própria em me traduzir para a linguagem universitária é também a que atingirá todos aqueles que, pela razão que for, se arriscarem a fazê-lo – e, na verdade, a autora da tese que mencionei foi impelida pelas melhores qualificações, as de uma boavontade imensa. Essa tese, que vai então sair em Bruxelas, não deixa de conservar todo o seu valor, seu valor de exemplo em si mesma, seu valor de exemplo também pelo que promove de distorção, de alguma forma obrigatória, em uma tradução ao discurso universitário de algo que tem suas próprias leis.

Essas leis, tenho que abrir-lhes a trilha. Elas são as que pretendem dar ao menos as condições de um discurso propriamente analítico. Isto, é claro, fica submetido ao fato de que, como salientei no ano passado, o fato de que eu o enuncie aqui do alto de uma tribuna comporta, com efeito, o risco de um erro, um elemento de refração que faz com que, por algum lado, caia sob a ação do discurso universitário. Há algo aqui que provém de um desaprumo fundamental.

Claro, eu de modo algum me identifico com uma certa posição. Posso garantir que para mim certamente não se trata, cada vez que venho aqui tomar a palavra, de dizer seja lá o que for, e nem se trata de um *o que é que vou dizer-lhes esta vez*? Quanto a isto, não tenho qualquer papel a desempenhar, no sentido de que a função de quem ensina é da ordem do papel, do lugar a sustentar, que é, incontestavelmente, um certo lugar de prestígio. Não é isso o que lhes peço, mas antes algo de uma ordenação que me impõe o dever de pôr à prova esse trilhamento. Essa ordenação, sem dúvida, eu escaparia dela, como todo mundo, se não tivesse, diante desse mar de orelhas – entre as quais talvez haja um par de orelhas críticas – se não tivesse o dever, com essa temível possibilidade, de prestar contas do encaminhamento de minhas ações em relação a isto – há psicanalista.

Esta é minha situação. O status dessa situação, como tal, não foi até agora regulado de nenhuma maneira que lhe convenha, a não ser pela imitação, a não ser pela incitação, pela semelhança de numerosas outras situações estabelecidas. Isso desembocou, no caso, em práticas arrepiantes de seleção, em uma certa identificação com uma figura, com um jeito de se comportar, e mesmo com um tipo humano cuja forma não parece ter-se tornado obrigatória, com um ritual, ainda, ou com qualquer outra medida que comparei, em um tempo melhor, um tempo passado, à de uma auto-escola, sem provocar, aliás, qualquer protesto de quem quer que seja. Houve inclusive alguém de muito próximo, dentre meus alunos de então, que me fez notar que era isso, na verdade, o que desejava qualquer um que enveredasse pela carreira analítica – receber, como na auto-escola, a carteira de motorista, a autorização para dirigir, segundo vias bem previstas e comportando o mesmo tipo de exame.

É certamente notável – quero dizer, digno de ser notado – que após dez anos, essa posição do psicanalista, eu chegue afinal à sua articulação de uma forma que é a que chamo de seu discurso, seu discurso hipotético, digamos, já que é aliás o que se propõe este ano ao exame de vocês. A saber – o que vem a ser a estrutura desse discurso?

2

A posição do psicanalista, eu a articulo da seguinte forma – digo que ela é feita substancialmente do objeto *a*.

Na articulação que faço do que é estrutura do discurso, na medida em que ela nos interessa e, digamos, na medida em que é tomada no nível radical em que importa para o discurso psicanalítico, essa posição é, substancialmente, a do objeto *a*, na medida em que esse objeto *a* designa precisamente o que, dos efeitos do discurso, se apresenta como o mais opaco, há muitíssimo tempo desconhecido, e no entanto essencial. Trata-se do efeito de discurso que é efeito de rechaço. Vou logo tentar apontar seu lugar e sua função.

Eis então o que está em jogo substancialmente na posição do psicanalista. Mas esse objeto se distingue ainda de outra maneira, pois aqui vem no lugar de onde se ordena o discurso, de onde se emite, se posso dizê-lo, a dominante.

Vocês percebem a reserva que há neste emprego. Dizer *a dominante* quer dizer exatamente aquilo com que finalmente designo, para distingui-las, cada uma das estruturas desses discursos, denominando-as diferenciadamente como discurso do universitário, do mestre, da histérica e do analista, segundo as diversas posições desses termos radicais. Digamos que, não podendo dar imediatamente um outro valor a este termo, chamo de dominante o que me serve para denominar esses discursos.

A palavra dominante não implica a dominância no sentido de que essa dominância especificaria – o que não é seguro – o discurso do mestre. Digamos que se pode dar, por exemplo, segundo os discursos, diferentes substâncias a essa dominante.

Tomemos a dominante do discurso do mestre, cujo lugar é ocupado por S_1. Se a chamássemos de *a lei*, faríamos algo que tem todo seu valor subjetivo e que não deixaria de abrir a porta para um certo número de observações interessantes. É certo, por exemplo, que a lei – entendamos a lei como lei articulada, a própria lei em cujos muros encontramos abrigo, essa lei que constitui o direito – não deve certamente ser considerada homônima do que pode ser enunciado em outro lugar como justiça. Pelo contrário, a ambigüidade, a roupagem que essa lei recebe ao se autorizar na justiça é, precisamente, um ponto em que nosso discurso talvez possa indicar melhor onde estão os verdadeiros propulsores, quero dizer, aqueles que permitem a ambigüidade e fazem com que a lei continue sendo algo que está, primeiramente e sobretudo, inscrito na estrutura. Não há mil maneiras de fazer leis – estejam ou não animadas pelas boas intenções e a inspiração da justiça – porque há, talvez, leis de estrutura que fazem com que a lei seja sempre a lei situada nesse lugar que chamo de dominante no discurso do mestre.

No nível do discurso da histérica, é claro que essa dominante, nós a vemos aparecer sob a forma do sintoma. É em torno do sintoma que se situa e se ordena tudo o que é do discurso da histérica.

Isto nos dá oportunidade para uma observação. Se esse lugar ainda é o mesmo, e se, em tal discurso, ele é o do sintoma, isso nos levará a perguntar como é que, sendo o lugar do sintoma o mesmo, pode ele servir em um outro discurso. É isto exatamente o que vemos, de fato, em nossa época – a lei questionada como sintoma. E não basta dizer que isso surge para nós à luz da época para reconhecer suas razões.

Disse há pouco como pode ser ocupado esse mesmo lugar dominante, quando se trata do analista. O próprio analista tem que representar aqui, de algum modo, o efeito de rechaço do discurso, ou seja, o objeto *a*.

Isto quer dizer que nos será tão fácil caracterizar o lugar dito dominante quando se trata do discurso universitário? Que outro nome dar-lhe? Tal nome entraria nessa espécie de equivalência – cuja existência acabamos de postular ao menos no plano da pergunta – entre a lei, o sintoma, e inclusive o rechaço, posto que é exatamente o lugar ao qual o analista está destinado no ato psicanalítico.

Nossa dificuldade em responder o que constitui a essência, a dominante, do discurso universitário deve justamente advertir-nos de alguma coisa em nossa investigação – pois o que traço diante de vocês são as próprias vias em torno das quais, quando me interrogo, meu pensamento vagueia, erra, antes de encontrar os pontos seguros. Então, é aí que poderia surgir-nos a idéia de buscar aquilo que em cada um desses discursos – para designar um lugar, pelo menos – poderia nos parecer completamente seguro, tão seguro quanto o sintoma quando se trata da histérica.

Já lhes mostrei que, no discurso do mestre, o *a* é identificável precisamente ao que um pensamento laborioso, o de Marx, fez surgir, a saber, o que estava em jogo, simbólica e realmente, na função da mais-valia. Já estaríamos então na presença de dois termos e, daí, só faltaria talvez modificá-los ligeiramente, dar-lhes uma tradução mais clara, para transpô-los aos outros registros. A sugestão seguinte se forma aqui – posto que há quatro lugares para caracterizar, talvez cada uma dessas quatro permutações pudesse nos revelar, em seu próprio seio, o lugar mais destacado, constituindo um passo na ordem de descobrimento que nada mais é do que a chamada estrutura.

De qualquer forma que vocês a ponham à prova, a conseqüência de tal idéia será fazê-los perceber isto, que talvez não apareça em uma primeira abordagem.

Independentemente desse lugar que poderia ser, como lhes sugeri, aquele que nos interessa, tentem simplesmente dar-se o trabalho de escolher, em cada uma dessas – chamemo-las assim – figuras do discurso, um lugar diferente, definido em função dos termos *acima, abaixo, à direita, à esquerda.* Não vão conseguir, seja qual for a maneira em que o façam, que cada um desses lugares seja ocupado por uma letra diferente.

Tentem, no sentido contrário, estabelecer como condição do jogo a escolha de uma letra diferente em cada uma dessas quatro fórmulas. Não vão conseguir que cada uma dessas letras ocupe um lugar diferente.

Façam a tentativa. É muito fácil de realizar sobre um pedaço de papel, e também se utilizarem essa pequena grade chamada matriz. Com um número tão pequeno de combinações, o desenho exemplificador basta imediatamente para ilustrar a coisa de maneira completamente evidente.

Há ali uma certa ligação significante, que pode ser postulada como completamente radical. Este simples fato nos dá a ocasião de ilustrar o que é a estrutura. Ao propormos a formalização do discurso e estabelecendo para nós mesmos, no interior dessa formalização, algumas regras destinadas a pô-la à prova, encontramos um elemento de impossibilidade. Eis o que está propriamente na base, na raiz do que é um fato de estrutura.

E é isto, na estrutura, o que nos interessa no nível da experiência analítica. E de modo algum seria por estarmos aqui em um grau já elevado de elaboração, ao menos em suas pretensões, mas desde o início.

3

Por que estamos pelejando com essa manipulação do significante e sua eventual articulação? Porque ela está nos dados da psicanálise.

Quero dizer, está no que surgiu a um espírito tão pouco afeito a essa espécie de elaboração como poderia ser um Freud, dada a formação que lhe conhecemos, do tipo ciências parafísicas, fisiologia montada a partir dos primeiros passos na física e, especialmente, termodinâmica.

Aquilo que Freud, ao seguir o fio, o veio de sua experiência, foi levado a formular em um tempo segundo de sua enunciação, tem até mais importância, pois, afinal, nada parecia obrigá-lo a isso no primeiro tempo, o da articulação do inconsciente.

O inconsciente permite situar o desejo, eis o sentido do primeiro passo de Freud, já inteiramente não apenas implicado, mas propriamente articulado e desenvolvido na *Traumdeutung*. Isto para ele já está dado quando, em um segundo tempo, aberto por *Além do princípio do prazer*, afirma que devemos levar em consideração essa função que se chama como? – A repetição.

A repetição, o que é? Leiamos o texto de Freud, e vamos ver o que ele articula.

É o gozo, termo designado em sentido próprio, que necessita a repetição. Na medida em que há busca do gozo como repetição que se produz o que está em jogo no franqueamento freudiano – o que nos interessa como repetição, e se inscreve em uma dialética do gozo, é propriamente aquilo que se dirige contra a vida. É no nível da repetição que Freud se vê de algum modo obrigado, pela própria estrutura do discurso, a articular o instinto de morte.

Hipérbole, extrapolação fabulosa e, na verdade, escandalosa, para quem quer que tome ao pé da letra a identificação entre inconsciente e instinto. É, a saber, o seguinte – a repetição não é apenas função de ciclos que a vida comporta, ciclos da necessidade e da satisfação, mas de algo diferente, de um ciclo que acarreta a desaparição dessa vida como tal, que é o retorno ao inanimado.

O inanimado. Ponto de horizonte, ponto ideal, ponto fora do traçado, mas cujo sentido se revela à análise estrutural. Revela-se perfeitamente pelo que há de gozo.

Basta partir do princípio do prazer, que nada mais é do que o princípio da menor tensão, da tensão mínima a manter para que subsista a vida. Isto demonstra que, em si mesmo, o gozo o transborda, e o que o princípio do prazer mantém é o limite em relação ao gozo.

Como tudo nos indica nos fatos, na experiência e na clínica, a repetição se funda em um retorno do gozo. E o que a esse respeito é propriamente articulado pelo próprio Freud é que, nessa mesma repetição, produz-se algo que é defeito, fracasso.

Apontei aqui, em seu momento, o parentesco disso com os enunciados de Kierkegaard. Em função de ser expressamente – e como tal – repetido, de ser marcado pela repetição, o que se repete não poderia estar de outro modo, em relação ao que repete, senão em perda. Em perda do que quiserem, em perda de velocidade, de força – há algo que é perda. Freud insiste desde a origem, desde a articulação que estou resumindo aqui, nessa perda – na própria repetição há desperdício de gozo.

Aí é que se origina, no discurso freudiano, a função do objeto perdido. De todo modo, não há necessidade de lembrar que é expressamente em torno do masoquismo – concebido apenas sob a dimensão da busca desse gozo ruinoso – que gira todo o texto de Freud.

Agora vem o que Lacan aporta. Que diz respeito a essa repetição, essa identificação do gozo. Aí, tomo do texto de Freud, para dar-lhe um sentido que lá não está apontado, a função do traço unário – quer dizer, da forma mais simples de marca, que é, falando propriamente, a origem do significante. E afirmo isto – que não se vê no texto de Freud, mas de modo algum poderia ser descartado, evitado, rejeitado pelo psicanalista –, que é no traço unário que tem origem tudo o que nos interessa, a nós, analistas, como saber.

O psicanalista parte, com efeito, de uma virada, que é onde o saber se depura, por assim dizer, de tudo o que pode criar ambigüidade com um saber natural, ser tomado por sei-lá-o-quê que nos guiaria no mundo que nos rodeia, com a ajuda de não-sei-quê papilas que, em nós, saberiam de nascença orientar-se nele.

Não há, certamente, nada de parecido. Quando um sábio psicólogo escreve em nossos dias – quero dizer, não há tanto tempo assim, quarenta ou cinqüenta anos – algo que se chama *A sensação, guia de vida*, ele, é claro, não está dizendo nada de absurdo. Mas se pode enunciá-lo assim, é justamente porque toda a evolução de uma ciência nos faz perceber que não há qualquer conaturalidade dessa sensação com aquilo que, por ela, pode nascer de apreensão de um pretenso mundo. Se a elaboração propriamente científica, a interrogação do sentido da visão, e mesmo da audição, nos demonstram alguma coisa, não passa de alguma coisa que devemos receber tal como é, com exatamente o coeficiente de facticidade sob o qual se apresenta. Entre as vibrações luminosas, há um ultravioleta do qual não temos qualquer percepção – e por que não a teríamos? Na outra ponta, o infravermelho, é a mesma coisa. E o mesmo para o ouvido – há sons que deixamos de ouvir, e não se sabe bem por que isso pára aí, e não mais adiante.

Na verdade, sendo iluminado de certa maneira, nada mais é apreensível senão o seguinte – há filtros, e com esses filtros a gente se arranja. A função, dizem, cria o órgão. Pelo contrário, é justamente do órgão que a gente se serve como pode.

Essa alguma coisa, quanto aos mecanismos do pensamento, sobre a qual quis raciocinar toda uma filosofia tradicional, que se esforçou para edificar – pelas vias que vocês conhecem, pela exposição do que é feito no plano da abstração, da generalização – edificar essa coisa sobre uma espécie de redução, de filtramento do que corresponde a uma sensação considerada basal – *Nihil fuerit in intellectu quod* etc. –, esse sujeito aí, esse sujeito dedutível na qualidade de sujeito do conhecimento, esse sujeito construído de um modo que agora nos parece tão artificial, a partir de bases de aparelhos, de órgãos vitais sem os quais não se distingue, com efeito, o que poderíamos fazer – será disso que se trata na articulação significante? É nela que começam a entrar em jogo os primeiros termos de soletração, que são estes que estendemos aqui, estes termos, os mais elementares, que enlaçam, como disse, um significante a outro significante, e que já produzem efeitos, posto que esse significante não é manipulável em sua definição a menos que isso tenha um sentido, que ele represente, para outro significante, um sujeito, um sujeito e nada mais. Não, não há nada em comum entre o sujeito do conhecimento e o sujeito do significante.

Não há meios de escapar a essa fórmula extraordinariamente reduzida, que tem alguma coisa embaixo. Mas, justamente, não podemos designar essa coisa com nenhum termo. Isso não poderia ser um *etwas*, é simplesmente um por-baixo, um sujeito, um *upokeimenon.* Mesmo para um pensamento tão investido com a contemplação das exigências – primárias, e não, de modo algum, construídas – da idéia de conhecimento, quero dizer o pensamento de Aristóteles, a mera aproximação à lógica, o mero fato de que ele a tenha introduzido no circuito do saber, obriga-o a distinguir severamente o *upokeimenon* de qualquer *ousia* em si mesma, do que quer que seja essência.

O significante, então, se articula por representar um sujeito junto a outro significante. É daí que partimos para dar sentido a essa repetição inaugural, na medida em que ela é repetição que visa o gozo.

O saber está é em certo nível, dominado, articulado por necessidades puramente formais, necessidades da escrita, o que culmina em nossos dias em um certo tipo de lógica. Ora, esse saber, ao qual podemos dar o suporte de uma experiência que é a da lógica moderna, que é em si, e sobretudo, manejo da escrita, esse tipo de saber, é ele mesmo que está em jogo quando se trata de medir na clínica analítica a incidência da repetição. Em outros termos, o saber que nos parece mais depurado, embora esteja claro que de modo algum poderíamos extraí-lo do empirismo por depuração, é esse mesmo saber que está, desde a origem, presente.

Esse saber mostra aqui sua raiz porquanto na repetição, e sob a forma do traço unário, para começar, ele vem a ser o meio do gozo – do gozo precisamente na medida em que ultrapassa os limites impostos, sob o termo prazer, às tensões usuais da vida.

O que surge desse formalismo – para continuar seguindo Lacan – é que, como dissemos há pouco, há perda de gozo. E é no lugar dessa perda, introduzida pela repetição, que vemos aparecer a função do objeto perdido, disso que eu chamo *a*. O que é que isso nos impõe? Não pode ser outra coisa senão essa fórmula pela qual, no nível mais elementar, o da imposição do traço unário, o saber trabalhando produz, digamos, uma entropia.

Isso aí se escreve com *e*, *n*, *t*. Vocês poderiam escrever com *a*, *n*, *t*, e seria um belo jogo de palavras.[11]

Não é para nos espantarmos. Vocês não sabem que a energética não é outra coisa – seja lá o que creiam os ingênuos corações dos engenheiros – senão a sobreposição da rede de significantes ao mundo?

Desafio vocês a provarem de algum modo que descer 500 metros com um peso de 80 quilos às costas e, uma vez que o tenham descido, reerguê-lo 500 metros é igual a zero, a nenhum trabalho. Façam a tentativa, ponham mãos à obra, vocês verão que vão ter a prova do contrário. Mas se em cima disso sobrepõem os significantes, quer dizer, se entram na via da energética, é absolutamente certo que não houve nenhum trabalho.

Quando o significante se introduz como aparelho de gozo, não temos que ficar surpresos ao ver aparecer uma coisa que tem relação com a entropia, posto que se definiu precisamente a entropia quando começou-se a sobrepor esse aparelho de significantes à sonda física.

Não pensem que estou brincando. Quando vocês constroem uma fábrica em algum lugar, naturalmente recolhem energia, e podem mesmo acumulá-la. Pois bem, os aparelhos que se põe em ação para que essas espécies de turbinas funcionem até que se possa meter a energia em recipientes, tais aparelhos são fabricados com a mesma lógica de que estou falando, ou seja, a função do significante. Hoje em dia, uma máquina não tem nada a ver com uma ferramenta. Não há qualquer genealogia da pá à turbina. A prova disso é que vocês podem legitimamente chamar de máquina um desenhinho que fizerem neste papel. Com quase nada é suficiente. Basta simplesmente que tenham uma tinta que seja condutora para que isso seja uma máquina muito eficaz. E por que não haveria de ser condutora, dado que a marca já é, em si mesma, condutora de voluptuosidade?

Se há algo que a experiência analítica nos ensina, é justamente o que se refere ao mundo da fantasia. Na verdade, se não parece que ele tenha sido abordado antes da análise, é que não se sabia em absoluto como se safar disso a não ser recorrendo à extravagância, à anomalia, de onde partem esses termos, essas adscrições de nomes próprios que nos fazem chamar isso de *masoquismo*, aquilo de *sadismo*. Quando colocamos esses *ismos*, estamos no plano da zoologia. Mas, mesmo assim, há algo de completamente radical – é a associação, no que está na base, na própria raiz da fantasia, dessa glória, se é que posso me exprimir assim, da marca.

Falo da marca sobre a pele, onde se inspira, nessa fantasia, o que nada mais é que um sujeito que se identifica como sendo objeto de gozo. Na prática erótica que estou evocando, a flagelação – para chamá-la por seu nome, caso haja aqui alguém arqui-surdo –, o gozar assume a própria ambigüidade pela qual é no seu plano, e em nenhum outro, que se percebe a equivalência entre o gesto que marca e o corpo, objeto de gozo.

Gozo de quem? Será aquele que porta o que chamei de glória da marca? É seguro que isto queira dizer gozo do Outro? Claro, é uma das vias de entrada do Outro em seu mundo, e ela, certamente, não é refutável. Mas a afinidade da marca com o próprio gozo do corpo, eis precisamente onde se indica que é apenas pelo gozo, e de modo algum por outras vias, que se estabelece a divisão em que se distingue o narcisismo da relação com o objeto.

A coisa não é ambígua. É no nível do *Além do princípio do prazer* que Freud marca com força que o que em última instância constitui o verdadeiro sustentáculo, a consistência da imagem especular do aparelho do eu, é o fato de que este é sustentado do interior por esse objeto perdido, que ele apenas veste, por onde o gozo se introduz na dimensão do ser do sujeito.

De fato, se o gozo é proibido, claro que é apenas por um primeiro acaso, uma eventualidade, um acidente, que ele entra em ação. O ser vivo que funciona normalmente ronrona no prazer. Se o gozo é marcante, e se ele se homologa por ter a sanção do traço unário e da repetição – que desde então o institui como marca –, se isso se produz, só pode originar-se de um pequeníssimo desvio no sentido do gozo. Tais desvios, afinal, nunca serão extremos, mesmo nas práticas que eu evocava agora há pouco.

Não se trata de uma transgressão, de irrupção num campo proibido em virtude do ajustamento de aparelhos vitais reguladores. De fato, é apenas nesse efeito de entropia, nesse desperdiçamento, que o gozo se apresenta, adquire um status. Eis porque o introduzi de início com o termo *Mehrlust*, mais-de-gozar. É justamente por ser apreendido na dimensão da perda – alguma coisa é necessária para compensar, por assim dizer, aquilo que de início é número negativo – que esse não-sei-quê, que veio bater, ressoar nas paredes do sino, fez gozo, e gozo a repetir. Só a dimensão da entropia dá corpo ao seguinte – há um mais-de-gozar a recuperar.

Esta é a dimensão na qual se necessita o trabalho, o saber trabalhando, na medida em que deriva primeiramente, saiba ele ou não, do traço unário, e, em seguida, de tudo o que poderá se articular de significante. É a partir daí que se instaura essa dimensão do gozo, tão ambígua no ser falante, que tanto pode teorizar quanto transformar em religião o viver na apatia – e a apatia é o hedonismo. Ele pode muito bem transformar isso em religião, e no entanto todos sabem que, em sua própria massa – *Massenpsychologie*, intitula Freud um de seus trabalhos na mesma época – o que o impulsiona, o que trabalha nele, o que o torna de uma outra ordem de saber, diversa desses saberes harmonizantes que ligam o *Umwelt* ao *Innenwelt*, é a função do mais-de-gozar como tal.

Aí está o oco, a hiância, que de saída um certo número de objetos vêm certamente preencher, objetos que são, de algum modo, pré-adaptados, feitos para servir de tampão. É aí, sem dúvida, que se detém uma prática analítica clássica, valorizando esses termos diversos, oral, anal, escópico e mesmo vocal. Estes são os diversos nomes com os quais podemos designar como objeto o que concerne ao *a* – mas o *a*, como tal, é propriamente o que decorre do fato de que o saber, em sua origem, se reduz à articulação significante.

Tal saber é meio de gozo. E quando ele trabalha, repito, o que produz é entropia. Essa entropia, esse ponto de perda, é o único ponto, o único ponto regular por onde temos acesso ao que está em jogo no gozo. Nisto se traduz, se arremata e se motiva o que pertence à incidência do significante no destino do ser falante.

Isto pouco tem a ver com sua fala, com sua palavra. Isto tem a ver com a estrutura, que se aparelha. O ser humano, que sem dúvida é assim chamado porque nada mais é que o húmus da linguagem, só tem que se *emparelhar*, digo, se *apalavrar* com esse aparelho.[12]

Com uma coisa tão simples como os meus quatro sinaizinhos, pude há pouco fazê-los perceber que basta darmos a esse traço unário a companhia de um outro traço, S_2 após S_1, é para que, sendo significantes também lícitos, possamos situar o que vem a ser seu sentido, por outro lado, sua inserção no gozo, do Outro – disso pelo qual ele é o meio do gozo.

A partir daí começa o trabalho. É com o saber como meio do gozo que se produz o trabalho que tem um sentido, um sentido obscuro. Esse sentido obscuro é o da verdade.

4

Não há dúvida de que, se estes termos já não houvessem sido abordados por mim sob luzes diversas que nos aclaram, certamente não teria a audácia de introduzi-los assim. Mas já foi feito um trabalho, e considerável.

Quando lhes falo do saber dizendo que seu lugar primordial no discurso do senhor está no nível do escravo, quem, senão Hegel, mostrou-nos que aquilo que o trabalho do escravo nos fornece é a verdade do senhor? E certamente é aquela que o refuta. Mas, na verdade, estamos talvez em condições de indicar outras formas do esquema deste discurso, e perceber onde fica hiante, escancarada, concluída de um modo forçado, a construção hegeliana.

Se há algo que toda a nossa abordagem delimita, que seguramente foi renovado pela experiência analítica, é justamente que nenhuma evocação da verdade pode ser feita se não for para indicar que ela só é acessível por um semi-dizer, que ela não pode ser inteiramente dita porque, para além de sua metade, não há nada a dizer. Tudo o que se pode dizer é isto. Aqui, por conseguinte, o discurso se abole. Não se fala do indizível, por mais prazer que isto pareça dar a alguns.

Mas o fato é que eu ilustrei da última vez, esse nó do semi-dizer, indicando o que dele corresponde propriamente à interpretação, ao que articulei sobre a enunciação sem enunciado, sobre o enunciado com reserva da enunciação. Indiquei que estavam aí os pontos axiais, de equilíbrio, os eixos de gravidade próprios da interpretação, por onde nossa contribuição deve renovar profundamente o que corresponde à verdade.

O que é o amor à verdade? É uma coisa que zomba da falta a ser da verdade. Essa falta a ser, poderíamos chamá-la de outra maneira – uma falta de esquecimento, que se nos recorda nas formações do inconsciente. Não é nada da ordem do ser, de um ser de algum modo pleno. O que é esse desejo indestrutível de que fala Freud ao concluir as últimas linhas de sua *Traumdeutung*? O que é esse desejo que nada pode mudar, nem abrandar, quando tudo muda? A falta de esquecimento é a mesma coisa que a falta a ser, pois ser nada mais é do que esquecer. O amor à verdade é o amor a essa fragilidade cujo véu nós levantamos, é o amor ao que a verdade esconde, e que se chama castração.

Eu não deveria ter que lembrar estas coisas, que são de algum modo tão livrescas. Parece que é entre os analistas, entre eles especialmente que, em nome de certas palavras-tabu com que se lambuza o seu discurso, jamais se entende o que é a verdade – é, a saber, a impotência.

Ali é que se edifica tudo o que concerne à verdade. Que haja amor à fraqueza, está aí sem dúvida a essência do amor. Como já disse, o amor é dar o que não se tem, ou seja, aquilo que poderia reparar essa fraqueza original.

E ao mesmo tempo se concebe, se entreabre esse papel – não sei se devo chamá-lo de místico ou mistificador – que desde sempre foi dado, em uma certa vertente, ao amor. Esse amor universal, como dizem, cujos farrapos nos brandem para acalmar-nos, isso é precisamente com que velamos, e mesmo obstruímos o que é a verdade.

O que é demandado ao psicanalista, já indicado em meu discurso da última vez, com certeza não é o que corresponde a esse sujeito suposto saber, no qual – se entendido como em geral o é, um pouquinho desviadamente – pensou-se poder fundar a transferência. Eu insisti freqüentemente nisto, que nós somos supostos saber não grandes coisas. O que a análise instaura é justamente o contrário. O analista diz àquele que está para começar – *Vamos lá, diga qualquer coisa, vai ser maravilhoso.* É ele que o analista institui como sujeito suposto saber.

Afinal, isso não se dá com tanta má fé, pois, no caso presente, o analista não pode se fiar em qualquer outro. E a transferência se funda nisto – há um cara que me diz, a mim, grande babaca, que me comporte como se soubesse de que se trata. Posso dizer seja lá o que for, e isso sempre vai dar em alguma coisa. Isto não lhes acontece todos os dias. Há bons motivos para causar a transferência.

O que define o analista? Já o disse. Sempre disse, desde sempre – simplesmente, ninguém jamais compreendeu nada, e além disso, naturalmente, a culpa não é minha –, análise, eis o que se espera de um psicanalista. Mas *o que se espera de um psicanalista*, evidentemente seria preciso tratar de compreender o que isso quer dizer.

Está tão aí, assim, ao alcance da mão – muito embora eu tenha o sentimento de estar sempre redizendo –, o trabalho é para mim, e o mais-de-gozar, para vocês. O que se espera de um psicanalista é, como disse da última vez, que faça funcionar seu saber em termos de verdade. É por isto mesmo que ele se confina em um semi-dizer.

Eu o disse da última vez, e terei que voltar a isto, porque tem suas conseqüências.

É ao analista, e a ele somente, que se endereça essa fórmula que tantas vezes comentei, *Wo es war, soll Ich werden*. Se o analista trata de ocupar esse lugar no alto e à esquerda que determina seu discurso, é justamente porque de modo algum está lá por si mesmo. É lá onde estava o mais-de-gozar, o gozar do outro, que eu, na medida em que profiro o ato analítico, devo advir.

14 DE JANEIRO DE 1970

IV

VERDADE, IRMÃ DE GOZO

A lógica e a verdade.
A psicose de Wittgenstein.
Politzer e a Universidade.
O humor de Sade.

$$\begin{array}{ccc} \text{U} & \text{H} & \text{M} \\ \dfrac{S_2}{S_1} \longrightarrow \dfrac{a}{\$} & \dfrac{\$}{a} \longrightarrow \dfrac{S_1}{S_2} & \dfrac{S_1}{\$} \longrightarrow \dfrac{S_2}{a} \end{array}$$

O discurso analítico, no nível de estrutura em que tentamos articulá-lo este ano, fecha o circuito dos outros três, respectivamente denominados – relembro para aqueles que vêm aqui esporadicamente – o discurso do mestre, o da histérica, que hoje pus no centro, e, finalmente, o discurso que aqui nos interessa em alto grau, pois que se trata do discurso situado como universitário.

Mas que o discurso analítico feche o movimento em quarto de círculo na qual os outros três discursos se estruturam não quer dizer que os resolva e permita passar ao avesso. Isso não resolve nada.

O avesso não explica nenhum direito. Trata-se de uma relação de trama, de texto – de tecido, se quiserem. Só que esse tecido tem um relevo, ele pega alguma coisa. Claro, não tudo, pois a linguagem mostra precisamente o limite dessa palavra que só tem existência de linguagem. Mostra que, mesmo no mundo do discurso, nada é tudo, como digo – ou melhor, o tudo como tal se refuta, e mesmo se baseia, em ter que ser reduzido em seu emprego.

Isto para nos introduzir no que será hoje objeto de uma abordagem essencial, a fim de demonstrar o que é um avesso. *Avesso é assonante com verdade.*[13]

1

Na verdade, uma coisa deve ser enfatizada desde este começo – *verdade* não é uma palavra a ser manipulada fora da lógica proposicional, onde se lhe dá um valor reduzido à inscrição, ao manejo de um símbolo, que em geral é um V maiúsculo, sua inicial. Tal uso, como veremos, é particularmente desprovido de esperança. E é justamente isto o que ele tem de sadio.

Em todos os outros lugares, entretanto, e especialmente entre as analistas – com boas razões, devo dizer – entre as analistas mulheres, ele provoca um curioso frêmito, da ordem daquilo que os impele, há algum tempo, a confundir a verdade analítica com a revolução.

Já falei da ambigüidade deste termo revolução, que pode significar, no emprego que lhe é dado em mecânica celeste, retorno ao ponto de partida. De modo que, sob certos ângulos, o que o discurso analítico pode fazer quanto às três outras ordens, como disse anteriormente, situa-se em três outras estruturas.

As mulheres, não é por acaso que elas estão menos fechadas que seus parceiros nesse ciclo de discursos. O homem, o macho, o viril, tal como o conhecemos, é uma criação de discurso – nada, pelo menos, do que dele se analise pode ser definido de outra maneira. Não se pode dizer o mesmo da mulher. Contudo, nenhum diálogo é possível se não se situar no nível do discurso.

Eis porque a mulher que anima a virtude revolucionária da análise poderia, antes de ter frêmitos, dizer para si mesma que, muito mais do que o homem, ela pode se beneficiar com o que chamaremos de uma certa cultura do discurso.

Não é que ela não tenha dons para tal, muito pelo contrário. E quando é movida por isso, ela se torna, nesse ciclo, um guia eminente. Isto é o que define a histérica, e por esta razão, rompendo a ordem do que escrevo habitualmente no quadro, coloquei-a no centro.

É claro, contudo, que a palavra *verdade* não provoca nela esse frêmito particular por acaso.

Mas a verdade não permite, mesmo em nosso contexto, um acesso fácil. Como certos pássaros, de que me falavam quando eu era pequeno, ela só é capturada se se colocar sal em sua cauda.

Isto não é fácil. Meu primeiro livro de leitura tinha como primeiro texto uma história que se intitulava *História de uma metade de frango.* Era verdade, ele falava disso. Não é um pássaro mais fácil de capturar que os outros, quando a condição é colocar-lhe sal na cauda.

O que eu ensino, desde que articulo algo da psicanálise, poderia muito bem se intitular *História de uma metade de sujeito.*

Onde está o verdadeiro da relação entre essa história de uma metade de frango e a história de uma metade de sujeito? Pode-se tomá-lo por dois ângulos. Pode-se dizer que a história da minha primeira leitura determinou o desenvolvimento de meu pensamento, como se diria em uma tese universitária. Ou então – ponto de vista da estrutura –, a história da metade de frango bem que poderia representar, para o autor que a escreveu, algo em que se refletia não sei que pressentimento não da *psicanálise*, como se diz no *Le Paysan de Paris*, mas do que concerne ao sujeito.

O certo é que havia também uma imagem. A imagem da metade de frango era o perfil do lado bom. Não se via a outra, a cortada, aquela em que a verdade provavelmente estava, posto que se via na página do lado direito a metade sem coração, mas não sem *fígado*, sem dúvida, nos dois sentidos da palavra[14]. O que quer dizer isto? Que a verdade está escondida, mas talvez ela só esteja ausente.

Se assim fosse, estaria tudo ajeitado. Ter-se-ia apenas que saber bem tudo o que há para saber. Afinal, por que não? Quando se diz alguma coisa, não é preciso acrescentar que é verdade.

Em torno disso gira toda uma problemática do juízo. Vocês bem sabem que o sr. Frege lança a pergunta sob a forma de um traço horizontal, e a distingue do que resulta quando se afirma que é verdadeiro, colocando ali um traço vertical na extremidade esquerda. Isto, então, passa a ser a afirmação.

Porém, o que é verdadeiro? Meu Deus, é aquilo que é dito. E o que é dito? É a frase. Mas a frase, não há meios de fazê-la se sustentar em outra coisa senão no significante, na medida em que este não concerne ao objeto. A menos que – como um lógico cujo extremismo já vou lhes mostrar – vocês postulem que não há objeto que não seja pseudo-objeto. Quanto a nós, nos atemos a que o significante não concerne ao objeto, mas ao sentido.

Como sujeito da frase, só há o sentido. Daí essa dialética de onde partimos, que chamamos de *pas-de-sens* (sentido algum), com toda a ambigüidade da palavra *pas*.[15]

Isso começa no não-senso forjado por Husserl – o verde é um pró. O que pode muito bem ter um sentido, no entanto, se se trata por exemplo de uma votação com bolas verdes e bolas vermelhas.

Mas o que nos leva por uma via em que o que concerne ao ser depende do sentido, é aquilo que mais ser tem. Foi por essa via, em todo caso, que se transpôs o passo-de-sentido, o sentido – algum que é pensar que aquilo que mais ser tem não pode deixar de existir.

O sentido, se posso dizê-lo, carrega o peso de ser. Ele não tem, inclusive, outro sentido. Só que percebeu-se há certo tempo que isso não basta para dar-lhe peso – o peso, justamente, da existência.

Coisa curiosa, o não-senso tem peso. Isso dá um frio no estômago. E este é o passo dado por Freud, ao ter mostrado que isso é o que o chiste tem de exemplar, a palavra sem pé nem cabeça e nem cauda.

O que não torna mais fácil colocar sal em sua cauda. Justamente, a verdade levanta vôo. A verdade levanta vôo no momento mesmo em que vocês não queriam mais capturá-la.

De resto, como teriam conseguido, já que ela não tinha cauda? Estupefação, e luzes!

Como recordam, uma pequena história – aliás bastante insípida – de réplicas sobre o Bezerro de Ouro, pode bastar para despertar esse bezerro que, no *dormidouro*, dorme em pé. Nota-se então que ele é, por assim dizer, de *ouro duro* – de monturo.[16]

Ele fica entre *o duro desejo de durar*, de Éluard, e o desejo de dormir, que é de fato o maior enigma, sem que ninguém pareça reparar nisso, que Freud anuncia no mecanismo do sonho. Não o esqueçamos. *Wunsch zu schlafen*, diz ele, e não *schlafen Bedürfnis*, necessidade de dormir – não é disso que se trata. É o *Wunsch zu schlafen* que determina a operação do sonho.

O curioso é que ele completa essa indicação com o seguinte – um sonho desperta justamente no momento em que poderia deixar escapar a verdade, de sorte que só acordamos para continuar sonhando – sonhando no real, ou, para ser mais exato, na realidade.

Tudo isto impressiona. Impressiona por uma certa falta de sentido em que a verdade, como o natural, volta a galope.[17] E em tal galope, aliás, que é só atravessar o nosso campo – e eis que ela já partiu de novo pelo outro lado.

A ausência que mencionei há pouco produziu em francês uma curiosa contaminação. Se vocês tomam a palavra *sans*, presumidamente vinda do latim *sine* – o que é muito pouco provável, já que sua primeira forma era algo assim como *senz* – nos damos conta de que a *absentia*, no ablativo, empregada nos textos jurídicos, que é de onde provém esse termo sem pé nem cabeça que é *sans*, nós já a produzimos, essa palavrinha, desde o começo do que hoje estamos enunciando.[18]

E daí? *Senz* e depois *sans* [*puis sans*], não é de uma potência [*puissance*] que se trata? Uma potência totalmente diferente desse *em potência*, virtualidade imaginária, que só é potência por ser enganadora, mas que é antes o que de ser há no sentido, a entender diversamente de ser sentido pleno, que é antes o que escapa ao ser, como acontece no chiste, nas palavras justamente chamadas de espirituosas.

Além do que, nós o sabemos, isto sempre se passa com o ato. No ato, seja ele qual for, o importante é o que lhe escapa. E é também o passo dado pela análise na introdução do ato falho como tal, que é, finalmente, o único de que sabemos com segurança que é sempre bem-sucedido.

Em torno disso há todo um jogo de litotes, cujo peso e acentuação tentei mostrar naquilo que chamo de *não-sem* [*pas-sans*]. A angústia *não* é *sem* objeto. Nós *não* somos *sem* uma relação com a verdade.

Mas será seguro que deveríamos encontrá-la *intus*, no interior? Por que não ao lado? *Heimlich, unheimlich* – todo mundo pôde guardar, da leitura de Freud, o que contém a ambigüidade deste termo, que sem estar no interior embora o evoque, acentua precisamente tudo o que é o estranho.

Nisso, as próprias línguas variam estranhamente. Vocês perceberam que *homeliness*, em inglês, quer dizer *sem cerimônia*? No entanto, é a mesma palavra que *Heimlichkeit*, mas não tem o mesmo tom.

É também por isto que *sinnlos* é traduzido em inglês por *meaningless*, quer dizer, a mesma palavra que, para traduzir *Unsinn*, nos dará *não-sensato* [*non-sensé*].

Todos sabem que a ambigüidade das raízes em inglês se presta a singulares cuidados. Em contrapartida, curiosamente – e de um modo quase único –, o inglês chamará o *sans* de *without*: *com estando fora*.

A verdade, com efeito, parece mesmo ser-nos estranha – refiro-me à nossa própria verdade. Ela está conosco, sem dúvida, mas sem que nos concirna a um ponto tal que admitamos dizê-lo.

Tudo o que se pode dizer é o que eu dizia há pouco – nós *não* somos *sem* ela. Litotes, em suma, do que, por estarmos à sua altura, dispensaríamos perfeitamente, passaríamos bem sem isso.

Passamos do *sem* [*sans*] ao *não-sem* [*pas-sans*], e daí ao *dispensado*, ao *sem-passado* [*sans-passé*].[19]

2

Vou dar aqui um pequeno salto, e me dirigir ao autor que formulou com mais força o que resulta do empreendimento de postular que não há verdade que não esteja inscrita em alguma proposição e de articular o que, do saber como tal – sendo o saber constituído por um fundamento da proposição –, pode funcionar rigorosamente como verdade. Isto é – articular o que, seja o que for que proponha, pode ser chamado de verdadeiro e sustentado como tal.

Trata-se de um tal Wittgenstein, que é – posso dizer – fácil de ler. Certamente. Tentem só.

Isto exige que saibam se contentar com deslocar-se em um mundo que é estritamente o de uma cogitação, sem buscar ali qualquer fruto, como é o mau hábito de vocês. Vocês se ligam muito em colher maçãs debaixo da macieira, e mesmo a pegá-las do chão. Seria melhor que não pegassem as maçãs.

Habitar por um certo tempo sob essa macieira, cujos galhos, posso garantir, podem ser suficientes para captar estreitamente a atenção de vocês por menos que se obriguem a isto, terá mesmo assim a característica de que nada poderão extrair dali exceto a afirmação de que nada pode ser chamado de verdadeiro além da adequação a uma estrutura que não situarei como lógica, colocando-me por um instante fora da sombra dessa macieira, mas como – o autor o afirma propriamente – gramatical.

A estrutura gramatical constitui, para esse autor, o que ele identifica com o mundo. A estrutura gramatical, eis o que o mundo é. Em suma, não há verdadeiro que não seja uma proposição composta que compreenda a totalidade de fatos que constituem o mundo.

Se decidirmos introduzir no conjunto o elemento de negação que permite articulá-lo, obteremos todo um conjunto de regras a extrair que constitui uma lógica, porém o conjunto, diz ele, é tautológico, quer dizer, tão bobo quanto isto – o que quer que vocês enunciem, ou bem é verdadeiro, ou bem é falso. Enunciar que isto ou bem é verdadeiro, ou bem é falso, é obrigatoriamente verdadeiro – mas também anula o sentido.

Tudo o que lhes disse, conclui ele na proposição 6.51, 2, 3, 4 – pois as numera –, tudo o que acabo de enunciar aqui é, falando propriamente, *Unsinn*, quer dizer, anula o sentido.

Nada se pode dizer que não seja tautológico. Trata-se de que o leitor, após ter passado pela longa circulação de enunciados – peço-lhes que acreditem que cada um deles é extremamente atraente – haja superado tudo o que se acaba de dizer para concluir que não há qualquer outra coisa dizível, mas tudo o que se pode dizer não passa de não-senso.

Talvez eu tenha ido um pouco rápido ao resumir o *Tractatus logico-philosophicus* de Wittgenstein. Acrescentemos apenas esta observação – nada se pode dizer, nada é verdadeiro, exceto sob a condição de que se parta atrás da idéia, do encaminhamento que é o de Wittgenstein, de que o fato é um atributo da proposição crua.

Chamo de proposição crua aquela que em outra parte se porá entre aspas, em Quine, por exemplo, onde se distingue o enunciado da enunciação. O que é uma operação que, tendo eu construído meu grafo precisamente sobre seu fundamento, não hesito contudo em declarar arbitrária. Claro que se pode sustentar, com efeito – como é a posição de Wittgenstein –, que não há que acrescentar nenhum signo de afirmação ao que é pura e simples asserção. A asserção se anuncia como verdade.

Como, a partir disso, sair do que está em pauta nas conclusões de Wittgenstein? Só seguindo-o até o ponto a que é arrastado, a saber, à proposição elementar cuja notação como verdadeira ou falsa é o que deve assegurar de qualquer modo, seja ela verdadeira ou falsa, a verdade da proposição composta.

Quaisquer que sejam os fatos do mundo, eu acrescentaria, seja o que for que enunciemos sobre ele, a tautologia da totalidade do discurso é o que constitui o mundo.

Tomemos a mais reduzida proposição – quero dizer, gramaticalmente. Não é por acaso que já os estóicos tinham se baseado nisso para introduzi-la na forma mais simples da implicação. Não chegarei a tanto, vou tomar apenas o primeiro termo, pois, como sabem, uma implicação é uma relação entre duas proposições. *Faz bom tempo.*[20] É o mínimo.

Além disso, Wittgenstein sustenta o mundo apenas com fatos. Coisa alguma existe se não for sustentada por uma trama de fatos. Coisa alguma existe, aliás, que não seja inacessível. Só o fato é articulável. Este fato, que faça bom tempo, é feito apenas disso – que seja dito.

O verdadeiro depende – tenho aqui que reintroduzir a dimensão que separo arbitrariamente – depende apenas de minha enunciação, ou seja, se eu o enuncio com propriedade. O verdadeiro não é interno à proposição, onde só se anuncia o fato, o factício da linguagem.

É verdadeiro que é um fato, um fato que constitui que eu o diga, eventualmente, enquanto é verdadeiro. Mas que seja verdadeiro não é um fato, se eu não acrescentar expressamente que é, ademais, verdadeiro. Só que, como bem nos faz notar Wittgenstein, com justeza, é supérfluo acrescentar isto.

Mas eis que o que tenho a dizer em lugar desse supérfluo é que é preciso que eu tenha verdadeiramente uma razão para dizê-lo, razão que vai se explicar no que se segue.

Justamente, não digo que tenha uma razão, continuo seguindo, ou seja, continuo minha dedução, e integro o *faz bom tempo*, quem sabe na condição de falácia – mesmo que seja verdadeiro –, à minha incitação, que pode ser a de aproveitar para fazer alguém acreditar que poderá ver minhas intenções claramente, já que o tempo é bom.

A besteira, se posso me exprimir assim, é isolar o factício do *faz bom tempo*. É uma besteira prodigiosamente fecunda, porque dela surge um apoio, o que resulta precisamente de levar às últimas conseqüências aquilo em que eu próprio me apoiei, a saber, que não há metalinguagem.

Não há outra metalinguagem senão todas as formas de canalhice, se designarmos assim as curiosas operações que se deduzem do seguinte, de que o desejo do homem é o desejo do Outro. Toda canalhice repousa nisto, em querer ser o Outro – refiro-me ao grande Outro – de alguém, ali onde se delineiam as figuras em que seu desejo será captado.

Essa operação dita wittgensteiniana, igualmente, não passa de uma ostentação extraordinária, uma detecção da canalhice filosófica.

Não há sentido que não seja do desejo. É o que se pode dizer após ter lido Wittgenstein. Não há verdade senão daquilo que esconde esse desejo de sua falta, fingindo que não quer nada diante do que encontra.

Não aparece sob luz mais certeira o resultado daquilo que os lógicos afirmam desde sempre, só para nos deslumbrar com o ar de paradoxo daquilo que foi chamado de implicação material.

Vocês sabem o que é. É a implicação simplesmente. Só recentemente se a chamou de material, porque de repente esfregaram os olhos e começaram a compreender a barbaridade que há na implicação – estou falando daquela que um certo estóico sustentou. É, a saber, que são legítimas as três implicações seguintes – que, claro, o falso implica o falso, o verdadeiro implica o verdadeiro, mas não se pode descartar de maneira alguma que o falso implique o verdadeiro porque, afinal de contas, trata-se do que se implica, e se o que se implica é verdadeiro, o conjunto da implicação também o é.

Porém isto quer dizer alguma coisa. Por que não poderíamos, deslocando ligeiramente a palavra *implica*, dar-nos conta do que há de notável nisto – coisa que já se sabia perfeitamente na Idade Média, *ex falso sequitur quodlibet* –, que, no caso, o falso também comporta o verdadeiro, o que também quer dizer que o verdadeiro é verdadeiro sobre o que quer que seja.

Mas se, em contrapartida, rejeitarmos que o verdadeiro comporta o falso, que ele pode ter uma falsa conseqüência – pois é isto o que rejeitamos, sem o que não haveria qualquer articulação possível da lógica proposicional –, chegaremos à curiosa constatação de que o verdadeiro tem então uma genealogia, ele remonta sempre a um primeiro verdadeiro, do qual não poderia mais declinar.

Esta é uma indicação tão estranha, tão contestada por toda a nossa vida – quero dizer, nossa vida de sujeito –, que por si só bastaria para questionar que a verdade possa de algum modo ser isolada como atributo – atributo do que quer que possa articular-se ao saber.

Quanto à operação analítica, ela se distingue por avançar nesse campo de maneira diferente à da que está encarnada, eu diria, no discurso de Wittgenstein – a saber, uma ferocidade psicótica, frente à qual a bem conhecida navalha de Ocam – que enuncia que não devemos admitir qualquer noção lógica a não ser como necessária – é uma ninharia.

3

A verdade – voltamos ao princípio – é certamente inseparável dos efeitos de linguagem tomados como tais.

Nenhuma verdade pode ser localizada a não ser no campo onde ela se enuncia – onde se enuncia como pode. Portanto, é verdade que não há verdadeiro sem falso, pelo menos em seu princípio. Isto é verdadeiro.

Mas que não haja falso sem verdadeiro, isto é falso.

Quero dizer que só se encontra o verdadeiro fora de toda proposição. Dizer que a verdade é inseparável dos efeitos de linguagem tomados como tais é incluir aí o inconsciente.

Afirmar, em contrapartida, que o inconsciente é a condição da linguagem – como eu recordava da última vez – adquire aqui seu sentido de querer que da linguagem responda um sentido absoluto.

Um dos autores do estudo sobre *O Inconsciente*, subtitulado *Estudo psicanalítico*, inscreveu-o outrora superpondo um S sobre si mesmo, colocando-o sobre e sob uma barra, tratada aliás arbitrariamente em relação ao que fiz dela. O significante assim designado, cujo sentido seria absoluto, é muito fácil de reconhecer, pois só há um que pode responder a esse lugar – é o Eu.[21]

O Eu, na medida em que é transcendental – mas também em que é ilusório. Esta é a operação de raiz, última, aquela justamente em que se sustenta irredutivelmente o que designo da articulação do discurso universitário – e isto é o que mostra que encontrá-la aqui não é um acaso.

O Eu transcendental é aquele que qualquer pessoa que de uma certa maneira enunciou um saber contém como verdade, é o S_1 o Eu do mestre.

O Eu idêntico a si mesmo, é precisamente daí que se constitui o S_1 do puro imperativo.

O imperativo é precisamente aquilo em que o Eu se desenvolve, porque está sempre em segunda pessoa.

O mito do Eu ideal, do Eu que domina, do Eu pelo qual alguma coisa é pelo menos idêntica a si mesma, a saber, o enunciador, eis precisamente o que o discurso universitário não pode eliminar do lugar onde se acha a sua verdade. De todo enunciado universitário de uma filosofia qualquer, mesmo aquela que se poderia etiquetar como sendo-lhe a mais oposta, a saber, em se tratando de filosofia, o discurso de Lacan –, surge irredutivelmente a *Eu-cracia.*

Claro, nenhuma filosofia é redutível a isto. Para os filósofos, a questão sempre foi mais flexível e patética. Lembrem-se do que se trata, todos mais ou menos o reconhecem, e alguns dentre eles, os mais lúcidos, às claras – querem salvar a verdade.

Isso levou um deles, palavra!, até bem longe – até concluir, como Wittgenstein, que dela fazendo a regra e o fundamento do saber, nada mais tem a dizer, nada em todo caso que a concirna como tal – para recusar, para evitar esse escolho. Seguramente o autor tem de próximo à posição do analista o fato de que se elimina completamente de seu discurso.

Falei há pouco de psicose. Nela existe, com efeito, tamanha concordância do discurso mais seguro com não-sei-o-quê de chocante que se apresenta como psicose, que o digo simplesmente ao sentir o seu efeito. É notável que uma universidade como a inglesa lhe tenha dado seu lugar. Lugar à parte, é o caso de dizê-lo, lugar de isolamento, com o qual o próprio autor colaborava perfeitamente, embora se retirasse de quando em quando a uma pequena casa de campo para voltar e prosseguir esse discurso implacável, do qual pode-se mesmo dizer que até o dos *Principia mathematica* de Russel está aí forjado.

Esse aí não queria salvar a verdade. Nada se pode dizer sobre isso, dizia ele, o que não é seguro, porque de todo modo temos que lidar com ela todos os dias. Mas como então define Freud a posição psicótica em uma carta que citei inúmeras vezes? Precisamente com isso que ele, coisa estranha, chama de *unglauben* – nada querer saber do recanto em que a verdade está em jogo.

A coisa é tão patética para o universitário que podemos dizer que o discurso de Politzer intitulado *Fundamentos da psicologia concreta*, incitado por sua aproximação à análise, é um exemplo fascinante disso.

Tudo deriva desse esforço para sair do discurso universitário que o formou dos pés à cabeça. Ele sente claramente que ali há alguma rampa por onde poderia emergir.

É preciso ler essa pequena obra, reeditada em livro de bolso sem que nada, que eu saiba, possa provar que o próprio autor houvesse aprovado essa reedição, ao passo que todos sabem o drama que foi para ele a carga de flores que cobriu o que de início se propunha como um grito de revolta.

Às suas ásperas páginas sobre a psicologia, em especial a universitária, segue-se estranhamente um encaminhamento que, de algum modo, leva-o de volta a ela. Mas o que o fez captar por onde havia esperanças e emergir dessa psicologia foi ter enfatizado – coisa que ninguém havia feito em sua época – que o essencial do método freudiano para abordar o que corresponde às formações do inconsciente é confiar no relato. A ênfase foi dada a esse fato de linguagem, de onde tudo poderia, na verdade, ter partido.

Nem se cogitava na época que alguém, mesmo na Escola Normal Superior – trata-se da história do cotidiano –, tivesse a menor idéia do que é a lingüística, mas de toda forma é singular que ele tenha se aproximado assim ao fato de que está ali a mola propulsora que dá esperanças ao que estranhamente chama de psicologia concreta.

É preciso ler esse livrinho, e se eu o tivesse aqui, leria com vocês. Talvez um dia faça dele aqui matéria para nossa conversa, mas tenho bastantes coisas a dizer, o suficiente para não continuar me demorando em uma coisa cuja significativa estranheza cada um de vocês pode ver – é ao querer sair do discurso universitário que se volta implacavelmente a entrar nele. Isto se acompanha a cada passo.

Que objeção fará ele aos enunciados – quero dizer, à terminologia – dos mecanismos que Freud apresenta em seu progresso teórico? Apenas que, ao enunciar acerca de fatos isoláveis de abstração formal, como se exprime confusamente, Freud deixa escapar o que para ele é o essencial do que pode ser exigido em matéria de psicologia, a saber, que todo fato psíquico só é enunciável se preservar o que chama de ato do Eu, e, ainda melhor, sua continuidade. Isto está escrito – a continuidade do Eu.

Este termo foi sem dúvida o que permitiu ao relator, de quem eu falava há pouco, brilhar às expensas de Politzer, sobre o qual introduz uma pequena referência, história – isso mesmo – para tapear o que então podia ter como auditório. Um universitário que aliás se mostrou um herói, que boa ocasião para produzi-lo! É sempre bom ter um desses, de vez em quando, mas isto não basta se tiram proveito dele sem com isso poder demonstrar o irredutível do discurso universitário em relação à análise. No entanto, esse livro dá testemunho de uma luta singular, pois Politzer não pode deixar de sentir o quanto a prática analítica está próxima, de fato, ao que ele idealmente delineia como estando inteiramente fora do campo de tudo o que até então se fez como psicologia. Mas não pode fazer de outro modo senão recaindo sob a exigência do Eu.

Não que eu mesmo veja ali, é claro, algo que seja irredutível. O relator em questão se desembaraça disso com excessiva facilidade dizendo que o inconsciente não se articula em primeira pessoa e, para tal, arma-se desse ou daquele de meus enunciados sobre o fato de que sua mensagem, o sujeito a recebe do outro sob forma invertida.

Isto não é, decerto, razão suficiente. Disse claramente em outro lugar que a verdade fala Eu – *eu, a verdade, (Eu) falo.*[22] Mas o que não vem à mente, nem do autor em apreço, nem de Politzer, é que o Eu de que se trata é, talvez, inominável, não há necessidade alguma de continuidade do Eu para que este multiplique seus atos.

O essencial não está aí.

4

Diante desse uso de proposições, não vamos deixar de trazer, antes de nos separarmos, o seguinte – *Uma criança é espancada.* É precisamente uma proposição que constitui toda essa fantasia. Será que podemos vinculá-la ao que quer que se designe com os termos verdadeiro ou falso?

Este caso, exemplar pelo fato de não poder ser eliminado de nenhuma definição da proposição, permite captar que se esta proposição tem o efeito de se sustentar em um sujeito, é sem dúvida em um sujeito como Freud imediatamente o analisa – dividido pelo gozo. Dividido, quero dizer que também aquele que o enuncia, essa criança que *wird, virtude, verdeja, se esverdeia* de ser espancada,[23] *geschlagen* – brinquemos um pouco mais –, essa criança que fica verde ao ser espancada graceja – virtude [*vertu*], eis os males do vir-a-ti [*vers-tu*], ou seja, aquele que a espanca, e que não é nomeado seja qual for a maneira em que a frase se enuncie.

O *Você me espanca* é aquela metade do sujeito cuja fórmula tem sua ligação com o gozo. Ele recebe, claro, sua própria mensagem de uma forma invertida – aqui, isto quer dizer seu próprio gozo sob a forma do gozo do Outro. É mesmo disso que se trata quando ocorre de a fantasia juntar a imagem do pai com o que de início é uma outra criança. Que o pai goze espancando-o, eis o que põe aqui o acento do sentido, como também o dessa verdade que está pela metade – pois, além disso, aquele que se identifica com a outra metade, com o sujeito da criança, não era essa criança, salvo, como diz Freud, que se reconstitua o estádio intermediário – jamais, de nenhum modo, substancializado pela lembrança – onde, com efeito, é ele. É ele que, por essa frase, constitui o suporte de sua fantasia, que é a criança espancada.

Eis-nos reconduzidos, de fato, a que um corpo pode ser sem rosto. O pai, ou o outro, seja quem for que desempenhe aqui o papel, assegure a função, dê o lugar ao gozo, ele nem mesmo é nomeado. Deus sem rosto, este é o caso. Contudo não é apreensível, a não ser como corpo.

O que é que tem um corpo e não existe? Resposta – o grande Outro. Se acreditamos nele, nesse grande Outro, ele tem um corpo, ineliminável da substância daquele que disse *Eu sou o que (Eu) sou,*[24] o que é uma forma de tautologia completamente diversa.

É sobre isto que me permitirei, antes de nos separarmos, afirmar algo que de tal modo é retumbante na história que, para dizer a verdade, pasma que não seja suficientemente enfatizado, ou que não o seja de todo – os materialistas são os únicos crentes autênticos.

A experiência comprovou isto – falo do momento da mais recente erupção histórica do materialismo no século XVIII. O deus deles é a matéria. Sim, por que não? Isto se sustenta melhor que todas as outras formas de fundamentá-lo.

Só que, para nós, é insuficiente. Porque temos justamente necessidades lógicas, se me permitem este termo. Porque somos seres nascidos do mais-de-gozar, resultado do emprego da linguagem.

Quando digo *emprego da linguagem*, não quero dizer que a empreguemos. Nós é que somos seus empregados. A linguagem nos emprega, e é por aí que aquilo goza. Por isso, a única chance da existência de Deus é que Ele – com E maiúsculo – goze, que Ele seja o gozo.

Justamente por esta razão, fica claro para o mais inteligente dos materialistas, a saber, Sade, que a visada da morte não é em absoluto o inanimado.

Leiam as palavras de Saint-Fond, mais ou menos na metade de *Juliette*, e verão do que se trata. Se diz que a morte não constitui outra coisa senão a invisível colaboração com a operação natural, é porque para ele, obviamente, tudo após a morte permanece animado – animado pelo desejo de gozo. Esse gozo, ele também pode chamá-lo de natureza, mas é evidente em todo o contexto que se trata do gozo. Gozo de quê? De um ser único que só tem a dizer – *Eu sou o que (Eu) sou.*

Mas por que então isto? Como Sade o percebe tão bem?

Aqui entra na jogada o seguinte – ele, em aparência, é sádico. É que se nega a ser o que é, o que enuncia que é. Fazendo esse apelo furioso à natureza em sua operação mortífera, de onde sempre renascem as formas, que faz ele? Faz ver sua impotência em ser outra coisa que não instrumento do gozo divino.

Isto é o Sade teórico. Por que ele é teórico? Talvez tenha tempo de dizê-lo no último minuto, como costumo fazer.

O praticante, é outra coisa. Como sabem por um certo número de histórias cujo testemunho, aliás, obtemos de sua pena, o praticante é simplesmente masoquista.

Esta é a única posição astuciosa e prática quando se trata do gozo, porque esfalfar-se sendo o instrumento de Deus é extenuante. O masoquista é um delicado humorista. Ele não precisa de Deus, seu lacaio lhe basta. Ele curte ao gozar dentro de limites aliás bem comportados, naturalmente, e como todo bom masoquista – é visível, basta lê-lo –, ele se escangalha de rir. É um mestre humorista. Então, por que diabos Sade é teórico? Por que essa aspiração extenuante, posto que está completamente fora do alcance de suas mãos essa aspiração escrita, designada como tal? Aspiração que essas partículas – de onde vêm os fragmentos de vidas dilaceradas, recortadas, desmembradas após os mais extraordinários atos imaginados –, seria verdadeiramente preciso, para dar cabo delas, atingi-las com uma segunda morte. Ela está ao alcance de quem?

Naturalmente, a nosso alcance. Há muito tempo venho anunciando isto a propósito de Antígona. Só que, sendo psicanalista, posso perceber que a segunda morte está antes da primeira e não depois, como sonha Sade.

Sade era teórico. Por quê? Porque ama a verdade.

Não que a queira salvar – ele a ama. A prova de que a ama é que a rechaça, não parece perceber que, ao decretar a morte de Deus, O exalta, e testemunha para Ele que ele, Sade, só chega ao gozo mediante os pequenos recursos de que falei há pouco.

O que pode querer dizer que se caia assim, ao amar a verdade, em um sistema tão evidentemente sintomático? Aqui se apresenta uma coisa – ao se colocar como resíduo do efeito de linguagem, como aquele que faz com que o efeito de linguagem não arranque do gozar senão aquilo que da última vez enunciei sobre a entropia de um mais de gozar – é isto é o que não se vê, a verdade como por fora do discurso, mas, caramba, é a irmã desse gozo interditado.

Digo *é a irmã*, pois só tem parentesco nisto – se as estruturas lógicas mais radicais se vinculam efetivamente a esse pedículo arrancado ao gozo, apresenta-se inversamente a pergunta sobre o gozo a que correspondem essas conquistas que em nosso tempo fazemos em lógica. Esta, por exemplo, de que não há consistência de um sistema lógico, por mais frágil que seja, como se diz, senão ao designar sua força de efeito de incompletude, onde se marca seu limite. Esta forma, em que o próprio fundamento lógico se mostra deiscente, a que gozo responde? Em outras palavras, o que é aqui a verdade?

Não é em vão, nem por acaso, que designo como fraterna a posição da verdade em relação ao gozo – salvo ao enunciá-la no discurso da histérica.

Muito recentemente, alguém singularmente foi fazer, de uma coisa que todo o mundo sabia, uma conferência para os americanos. Freud tinha o que pudicamente se chama um caso, *an affair*, com sua cunhada.[25] E daí? Já se sabia há muito tempo o lugar de Mina Bernays nas preocupações de Freud. Basear isto em algumas fofocas junguianas não muda nada.

Mas retenho essa posição da cunhada. Sade, de quem todos sabem que a interdição edípica separou-o de sua mulher – como desde sempre dizem os teóricos do amor cortês, não há amor no casamento –, não será por causa de sua cunhada que ele amava tanto a verdade?

Vou deixá-los com esta pergunta.

21 DE JANEIRO DE 1970

V

O CAMPO LACANIANO

Freud mascara seu discurso.
A felicidade do falo.
Meios do gozo.
Hegel, Marx e a termodinâmica.
A riqueza, propriedade do rico.

$$\begin{array}{ccc}
\text{M} & \qquad & \text{U} \\
\dfrac{S_1}{\$} \longrightarrow \dfrac{S_2}{a} & \qquad & \dfrac{S_2}{S_1} \longrightarrow \dfrac{a}{\$} \\
\\
\dfrac{\$}{a} \longrightarrow \dfrac{S_1}{S_2} & \qquad & \dfrac{a}{S_2} \longrightarrow \dfrac{\$}{S_1} \\
\text{H} & \qquad & \text{A}
\end{array}$$

Vamos avançar. E, para evitar, quem sabe, um mal-entendido, entre outros, gostaria de dar-lhes esta regra como primeira aproximação – a referência de um discurso é aquilo que ele confessa querer dominar, querer amestrar. Isto basta para catalogá-lo em parentesco com o discurso do mestre.

É exatamente esta a dificuldade daquele que tento aproximar tanto quanto posso do discurso do analista – ele deve se encontrar no pólo oposto a toda vontade, pelo menos confessada, de dominar. Disse *pelo menos confessada* não porque tenha que dissimulá-la mas porque, afinal, é sempre fácil voltar a escorregar para o discurso da dominação, da mestria.

Na verdade, partimos daí no que é ensino do discurso da consciência, e que foi retomado, todos os dias se retoma, indefinidamente. Um dos meus melhores amigos, muito próximo a mim, obviamente na psiquiatria, restituiu-lhe sua melhor pincelada – discurso da síntese, discurso da consciência que domina.

Era a ele que eu respondia em certas palestras que sustentei há um bocado de tempo sobre a causalidade psíquica, palestras que aí estão para atestar que, bem antes de tomar nas mãos o discurso analítico, eu já tinha alguma orientação: particularmente quando lhe dizia mais ou menos o seguinte: Como é que se poderia captar toda essa atividade psíquica de outra maneira que não como um sonho, quando se ouve milhares de vezes no decorrer dos dias *essa cadeia espúria de destino e de inércia, de lances de acaso e de estupor, de sucessos falsos e de encontros desconhecidos que constituem o texto corrente de uma vida humana*?

Não esperem portanto de meu discurso nada de mais subversivo do que não pretender a solução.

1

No entanto, é claro que nada é mais candente do que aquilo que, do discurso, faz referência ao gozo.

O discurso toca nisso sem cessar, posto que é dali que ele se origina. E o agita de novo desde que tenta retornar a essa origem. É nisso que ele contesta todo apaziguamento.

Freud, é preciso dizer, sustenta um discurso estranho, o mais contrário à coerência, à consistência de um discurso. O sujeito do discurso não se sabe como sujeito que sustenta o discurso. Que ele não saiba o que diz, ainda passa, sempre se o supriu. Mas o que diz Freud é que ele não sabe quem o diz.

O saber – penso já ter insistido o suficiente para que isto lhes entre na cabeça –, o saber é coisa que se diz, que é dita. Pois bem, o saber fala por conta própria – eis o inconsciente.

É aqui que ele deveria ter sido atacado pelo que se chama, mais ou menos difusamente, fenomenologia. Para contradizer Freud, não bastava lembrar que o saber se sabe inefavelmente. Seria preciso dirigir o ataque ao fato de Freud sublinhar que qualquer um pode saber – o saber se debulha, o saber se enumera, se detalha, e – isto é o que não funciona por própria conta – o que se diz, o rosário, não é dito por ninguém – ele se desfia sozinho.

Se me permitem, gostaria de começar por um aforismo. Vocês vão ver por que retrocedi. Fiz como de costume, mas, felizmente, foi antes de meio-dia e trinta e um – que é agora –, de maneira a não atrasar desta vez o fim do nosso encontro. Se começasse como sempre tenho vontade, seria de forma abrupta. É por ter vontade que não o faço, vou habituando vocês, evitando-lhes choques. Gostaria de começar por um aforismo que, espero, vai assombrá-los por sua evidência, porque foi precisamente por causa disso que Freud se impôs, apesar dos protestos com que sua entrada no mundo do comércio das idéias foi acolhida. O que se impôs é que Freud não diz besteira.

Foi isto que impôs essa espécie de precedência que ele tem em nossa época. Provavelmente é isto também que faz com que haja um outro de quem se sabe que, apesar de tudo, sobrevive bastante bem. Tanto um como o outro, Freud e Marx, o que os caracteriza é que não dizem besteira.

Isto se nota no seguinte – ao contradizê-los, corre-se sempre o risco de escorregar – e se escorrega com facilidade – na besteirada. Eles desarrumam o discurso dos que querem enfrentá-los. Eles o petrificam com freqüência em uma espécie de recusa acadêmica retardatária e conformista, irredutivelmente.

Queiram os céus que tais contraditores, se me atrevo, digam besteiras. Dariam a Freud seus desdobramentos, estariam em uma certa ordem, a que está em questão. A gente afinal se pergunta por que se qualifica Fulano ou Sicrano, às vezes, de "uma besta". Será tão desvalorizante? Vocês não repararam que quando se diz que alguém é uma besta isto quer antes dizer que ele é não-tão-besta? O que deprime é que não se sabe muito bem em que lida ele com o gozo. E é por esta razão que o chamam assim.

É também o que constitui o mérito do discurso de Freud. Ele está à altura. Está à altura de um discurso que se mantém tão próximo quanto possível do que se refere ao gozo – tão próximo dele quanto possível. Isto não é cômodo. Não é cômodo situar-se nesse ponto onde o discurso emerge, e mesmo, quando a ele retorna, tropeça nos arredores do gozo.

Evidentemente, Freud quanto a isso às vezes se esquiva, nos abandona. Ele abandona a pergunta sobre o gozo feminino. Segundo as últimas notícias, o sr. Gillespie – personagem eminente por ter-se distinguido por toda sorte de operações de pechincha entre as diferentes correntes que percorreram a análise nos últimos cinqüenta anos –

marca não sei que júbilo, um júbilo singular, no último número do *International Journal of Psycho-Analysis*, diante do fato de que se projetaria, graças a um certo número de experiências sobre o orgasmo vaginal que teriam sido empreendidas na Universidade de Washington, uma viva luz no que provocava discussão, a saber, a primazia ou não, no desenvolvimento da mulher, de um gozo logo reduzido a um equivalente do gozo masculino.

Esses trabalhos, de um tal Masters e de uma Johnson, não são, em verdade, desprovidos de interesse. Quando vejo, contudo, sem ter podido me remeter diretamente ao texto, mas através de certas citações, figurar ali que o orgasmo-mor, que seria o da mulher, evidencia a personalidade total, eu me pergunto como é que um aparelho cinematográfico que recolhe imagens coloridas, colocado no interior de um apêndice que representa o pênis e captando do interior o que ocorre na parede que, com sua introdução, o envolve, como é que ele conseguiria captar a referida personalidade total.

Pode isto ser muito interessante, como acompanhamento, à margem do que o discurso de Freud nos permite afirmar. Mas é isso justamente que dá seu sentido à expressão *falar besteira* [*déconner*], como se diria *falar fino, baixar as pretensões* [*déchanter*]. Vocês talvez saibam o que é o descante [*déchant*] – é uma coisa que se escreve ao lado do canto-chão [*plain-chant*], que também pode ser cantada, que pode ser um acompanhamento, mas enfim, de modo algum é o que se espera do canto-chão.

Exatamente por haver tanto descante torna-se bem preciso relembrar aqui, em sua brutal relevância, o que resulta do que eu poderia chamar de tentativa de redução econômica que Freud dá ao seu discurso sobre o gozo.

Ele tem seus motivos para mascará-lo assim. Vocês vão ver o efeito que provoca quando é enunciado ao vivo. Mas isto é o que pensei que hoje deveria fazer, de uma forma que, espero, vai surpreendê-los, embora nada lhes ensine, a não ser o tom justo daquilo que Freud descobre.

2

Não iremos falar do gozo assim.

Já disse sobre ele o suficiente para que saibam que o gozo é o tonel das Danaides, e que uma vez que ali se entra não se sabe aonde isso vai dar. Começa com as cócegas e termina com a labareda de gasolina. Tudo isso é, sempre, o gozo.

Vou tomar as coisas por um outro fator, do qual não se pode dizer que esteja ausente do discurso analítico.

Se vocês lerem essa verdadeira coletânea de aniversário que constitui este número do *International Journal*, poderão imaginar que os autores se felicitam pela solidez que os cinqüenta anos transcorridos revelam. Peço-lhes que façam a prova – peguem qualquer exemplar desses cinqüenta anos, jamais saberão de que data ele é. Diz sempre a mesma coisa. Sempre é igualmente insípido, e, como a análise conserva bem, são sempre também os mesmos autores. Simplesmente, com a fadiga, eles reduziram ocasionalmente sua colaboração. Há um que se exprime em uma página. Eles se felicitam, em suma, por esses cinqüenta anos terem confirmado exatamente estas verdades primeiras – que a mola propulsora da análise é a bondade, e que, felizmente, o que se evidenciou durante esses anos, com o apagamento progressivo do discurso de Freud, foi particularmente a solidez e a glória de uma descoberta que chamam de *autonomous Ego*, ou seja, o *Ego* a salvo de conflitos.

Eis o que resulta de cinqüenta anos de experiência, em virtude da imisção de três psicanalistas florescidos em Berlim na sociedade americana, onde esse discurso de um *Ego* solidamente autônomo prometia sem dúvida resultados alentadores. Para um retorno ao discurso do mestre, de fato, não se poderia fazer melhor.

Isto nos dá idéia das incidências para trás, retrogressivas, por assim dizer, de toda espécie de tentativas de transgressão, como foi apesar de tudo a análise em um certo tempo.

Então, vamos dizer as coisas de uma certa maneira, e em torno de uma palavra que encontrarão facilmente em qualquer página aberta ao acaso deste número, posto que é também um dos temas correntes da propaganda analítica – em inglês, isto se chama *happiness*, nós a chamamos em francês de *bonheur*.[26]

A felicidade, a menos que seja definida de modo bastante triste, ou seja, ser como todo mundo – ao que bem se poderia reduzir o *autonomous Ego* –, a felicidade, é preciso dizê-lo, ninguém sabe o que é. Se acreditarmos em Saint-Just, que o disse ele próprio, a felicidade se tornou desde essa época – a sua – um fator da política.

Tratemos aqui de dar corpo a essa noção mediante um outro enunciado abrupto, que é – tomem nota por favor – central para a teoria freudiana – não há felicidade a não ser do falo.

Freud o escreveu de todas as formas, e mesmo da maneira ingênua que consiste em dizer que nada pode ser comparado ao gozo mais perfeito, que é o do orgasmo masculino.

No entanto, o que a teoria freudiana mais acentua é que só o falo pode ser feliz – não o portador do dito cujo. Mesmo quando, não por oblatividade, mas em desespero de causa, ele o porta ao interior de uma parceira supostamente desolada por não ser ela própria a portadora.

Eis o que nos ensina positivamente a experiência psicanalítica. O portador do dito cujo, como me exprimo, se empenha em fazer sua parceira aceitar essa privação, em nome do que todos os seus esforços de amor, de pequenos cuidados e de ternos favores serão vãos, posto que ele reaviva a mencionada ferida da privação. Tal ferida, então, não pode ser compensada pela satisfação que o portador teria ao apaziguá-la. Muito pelo contrário, ela é reavivada por sua própria presença, pela presença daquilo cuja nostalgia causa essa ferida.

É isto, exatamente, o que nos revelou aquilo que Freud soube extrair do discurso da histérica. A partir disso é que se entende que a histérica simbolize a insatisfação primeira. Valorizei sua promoção do desejo insatisfeito baseando-me no exemplo mínimo que comentei nesse escrito que permanece sob o título *A direção da cura e os princípios de seu poder* – a saber, o sonho chamado "da bela açougueira".

Recordem, é o da bela açougueira e seu marido fodedor, que é uma verdadeira besta quadrada, pelo que é preciso que ela lhe mostre que não liga para aquilo com que ele quer, além do mais, preenchê-la, o que quer dizer que isso não resolverá nada quanto ao essencial, embora esse essencial ela o tenha. É isso. O que ela não vê, porque tem também limites em seu pequeno horizonte, é que deixando esse essencial de seu marido para uma outra é que ela encontraria o mais-de-gozar, pois no sonho se trata precisamente disso. Ela não vê isso no sonho, é tudo o que se pode dizer.

Há outras que vêem. É o que faz, por exemplo, Dora. Pela adoração do objeto de desejo que a mulher, em seu horizonte, se tornou, mulher com a qual se recobre – e que se chama, na história do caso, sra. K., a quem vai contemplar sob a figura da Madona de Dresden –, Dora tampona [*bouche*], com essa adoração, sua reivindicação peniana. É o que me permite dizer que a bela açougueira [*bouchère*][27] não vê que, ao final das contas, ela, como Dora, ficaria feliz deixando esse objeto para uma outra.

Há outras soluções. Indico esta porque é a mais escandalosa.

Há muitos outros requintes na maneira de substituir esse gozo cujo aparato, que é o do social e que desemboca no complexo de Édipo, faz com que, por ser o único que daria a felicidade – justamente por isso –, esse gozo seja excluído. Esta é propriamente a significação do complexo de Édipo. E é por isso mesmo que na investigação analítica o que interessa é saber como aparece, em suplência à interdição do gozo fálico, algo cuja origem definimos a partir de uma coisa totalmente diversa do gozo fálico, que é situada e, por assim dizer, mapeada, pela função do mais-de-gozar.

Não faço aqui nada mais do que recordar fatos estridentes do discurso freudiano cujo valor destaquei inúmeras vezes, e que desejo inserir em sua relação de configuração, não central, mas conexa à localização que tento dar às relações do discurso com o gozo. É por isso que os recordo, e quero dar a eles uma nova ênfase, destinada a modificar o que, para vocês, pode carregar como uma aura a idéia de que o discurso freudiano se centra no dado biológico da sexualidade.

Vou medir aqui minha capacidade, que está em algo cuja descoberta, devo confessar, não fiz há muito tempo. São sempre as coisas mais visíveis, à mostra, as que menos vemos. De repente perguntei a mim mesmo – mas como é que se diz *sexo* em grego?

O pior é que não tinha um dicionário francês-grego – aliás não há nenhum, bem, há dos pequenos, horrorosos. Encontrei *génos*, que obviamente nada tem a ver com sexo, pois quer dizer um monte de outras coisas, a raça, a linhagem, o engendramento, a reprodução. Uma outra palavra logo me apareceu no horizonte, mas suas conotações são bem diferentes – *physis*, a natureza.

Essa repartição dos seres vivos, de uma parte deles em duas classes, com tudo o que se nota que isso comporta, ou seja, muito provavelmente a irrupção da morte, pois os outros, os que não são sexuados, não parecem morrer tão facilmente – não é isto em absoluto o que dizemos, não há em absoluto este tom quando dizemos *sexo*. O que é relevante, certamente, não é em absoluto tal referência biológica. É isso justamente o que mostra que temos que ser muito, mas muito prudentes antes de pensarmos que é um chamado não apenas de um organicismo qualquer, mas inclusive de uma referência à biologia, o que põe em primeiro plano a função do sexo no discurso freudiano.

É aí que nos damos conta de que *sexo*, com o tom que possui para nós e com sua ordem de emprego, sua difusão significativa, é *sexus*.

Em relação ao grego, seria preciso prosseguir a pesquisa em outras línguas positivas, mas em latim isso se liga nitidamente a *secare*. No *sexus* latino está implicado aquilo que salientei primeiro, ou seja, que é em torno do falo que gira todo o jogo.

Naturalmente, não há nas relações sexuais apenas o falo. Porém o que esse órgão tem de privilegiado é que se pode, de algum modo, isolar bem o seu gozo. Ele é pensável como excluído. Para usar palavras violentas – não vou mergulhar isto no simbolismo –, ele tem justamente uma propriedade que podemos considerar, no conjunto do campo daquilo que constitui os aparelhos sexuais, como extremamente local e excepcional. Com efeito, não há um número muito grande de animais em que o órgão decisivo da copulação seja algo tão bem isolável, em suas funções de tumescência e detumescência, que determina uma curva, dita orgásmica, perfeitamente definível – uma vez acabado, se acabou. *Post coitum animal triste*, já se disse. O que, aliás, não é forçado. Mas indica bem que ele se sente frustrado, poxa! Há alguma coisa ali dentro que não lhe concerne. Ele pode considerar as coisas de outra maneira, pode achar isso alegre, mas enfim, Horácio julgava que era antes de mais nada triste – e isso prova que ele ainda conservava algumas ilusões quanto às relações com a *physis* grega, com o broto que constituiria o desejo sexual.

Eis quem põe as coisas em seu lugar, quando se vê que apesar de tudo é assim que Freud apresenta as coisas. Se existe algo na biologia que poderia fazer eco, vaga semelhança, mas de modo algum raiz, a essa posição cujas raízes de discurso vamos indicar agora, se existe algo que, para dar *bye-bye* ao terreno da biologia, nos forneceria uma idéia aproximativa do que representa o fato de que em torno dessa parada é que tudo está em jogo – de que um não tem e o outro não sabe o que fazer –, isto seria mais ou menos o que se dá em certas espécies animais.

Vi recentemente – e é por isso que falo deles – uns lindíssimos peixes, monstruosos como deve ser uma espécie em que a fêmea é aproximadamente deste tamanho e o macho é assim, pequenininho. Ele vai se prender em seu ventre, e prende-se tão bem que os tecidos de ambos ficam indiscerníveis – não se pode ver, mesmo ao microscópio, onde começam os tecidos de um e os tecidos de outro. Ele está lá, preso pela boca, e assim preenche, por assim dizer, suas funções de macho. Não é impensável que isto simplifique muito o problema das relações sexuais, quando o macho, cansado afinal, reabsorve seu coração, seu fígado, não há mais nada de tudo aquilo, ele está lá, suspenso no bom lugar, reduzido ao que resta, após certo tempo, naquela pequena bolsa animal, isto é, principalmente os testículos.

A questão é articular o que há dessa exclusão fálica no grande jogo humano de nossa tradição, que é o do desejo.

O desejo não tem relação imediatamente próxima com esse campo. Nossa tradição o apresenta como o que ele é, Eros, a presentificação da falta.

E é aí que podemos perguntar – Como se pode desejar alguma coisa? O que falta? Houve alguém que disse um dia – Mas não se fatiguem, não falta nada, olhem só os lírios do campo, eles não tecem, nem fiam, são eles que estão em seu lugar no Reino dos Céus.

É evidente que, para sustentar estas palavras de inegável desafio, era verdadeiramente preciso ser aquele mesmo que se identificava com a negação dessa harmonia. Pelo menos foi assim compreendido, interpretado, quando se o qualificou de Verbo. Era preciso ser o próprio Verbo para que pudesse negar a tal ponto a evidência. Enfim, esta foi a idéia que tiveram. Ele não dizia tanto sobre isso. Dizia, se podemos crer em um de seus discípulos, *Eu sou a Via, a Verdade, a Vida.* Mas que o tenham tornado o Verbo, eis o que indica que apesar de tudo as pessoas sabiam mais ou menos o que diziam quando julgavam que só o Verbo poderia se desmentir a este ponto.

É verdade que, os lírios do campo, bem podemos imaginá-los como um corpo inteiramente entregue ao gozo. Cada etapa de seu crescimento, idêntica a uma sensação sem forma. Gozo da planta. Nada, em todo caso, permite escapar a isso. É, quem sabe, uma dor infinita, ser planta. Enfim, ninguém se diverte sonhando com estas coisas, exceto eu.

Não é o mesmo para o animal, que tem o que nós interpretamos como uma economia – a possibilidade de se movimentar para obter, antes de mais nada, o mínimo de gozo. É o que se chama princípio do prazer. Não fiquemos ali onde se goza, porque Deus sabe aonde isso pode levar, como disse há pouco.

Ora, acontece que do gozo, apesar de tudo, conhecemos os seus meios. Falei-lhes há pouco das cócegas e do grelhado. Isto, sabe-se como fazer. O saber é mesmo isto. Ninguém, em princípio, tem vontade de chegar muito longe em seu uso, mas mesmo assim é tentador.

Foi isto mesmo que Freud descobriu justamente em torno de 1920, e que é, de algum modo, o ponto de inflexão de sua descoberta.

Sua descoberta foi ter soletrado, escandido o inconsciente, e desafio a dizerem que isto possa ser outra coisa que não a observação de que há um saber perfeitamente articulado, pelo qual, falando propriamente, nenhum sujeito é responsável. Quando de repente um sujeito chega a encontrar, a tocar esse saber que não esperava, ele fica, pois bem, ele que fala, fica bastante desconcertado.

Era o primeiro achado. Freud disse aos sujeitos – Falem, falem, façam como a histérica, vamos ver qual é o saber que encontram e a maneira pela qual são aspirados por ele, ou então, pelo contrário, a maneira pela qual o repelem, vamos ver o que acontece. E isto o conduziu necessariamente a essa descoberta, que chama de além do princípio do prazer. Eis o essencial do que determina aquilo com que lidamos na exploração do inconsciente – é a repetição.

A repetição não quer dizer – o que a gente terminou, recomeça, como a digestão ou qualquer outra função fisiológica. A repetição é uma denotação precisa de um traço que eu extraí para vocês do texto de Freud como idêntico ao traço unário, ao pequeno bastão, ao elemento da escrita, um traço na medida em que comemora uma irrupção do gozo.

Eis porque podemos conceber que o prazer seja violado em sua regra e seu princípio, porque ele cede ao desprazer. Não há outra coisa a dizer – não forçosamente à dor, e sim ao desprazer, que não quer dizer outra coisa senão o gozo.

É aqui que a inserção da geração, do genital, do genésico no desejo se mostra totalmente diversa da maturidade sexual.

Falar de sexualização prematura tem certamente seu interesse. É claro que o assim chamado primeiro impulso sexual no homem é, evidentemente, aquilo que dele se diz, a saber, prematuro. Mas ao lado do fato de que possa implicar, com efeito, jogo de gozo, não é menos verdade que o que vai introduzir a secção entre libido e natureza não é apenas o auto-erotismo orgânico. Há outros animais além dos homens que são capazes de se coçar, e isto não os levou, os macacos, a uma grande elaboração do desejo. Em compensação, aqui há uma vantagem em função do discurso.

Não se trata apenas de falar das interdições, mas simplesmente de uma dominância da mulher na condição de mãe, e mãe que diz, mãe a quem se demanda, mãe que ordena e que institui ao mesmo tempo a dependência do homenzinho.

A mulher permite ao gozo ousar a máscara da repetição. Ela aqui se apresenta como o que é, como instituição da mascarada. Ela ensina seu pequeno a se exibir. Ela conduz ao mais-de-gozar porque mergulha suas raízes, ela, a mulher, como a flor, no gozo mesmo. Os meios do gozo são abertos pelo seguinte princípio – que ele tenha renunciado ao gozo fechado e alheio, à mãe.

É aí que vem se inserir a vasta conivência social que converte o que podemos chamar de diferença dos sexos ao natural em sexualização da diferença orgânica. Tal inversão implica, como denominador comum, a exclusão do órgão especificamente masculino. Desde então, o macho é e não é o que ele é em relação ao gozo. E aí também a mulher se produz como objeto, justamente por não ser o que ele é, por um lado diferença sexual, e, por outro lado, por ser aquilo ao que ele renuncia como gozo.

É essencial fazer estes lembretes no momento em que, falando do avesso da psicanálise, coloca-se a questão do lugar da psicanálise na política.

3

A intrusão na política só pode ser feita reconhecendo-se que não há discurso – e não apenas o analítico – que não seja do gozo, pelo menos quando dele se espera o trabalho da verdade.

A caracterização do discurso do mestre como comportando uma verdade oculta não quer dizer que esse discurso se oculte, se esconda. A palavra *oculto* [*caché*] tem em francês suas virtudes terminológicas. Vem de *coactus*, do verbo *coactare*, *coactitare*, *coacticare* – o que quer dizer que há algo comprimido, que é como uma sobreimpressão, algo que exige ser desdobrado para ficar legível.

Claro que sua verdade lhe está oculta, e um certo Hegel articulou que ela lhe é entregue pelo trabalho do escravo. Mas eis que esse discurso de Hegel é um discurso de mestre e senhor, que repousa na substituição do senhor pelo Estado, através do longo caminho da cultura, para chegar ao saber absoluto. Isto parece ter sido suficientemente refutado por certos achados, os de Marx. Não estou aqui para comentá-lo, e não darei nenhum apêndice, mas simplesmente vou mostrar a que ponto estamos à vontade, do mirante psicanalítico, para pôr logo em dúvida que em seu horizonte o trabalho engendre um saber absoluto, ou mesmo que engendre algum saber.

Já explanei isto diante de vocês, e não posso retomá-lo aqui. Mas é um dos eixos em que lhes peço que se situem para apreender o que vem a ser a subversão analítica.

Se o saber é meio de gozo, o trabalho é outra coisa. Mesmo sendo feito por quem tem o saber, o que ele engendra pode até, certamente, ser a verdade, mas nunca é o saber – nenhum trabalho jamais engendrou um saber. Algo ali faz objeção, algo que permite uma observação mais rigorosa do que vêm a ser em nossa cultura as relações do discurso do senhor com uma coisa que surgiu, e de onde é refutado o exame daquilo que, do ponto de vista de Hegel, circundava esse discurso – a evitação do gozo absoluto, na medida em que este é determinado pelo fato de que a conivência social, ao fixar a criança à mãe, faz desta a sede preferencial das interdições.

Por outro lado, a formalização de um saber que torna problemática qualquer verdade, não será isto o que nos sugere que, mais do que um progresso ocasionado pelo trabalho do escravo – como se ele tivesse obtido o menor progresso em sua condição, muito pelo contrário –, trata-se de uma transferência, de uma espoliação do que estava, no começo do saber, inscrito, receptado no mundo do escravo. Ante isto, o discurso do senhor é que tinha que se impor. Mas também por este fato, voltando a entrar no mecanismo de sua asserção repetida, ele teve que assimilar a perda de sua própria entrada no discurso e, para dizer de uma vez, ver surgir esse objeto *a* que anexamos ao mais-de-gozar.

É isto, em suma, não mais do que isto, que o senhor tinha que fazer o escravo pagar, como único possuidor dos meios do gozo.

O senhor se conformava com esse pequeno dízimo, com um mais-de-gozar, que, afinal, nada indica que por si mesmo o escravo ficasse infeliz ao doá-lo. É coisa completamente diferente daquilo que se encontra no horizonte da ascensão do sujeito-senhor em uma verdade que se afirma por sua igualdade a si mesma, por essa *Eucracia* de que falei certa vez, e que é, parece, a essência de toda afirmação na cultura que viu florescer, entre todos, esse discurso do senhor.

Vendo-a de perto, a subtração de seu saber ao escravo é a história cujas etapas Hegel acompanha passo a passo – coisa singular, sem ter visto aonde ela conduzia, e não sem motivos. Ele ainda estava no campo da descoberta newtoniana, não tinha visto nascer a termodinâmica. Se houvesse podido dedicar-se às fórmulas que, pela primeira vez, unificaram esse campo assim designado da termodinâmica, talvez ali pudesse ter reconhecido isto, o reino do significante, o significante repetido em dois níveis, S_1 e S_1 outra vez.

S_1 é o dique. O segundo S_1 é, abaixo, o reservatório que o recebe e faz girar uma turbina. A conservação da energia não tem outro sentido senão essa marca de uma instrumentação que significa o poder do senhor.

O que é recolhido na queda tem que ser conservado. É a lei primordial. Infelizmente, há algo que desaparece no intervalo, ou, mais precisamente, não se presta ao retorno, à recolocação no ponto de partida. É o princípio chamado de Carnot-Clausius, embora um certo Mayer tenha contribuído muito para ele.

Esse discurso que em sua essência dá primazia a tudo o que está no princípio e no final, não dando importância a tudo o que, num intervalo, pode ser da ordem de alguma coisa que deriva de um saber, a introdução do mundo novo no horizonte, das puras verdades numéricas, do que é contável, não significará por si só uma coisa bem diferente da instalação de um saber absoluto? O próprio ideal de uma formalização onde tudo é conta – a própria energia nada mais é do que o que conta, aquilo que, se vocês manipularem as fórmulas de uma certa maneira, dará sempre o mesmo total –, não estará aqui o deslizamento, o quarto de giro? Este é o que faz com que se instaure, no lugar do senhor, uma articulação eminentemente nova do saber, completamente redutível formalmente, e que surja, no lugar do escravo, não uma coisa que iria se inserir de algum modo na ordem desse saber, mas que é antes seu produto.

Marx denuncia este processo como espoliação. Mas ele o faz sem se dar conta de que é no próprio saber que está o seu segredo – como o da redução do próprio trabalhador a ser apenas valor. Passando um estágio acima, o mais-de-gozar não é mais-de-gozar, ele se inscreve simplesmente como valor a registrar ou deduzir da totalidade do que se acumula – o que se acumula de uma natureza essencialmente transformada. O trabalhador é apenas unidade de valor. Aviso para aqueles para quem esta expressão tem ressonâncias.[28]

O que Marx denuncia na mais-valia é a espoliação do gozo. No entanto, essa mais-valia é o memorial do mais-de-gozar, é o seu equivalente do mais-de-gozar. A sociedade de consumidores adquire seu sentido quando ao elemento, entre aspas, que se qualifica de humano se dá o equivalente homogêneo de um mais-de-gozar qualquer, que é o produto de nossa indústria, um mais-de-gozar – para dizer de uma vez – forjado.

Além do mais, isso pode pegar. Pode-se bancar o mais-de-gozar, isso ainda atrai muita gente.

4

Se quisesse dar-lhes material para devanear sobre onde se esboça esse processo cujo estatuto é nossa ciência, eu lhes diria – pois recentemente o reli – que se divirtam com *Satiricon.*

Não acho ruim o que Fellini fez dele. Mas nunca lhe será perdoado o erro de ortografia que cometeu ao escrever *Satyricon*, quando não há *y* – mas, fora isso, não é mau. Não é tão bom quanto o texto, porque no texto se está sério, não se fica detido nas imagens e sabe-se o que está em questão. Em poucas palavras, é um bom exemplo para estabelecer a diferença entre o senhor e o rico.

O que têm de maravilhoso os discursos, sejam eles quais forem, mesmo os mais revolucionários, é que jamais dizem as coisas cruamente, como acabo de tentar, um pouquinho – fiz o que pude.

De quando em quando, meto o bedelho em um bocado de autores que são economistas. E vemos a que ponto isto nos interessa, a nós, analistas, porque se há algo a ser feito na análise é a instituição desse outro campo energético, que necessitaria outras estruturas que não as da física, que é o campo do gozo.

Se vocês são Maxwell, podem unificar tanto quanto queiram o campo termodinâmico e o eletromagnético, de qualquer modo vão encontrar um empecilho a respeito da gravidade, e é bastante curioso, porque foi com a gravidade que todo mundo começou, mas enfim, não importa. No que diz respeito ao campo do gozo – é pena, jamais será chamado de campo lacaniano, pois certamente não vou ter tempo sequer para esboçar suas bases, mas almejei isto –, no que diz respeito ao campo do gozo, há algumas observações a fazer.

A gente abre o livro do chamado Smith, *A riqueza das nações* – e ele não é único, estão todos aí quebrando a cabeça, Malthus, Ricardo e os outros –, a riqueza das nações, o que é isso? Lá estão tentando definir o valor de uso, que deve ter seu peso, o valor de troca – não foi Marx quem inventou tudo isto. Ora, é extraordinário que desde que há economistas, ninguém, quanto a isso, tenha até agora – nem por um instante, não digo que seja para se deter aí – feito a observação de que a riqueza é a propriedade do rico. Igualzinho à psicanálise – como eu disse um dia –, que é feita pelo psicanalista, esta é a sua principal característica, é preciso partir do psicanalista. Por que, a propósito da riqueza, não partir do rico?

Tenho que parar dentro de dois minutos, mas mesmo assim vou fazer uma observação que provêm de uma experiência que não é especialmente de analista, mas que todo mundo pode fazer.

O rico tem uma propriedade. Ele compra, compra tudo, em suma – enfim, ele compra muito. Mas queria que vocês meditassem sobre o seguinte – ele não paga.

Imagina-se que ele paga, por razões contábeis que têm a ver com a transformação do mais-de-gozar em mais-valia. Mas, primeiro, todos sabem que ele acrescenta regularmente sua mais-valia. Não há circulação de mais-de-gozar. E, muito especificamente, há uma coisa que ele nunca paga – é o saber.

De fato, não há somente a dimensão da entropia no que se passa pelo lado do mais-de-gozar. Há alguma outra coisa, da qual alguém se deu conta – é que o saber implica a equivalência entre essa entropia e uma informação. Obviamente não é dessa maneira, não é de modo tão simples como diz o sr. Brillouin.

O rico só é um senhor – isto é o que lhes peço que verifiquem em *Satiricon* – porque se remiu, tornou a comprar-se [*s'est racheté*].[29] Os senhores que estão no horizonte do mundo antigo não são homens de negócios. Vejam como Aristóteles fala disso – ele tem repugnância.

Em compensação, quando um escravo se resgatou [*s'est racheté*], ele só é um senhor porque começa a arriscar tudo. É assim justamente que um personagem – que não é outro senão o próprio Trimálquio – se exprime em *Satiricon*. A partir do momento em que é rico, por que pode ele comprar tudo sem pagar? Porque nada tem a ver com o gozo. Não é isto que ele repete. Ele repete sua compra. Volta a comprar [*rachète*] tudo, ou melhor, tudo o que se apresenta, ele resgata [*rachète*]. É talhado justamente para ser cristão. Ele é, por destino, o redimido [*racheté*].

E por que é que as pessoas se deixam comprar pelo rico? Porque o que ele lhes dá faz parte de sua essência de rico. Ao comprar de um rico, de uma nação desenvolvida, vocês acreditam – este é o sentido da riqueza das nações – que simplesmente vão participar do nível de uma nação rica. Só que, nesse negócio, o que perdem é o saber de vocês – que lhes dava, a vocês, seu status. Esse saber, o rico o adquire de quebra, abaixo do mercado. Simplesmente, justamente, ele não o paga.

Chegamos ao limite do que posso dizer antes de abandonar esta sala. Vou apenas introduzir, para terminar, a questão de saber o que pode acontecer pela promoção, pela revocalização do que cabe ao mais-de-gozar, ao *a*, no nível em que opera a função do rico, aquela para a qual o saber não passa de aparelho de exploração. Está aí, de algum modo, aquilo de que a função do analista fornece algo assim como a aurora.

Tentarei explicar-lhes da próxima vez qual é sua essência. Que não é certamente refazer esse elemento como um elemento de dominação, de mestria.

De fato, como vou lhes explicar, tudo gira em torno do insucesso.

11 DE FEVEREIRO DE 1970

Para além do complexo de Édipo

VI

O MESTRE CASTRADO

O significante-mestre determina a castração.
A ciência, o mito, o inconsciente.
Dora e seu pai.
Édipo inutilizável.

Deve estar começando a lhes parecer que o avesso da psicanálise é exatamente aquilo que apresento este ano com o título de discurso do mestre.

Não o faço de maneira arbitrária, pois esse discurso do mestre já tem seus créditos na tradição filosófica. No entanto, tal como o tento depreender, ele adquire aqui uma nova relevância pelo fato de poder, em nossa época, ser depreendido em uma espécie de pureza – e isto por algo que experimentamos diretamente, no plano da política.

O que quero dizer com isto é que ele inclui tudo, inclusive aquilo que se julga revolução, ou, mais exatamente, o que chamam romanticamente de Revolução com R maiúsculo. O discurso do mestre realiza sua revolução em outro sentido, no de giro que se completa.

Essa avaliação é um pouco aforística, hei de convir, mas ela é feita, como cabe ao aforismo, para esclarecer mediante um *flash* simples. No seu horizonte há isso – que nos interessa, quero dizer, a vocês e a mim –, o discurso do mestre tem apenas um contraponto, o discurso analítico, embora tão inapropriado.

Chamo-o de contraponto porque sua simetria, se existe alguma – e ela existe –, não é em relação a uma linha, nem em relação a um plano, mas em relação a um ponto. Em outros termos, ele é obtido pelo arremate desse discurso do mestre a que me referia há pouco.

A disposição desses quatro termos, os dois S numerados, $\$$ e *a*, tal como a reinscrevi da última vez, e cuja transcrição espero que todos ainda tenham mais ou menos em seus papéis, mostra bem essa simetria em relação a um ponto que faz com que o discurso psicanalítico se encontre precisamente no pólo oposto ao do discurso do mestre.

1

No discurso psicanalítico, encontramos às vezes certos termos que servem de *filum* na explicação –, o termo pai, por exemplo. E encontramos às vezes alguém tentando reagrupar seus dados principais. Exercício penoso, quando feito no interior do que se espera, no ponto em que estamos, de um enunciado e de uma enunciação psicanalíticas – ou seja, no interior de uma referência genética.

A propósito do pai, as pessoas se julgam obrigadas a começar pela infância, pelas identificações, e isso é então algo que verdadeiramente pode chegar a uma extraordinária farfalhada, a uma estranha contradição. Falarão da identificação primária como aquela que liga a criança à mãe, e isto com efeito parece óbvio. Contudo, se nos reportarmos a Freud, a seu discurso de 1921 chamado *Psicologia das massas e análise do eu*, é precisamente a identificação ao pai que é dada como primária. É certamente bem estranho. Freud aponta ali que, de modo absolutamente primordial, o pai revela ser aquele que preside à primeiríssima identificação e nisso precisamente ele é, de maneira privilegiada, aquele que merece o amor.

Isto é bem estranho, certamente, e entra em contradição com tudo que o desenvolvimento da experiência analítica estabelece sobre a primazia da relação da criança com a mãe. Estranha discordância do discurso freudiano com o discurso dos psicanalistas.

Talvez essas discordâncias sejam construídas pela confusão, e a ordem que tento colocar, mediante uma referência a configurações de discurso de algum modo primordiais, está aí para lembrar-nos que é estritamente impensável enunciar o que quer que seja de ordenado no discurso analítico, a não ser lembrando-se disto. Para ser eficaz, nosso esforço, que é, como sabemos perfeitamente, uma colaboração reconstrutiva com aquele que está na posição do analisante, a quem permitimos, de certa maneira, que enverede por seu caminho, esse esforço que fazemos para extrair, sob a forma de pensamento imputado, o que foi efetivamente vivido por aquele que no caso bem merece o título de paciente, não deve fazer-nos esquecer que a configuração subjetiva tem, pela ligação significante, uma objetividade perfeitamente localizável, que funda a própria possibilidade da ajuda que trazemos sob a forma da interpretação.

Ali, em determinado ponto de ligação, especialmente aquele, absolutamente primeiro, do S_1 ao S_2, é possível que se abra essa falha que se chama sujeito. Ali se operam os efeitos da ligação, no caso significante. Quer essa vivência, chamada mais ou menos adequadamente de pensamento, se produza ou não em algum lugar, produz-se ali algo que tem a ver com uma cadeia, exatamente como se fosse pensamento. Freud jamais disse coisa diferente quando falou do inconsciente. Tal objetividade não só induz, mas determina essa posição, que é posição de sujeito, na qualidade de sede do que se chamam defesas.

O que afirmo, o que vou hoje anunciar de novo, é que o significante-mestre, ao ser emitido na direção dos meios do gozo que são aquilo que se chama o saber, não só induz, mas determina a castração.

Voltarei ao que se deve entender por significante-mestre, partindo do que afirmamos a esse respeito.

De início, seguramente, ele não está. Todos os significantes se equivalem de algum modo, pois jogam apenas com a diferença de cada um com todos os outros, não sendo, cada um, os outros significantes. Mas é também por isso que cada um é capaz de vir em posição de significante-mestre, precisamente por sua função eventual ser a de representar um sujeito para todo outro significante. É assim que o defini desde sempre. Só que o sujeito que ele representa não é unívoco. Está representado, é claro, mas também não está representado. Nesse nível, alguma coisa fica oculta em relação a esse mesmo significante.

É em torno disso que se dá o jogo da descoberta psicanalítica. Como qualquer outro, não deixa de ter sido preparado. Foi preparado por essa hesitação – que é mais que uma hesitação –, essa ambigüidade, sustentada por Hegel com o nome de dialética, quando chega a postular de início que o sujeito se afirma como sabendo-se.

Hegel, com efeito, ousa partir da *Selbstbewusstsein* em sua enunciação mais ingênua, ou seja, que toda consciência se sabe ser consciência. No entanto, ele trança esse começo com uma série de crises – *Aufhebung*, como diz –, de onde resulta que essa mesma *Selbstbewusstsein*, figura inaugural do mestre e senhor, encontra sua verdade no trabalho do outro por excelência, daquele que só se sabe por ter perdido esse corpo, esse mesmo corpo em que se sustenta, por ter querido preservá-lo em seu acesso ao gozo – em outros termos, o escravo.

Como não tentar romper essa ambigüidade hegeliana? Como não ser conduzido a uma outra via de tentativa, a partir do que nos é dado pela experiência analítica, à qual cumpre voltar sempre para cingi-la melhor?

Mais simplesmente, trata-se disto – há um uso do significante que pode se definir a partir da clivagem de um significante-mestre com esse corpo de que acabamos de falar, o corpo perdido pelo escravo para não se tornar nada além do que aquele onde se inscrevem todos os outros significantes.

É desta maneira que poderíamos ilustrar esse saber que Freud definiu colocando-o no parêntese enigmático do *Urverdrängt* – o que quer dizer justamente aquilo que não teve que ser recalcado porque já o está desde a origem. Esse saber sem cabeça, se posso dizer assim, é um fato politicamente definível, em estrutura. A partir daí, tudo o que se produz pelo trabalho – quero dizer, no sentido próprio, pleno, da palavra *produzir* –, tudo o que se produz a respeito da verdade do mestre, ou seja, o que ele esconde como sujeito, vai se reunir a esse saber na medida em que é clivado, *urverdrängt*, na medida em que é, e que ninguém compreende nada dele.

Eis o que, espero, não deixa de ter ressonância para vocês – sem que saibam aliás se essa ressonância vem de direita ou de esquerda. Isto se estrutura primeiro no chamado suporte mítico de certas sociedades. Podemos analisá-las como etnográficas, quer dizer, como escapando ao discurso do mestre, pelo fato de que este começa com a predominância do sujeito, na medida em que ele tende justamente a se sustentar apenas nesse mito ultra-reduzido, o de ser idêntico a seu próprio significante.

Foi nisso que lhes indiquei da última vez o que esse discurso tem de natureza afim à da matemática, onde A representa a si mesmo, sem precisar do discurso mítico para dar-lhe suas relações. É por aí que a matemática representa o saber do mestre como constituído com base em outras leis que não as do saber mítico.

Em suma, o saber do mestre se produz como um saber inteiramente autônomo do saber mítico, e isto é o que se chama de ciência.

Indiquei-lhes da última vez sua figura numa rápida evocação da termodinâmica e, indo mais longe, de toda unificação do campo físico. Esta se baseia na conservação de uma unidade que nada mais é do que uma constante, sempre reencontrada na conta – não digo sequer na quantificação – de uma manipulação de cifras, ou seja, definida de tal modo que faça aparecer na conta, em todos os casos, essa constante. Eis o que sustenta sozinho o que é chamado, no fundamento da ciência física, de energia.

Essa sustentação provém de que a matemática só pode ser construída a partir do fato de que o significante é capaz de significar a si mesmo. O A que vocês escreveram uma vez pode ser significado por sua repetição de A. Ora, essa posição é estritamente insustentável, constitui uma infração à regra em relação à função do significante, que pode significar tudo, salvo, certamente, a si mesmo. É preciso se livrar desse postulado inicial para que o discurso matemático se inaugure.

Entre os dois, da infração original à construção do discurso da energética, o discurso da ciência só se sustenta, na lógica, fazendo da verdade um jogo de valores, eludindo radicalmente toda sua potência dinâmica. Com efeito, o discurso da lógica proposicional é, como se sublinhou, fundamentalmente tautológico. Consiste em ordenar proposições compostas de maneira tal que elas sejam sempre verdadeiras, seja qual for, verdadeiro ou falso, o valor das proposições elementares. Não será isso livrar-se do que chamava há pouco de dinamismo do trabalho da verdade?

Pois bem, o discurso analítico se especifica, se distingue por formular a pergunta de para que serve essa forma de saber, que rejeita e exclui a dinâmica da verdade.

Primeira aproximação – serve para recalcar aquilo que habita o saber mítico. Mas ao excluí-lo no mesmo movimento, ela nada mais conhece dele a não ser sob a forma do que reencontramos nas espécies do inconsciente, quer dizer, como resíduo desse saber, sob a forma de um saber disjunto. O que será reconstruído desse saber disjunto não retornará de maneira alguma ao discurso da ciência, nem às suas leis estruturais.

Quer dizer, aqui me diferencio do que Freud enuncia sobre isto. Esse saber disjunto, tal como o reencontramos no inconsciente, é estranho ao discurso da ciência. Por isso, justamente, é assombroso que o discurso do inconsciente se imponha. Impõe-se exatamente pelo que eu enunciava outro dia dessa forma que empregava, podem crer, por não ter outra melhor – que não diga besteiras. Por mais besta que seja esse discurso do inconsciente, ele corresponde a algo relativo à instituição do próprio discurso do mestre. É isso que se chama de inconsciente. Ele se impõe à ciência como um fato.

Essa ciência feita, quer dizer, factícia, não pode desconhecer o que lhe aparece como artefato, é verdade. Só que lhe é vedado, justamente por ser ciência do mestre, colocar-se a questão do artesão, e isto fará o feito ainda mais fato.

Logo depois da última guerra – eu já tinha nascido há muito tempo – tomei em análise três pessoas do interior do Togo, que haviam passado ali sua infância. Ora, em sua análise não consegui obter nem rastros dos usos e crenças tribais, coisas que eles não tinham esquecido, que conheciam, mas do ponto de vista da etnografia. Devo dizer que tudo predispunha a separá-los disso, tendo em vista o que eles eram, esses corajosos mediquinhos que tentavam se meter na hierarquia médica da metrópole – estávamos ainda na época colonial. Portanto, o que conheciam disso no plano do etnógrafo era mais ou menos como no do jornalismo, mas seus inconscientes funcionavam segundo as boas regras do Édipo. Era o inconsciente que tinham vendido a eles ao mesmo tempo que as leis da colonização, forma exótica, regressiva, do discurso do mestre, frente ao capitalismo que se chama imperialismo. O inconsciente deles não era o de suas lembranças de infância – isto era palpável –, mas sua infância era retroativamente vivida em nossas categorias *famil-iares* – escrevam a palavra como lhes ensinei no ano passado. Desafio qualquer analista, mesmo que tenhamos que ir ao campo, a que me contradiga.

Não é a psicanálise que pode servir para proceder a uma pesquisa etnográfica. Dito isto, a tal pesquisa não tem chance alguma de coincidir com o saber autóctone, a não ser em referência ao discurso da ciência. E, infelizmente, a tal pesquisa não tem a menor idéia dessa referência, porque teria que relativizá-la. Quando digo que não é pela psicanálise que se pode entrar numa pesquisa etnográfica, todos os etnógrafos estariam certamente de acordo. Talvez estivessem menos se eu lhes dissesse que, para ter uma pequena idéia da relativização do discurso da ciência, quer dizer, para ter quem sabe uma pequena chance de fazer uma boa pesquisa etnográfica, seria preciso, repito, não proceder pela psicanálise, mas talvez, se isso existir, ser um psicanalista.

Aqui, na encruzilhada, enunciamos que o que a psicanálise nos permite conceber nada mais é do que isto, que está na via aberta pelo marxismo – a saber, que o discurso está ligado aos interesses do sujeito. É o que na ocasião Marx chamou de economia, porque esses interesses são, na sociedade capitalista, inteiramente mercantis. Só que, sendo a mercadoria ligada ao significante-mestre, nada adianta denunciá-lo assim. Pois a mercadoria não está menos ligada a esse significante após a revolução socialista.

2

Vou agora escrever com todas as letras as funções próprias do discurso tal como as enunciei.

$$\frac{\text{significante-mestre}}{\text{sujeito}} \longrightarrow \frac{\text{saber}}{\text{gozo}}$$

Este funcionamento do discurso é definido por clivagem, precisamente pela distinção do significante-mestre em relação ao saber.

Nas sociedades chamadas primitivas, na medida em que as inscrevo como não estando dominadas pelo discurso do mestre – digo isto para quem quiser saber um pouco mais –, é bastante provável que o significante-mestre seja demarcável a partir de uma economia mais complexa. É precisamente aonde chegam as melhores pesquisas ditas sociológicas no campo dessas sociedades. Regozijemo-nos, e tanto mais por não ser um acaso o fato de que o funcionamento do significante-mestre seja mais simples no discurso do mestre.

Ele é inteiramente manejável a partir dessa relação de S_1 a S_2 que vêem ali escrita. Nesse discurso o sujeito se encontra ligado, com todas as ilusões que comporta, ao significante-mestre, ao passo que a inserção no gozo se deve ao saber.

Pois bem, este ano eu trago o seguinte – essas funções próprias do discurso podem encontrar diferentes posições. É o que define sua rotação nesses quatro lugares, que vocês não vêem aqui designados por letras, de maneira alguma, mas apenas pelo que eventualmente chamo *em cima*, *à esquerda*, *embaixo* e *à direita*.

Acrescento um pouco tardiamente, para esclarecer àqueles que as teriam designado pelo efeito de seu pequeno tino, que aqui, por exemplo, está o desejo, e do outro lado, o lugar do Outro. Ali se ilustra aquilo de que falei num registro antigo, no tempo em que me contentava com semelhante aproximação, dizendo que o desejo do homem é o desejo do Outro.

O lugar que figura sob o desejo é o da verdade. Sob o Outro, é aquele onde se produz a perda, a perda de gozo da qual extraímos a função do mais-de-gozar.

$$\frac{\text{desejo}}{\text{verdade}} \longrightarrow \frac{\text{Outro}}{\text{perda}}$$

É aí que o discurso da histérica adquire seu valor. Ele tem o mérito de manter na instituição discursiva a pergunta sobre o que vem a ser a relação sexual, ou seja, de como um sujeito pode sustentá-la ou, melhor dizendo, não pode sustentá-la.

Com efeito, a resposta à pergunta de saber como pode sustentá-la é a seguinte – deixando a palavra ao Outro, precisamente como lugar do saber recalcado.

O interessante é esta verdade – o que está em jogo no saber sexual se apresenta como inteiramente estranho ao sujeito. Eis o que originalmente se chama, no discurso freudiano, o recalcado.

Mas não é isto que importa. Pura e simplesmente, isto não tem outro efeito, se podemos dizer, senão o de uma justificação do obscurantismo – as verdades que nos importam, e não pouco, estão condenadas a serem obscuras.

Não é nada disso. Quero dizer que o discurso da histérica não é a prova de que o inferior fica embaixo. Muito pelo contrário, ele não se distingue, como bateria de funções, daquelas atribuídas ao discurso do mestre. E é o que permite figurarem ali as mesmas letras que servem a este último, ou seja, o \$, o S_1, o S_2 e o *a*.

$$\frac{\$}{a} \longrightarrow \frac{S_1}{S_2}$$

Simplesmente, o discurso da histérica revela a relação do discurso do mestre com o gozo, dado que o saber vem ali no lugar do gozo. O próprio sujeito, histérico, se aliena do significante-mestre como aquele que esse significante divide – *aquele*, no masculino, representa o sujeito –, aquele que se recusa a dar-lhe corpo. Fala-se, a propósito da histérica, de complacência somática. Embora o termo seja freudiano, não podemos perceber que ele é bem estranho, e que trata-se antes de recusa do corpo? Seguindo o efeito do significante-mestre, a histérica não é escrava.

Demos-lhe agora o gênero sexual sob o qual esse sujeito se encarna mais freqüentemente. Ela faz, à sua maneira, uma espécie de greve. Não entrega seu saber. No entanto, desmascara a função do mestre com quem permanece solidária, valorizando o que há de mestre no que é o Um com U maiúsculo, do qual se esquiva na qualidade de objeto de seu desejo. Aí está a função própria que temos demarcado há muito tempo, ao menos no campo de minha escola, sob a denominação de pai idealizado.

Não nos dispersemos, e evoquemos novamente *Dora* – bem a propósito –, que suponho conhecido por todos os que aí estão a me escutar.

É preciso ler *Dora* e, através das interpretações rebuscadas – emprego expressamente o termo dado por Freud à economia de suas manobras –, não perder de vista uma coisa, que, me atreveria dizer, Freud encobre com seus preconceitos.

Faço um pequeno parêntese. Tenham ou não o texto em suas cabeças, reportem-se a ele e verão essas frases que a Freud parecem evidentes – por exemplo, que uma moça se vira sozinha com tais empecilhos, ou então, que quando um cavalheiro lhe pula em cima, ela não deve criar caso, se for uma moça direita, é claro. E por quê? Porque Freud pensa assim. E mesmo, indo ainda mais longe, que uma moça normal não deve ficar enojada quando lhe fazem um galanteio. Isto parece evidente. É preciso reconhecer o funcionamento do que chamo preconceito, numa certa abordagem do que é ali revelado por nossa *Dora*.

Se esse texto de todo modo conservou algumas das indicações às quais tento adestrá-los, verão que a palavra *rebuscado*, que pronunciei há pouco, não lhes parecerá ilegítimo pronunciá-la vocês mesmos. A prodigiosa sutileza, astúcia, dessas inversões com que Freud explica os múltiplos planos em que se refrata, através de três ou quatro defesas sucessivas, a manobra, como a chamo, de Dora em matéria amorosa, fazendo eco ao que Freud mesmo designou em seu texto da *Traumdeutung*, talvez ela indique a vocês que esses rebuscamentos dependem de um certo modo de abordagem.

De acordo com o que enunciei sobre o pai no começo de meu discurso de hoje – que a conjuntura subjetiva de sua articulação significante ganha uma espécie de objetividade – por que não partir do fato de que o pai de Dora, ponto-pivô de toda a aventura, ou desventura, é propriamente um homem castrado, quero dizer quanto à sua potência sexual? É patente que ele está no fim da linha, muito doente.

Em todos os casos, desde *Studien über Hysterie*, o próprio pai se constitui por avaliação simbólica. Afinal, mesmo um doente ou um moribundo, isso é o que ele é. Considerá-lo como deficiente em relação a uma função com a qual não se ocupou é dar-lhe, falando propriamente, uma destinação simbólica. Significa proferir implicitamente que o pai não é apenas o que ele é, que é um título como *ex-combatente – ex-genitor*. Ele é pai, como o ex-combatente, até o fim de sua vida. Significa implicar na palavra pai algo que está sempre, de fato, em potência de criação. E é em relação a isto, nesse campo simbólico, que temos que observar que o pai, na medida em que desempenha esse papel-pivô, maiúsculo, esse papel-mestre no discurso da histérica, é isto precisamente que chega a sustentar, sob esse ângulo da potência de criação, sua posição em relação à mulher, mesmo estando fora de forma. É isto que especifica a função de onde provém a relação com o pai da histérica, e é precisamente isto que designamos como o pai idealizado.

Disse que não iria me dispersar – tomo *Dora*, e peço-lhes que releiam o caso depois de ouvir-me para ver se o que digo é verdade. Pois bem, o sr. K., que curiosamente chamarei aqui de terceiro homem, como se ordena o que, nele, convém a Dora?

Venho dizendo isto há muito tempo, mas por que não retomá-lo atendo-nos à definição estrutural tal como a podemos dar com a ajuda do discurso do mestre? O que convém a Dora é a idéia de que ele tem o órgão.

Isto Freud percebe, e indica precisamente que é o que desempenha o papel decisivo na primeira abordagem, na primeira escaramuça – por assim dizer – entre Dora e o sr. K., quando ela tem quatorze anos e o outro a imprensa num vão de janela. Isso não altera em absoluto as relações entre as duas famílias. Ninguém nem pensa, aliás, em se assombrar com isso. Como diz Freud, uma moça sempre se vira sozinha com esse tipo de coisas. O curioso é que justamente acontece que ela não se vira mais sozinha, mete todo mundo na história – porém mais tarde.

Então, por que o terceiro homem? Claro, é o órgão que o torna valioso, mas não para que Dora faça dele sua felicidade, se posso dizer assim – mas para que uma outra a prive dele.

O que interessa a Dora não é a jóia, mesmo indiscreta. Lembrem-se desse caso, que dura três meses, cujo relato foi feito inteirinho para servir de envoltório a dois sonhos. O primeiro, chamado de sonho da caixa de jóias, dá testemunho disso – não é a jóia, é a caixa, o invólucro do órgão precioso, eis com o que ela exclusivamente goza.

Ela sabe muito bem gozar com isso por si mesma, como atesta a importância decisiva que nela tem a masturbação infantil, cujo modo, aliás, nada nos indica no relato qual fosse, a não ser que tinha provavelmente alguma relação com o que chamarei de ritmo fluido, escorrente, cujo modelo está na enurese. Em sua história, a enurese nos é relatada como induzida tardiamente pela do seu irmão que, um ano e meio mais velho que ela, chegara à idade de oito anos afetado por uma enurese, que de algum modo ela mais tarde assume.

Isso, a enurese, é absolutamente característico, e é como que o estigma, digamos, da substituição imaginária do pai pela criança, do pai justamente como impotente. Invoco aqui todos os que, por sua experiência com a criança, possam recolher este episódio, em função do qual é bastante freqüente que se faça intervir o analista.

A isto se soma a contemplação teórica da sra. K., se assim posso me exprimir, tal como floresceu na permanência de Dora boquiaberta ante a Madona de Dresden. Essa sra. K. é aquela que pode sustentar o desejo do pai idealizado, mas também conter em si o fiador, por assim dizer, e disso ao mesmo tempo privar Dora, que se encontra assim duplamente excluída de sua presa. Pois bem, esse complexo é, por isso mesmo, a marca da identificação a um gozo, na medida em que este é o do mestre.

Pequeno parêntese. Lembrar a analogia feita entre a enurese e a ambição não é o de menos. Mas confirmemos a condição imposta aos presentes do sr. K. – é preciso que seja a caixa. Ele não lhe dá outra coisa, dá uma caixa para jóias. Pois a jóia é ela. Jóia dele, indiscreta como dizia há pouco – que ele vá se aninhar em outro lugar, e que se saiba disso. Daí a ruptura, cuja significação expus há muito tempo, quando o sr. K. lhe diz – *Minha mulher não é nada para mim.* É bem verdade que nesse momento o gozo do Outro se oferece a ela, e ela não o quer, porque o que quer é o saber como meio de gozo, mas para fazê-lo servir à verdade, à verdade do mestre que ela encarna, enquanto Dora.

E essa verdade, para dizê-la de uma vez, é que o mestre é castrado.

De fato, se o único gozo que representa a felicidade, aquele que da última vez defini como perfeitamente fechado, o gozo do falo, dominasse esse mestre – reparem no termo que uso, o mestre não pode dominar a não ser excluindo-o –, como é que o mestre e senhor estabeleceria tal relação com o saber – aquele que é sustentado pelo escravo – cujo benefício é o acosso do mais-de-gozar? O mestre só pode dominá-lo excluindo esse gozo.

Além do mais, o segundo sonho marca que o pai simbólico é justamente o pai morto, que só se alcança a partir de um lugar vazio e sem comunicação. Recordem a estrutura desse sonho, o modo como ela recebe o anúncio de sua mãe – *Venha se quiser*, diz a mãe, como que em ressonância ao que a sra. K. lhe propôs da outra vez, que viesse ao lugar onde deviam se produzir com o marido desta todos os dramas que enunciamos, *Venha se quiser, seu pai está morto, e o estão enterrando* –, e o modo como ela vai, sem que nunca se saiba no sonho por que meio acaba chegando a um lugar sobre o qual tem que perguntar se é ali mesmo que mora o senhor seu pai, como se não o soubesse.

Pois bem, na caixa vazia desse apartamento abandonado por aqueles que, depois de tê-la convidado, partiram por seu lado para o cemitério, Dora encontra facilmente um substituto para esse pai num grande livro, o dicionário, aquele onde se ensina o que diz respeito ao sexo. Assim, marca com nitidez que o que lhe importa, para além mesmo da morte de seu pai, é o que ele produz de saber. Não qualquer saber – um saber sobre a verdade.

Isto é o que lhe bastará da experiência analítica. Essa verdade em que, preciosamente, Freud a ajuda – e isso é o que o faz apegar-se a ela –, lhe dará bastante satisfação fazer com que todo o mundo a reconheça. O que eram verdadeiramente as relações de seu pai com a sra. K., assim como as suas com o sr. K., tudo o que quiseram os outros enterrar de episódios no entanto perfeitamente autênticos dos quais ela se fazia representante, tudo isso se impõe, o que para ela é suficiente para encerrar dignamente o que vinha a ser sua análise, mesmo que Freud não parecesse nada satisfeito com o desenlace desta quanto a seu destino de mulher.

3

Haveria de passagem algumas pequenas observações a fazer, que não são nada vãs.

Por exemplo, a propósito do sonho das jóias, onde se trata de que Dora vá embora porque o incêndio ameaça, Freud, detendo-se na análise, nos diz que não temos que esquecer que, para que um sonho se sustente, não basta que represente uma decisão, um vivo desejo do sujeito em relação ao presente, é preciso algo que lhe dê seu alicerce num desejo da infância. E toma ali a referência – habitualmente considerada um giro elegante – do empreendedor, o empreendedor da decisão, na sua relação com o capitalista cujos recursos acumulados, o capital de libido, permitirão a essa decisão passar em ato.

São coisas que se tomam por metáfora. Não é divertido ver que isso adquire outro valor depois do que lhes disse sobre a relação do capitalismo com a função do mestre, sobre o caráter completamente diferente do que se pode fazer com o processo de acumulação na presença do mais-de-gozar, sobre a própria presença desse mais-de-gozar na exclusão do gozar curto e grosso, o gozar simples, o gozar que se realiza na cópula nua e crua? Não é precisamente daí que o desejo infantil toma sua força? Sua força de acumulação em relação a esse objeto que constitui a causa do desejo, ou seja, o que se acumula de capital de libido em virtude, precisamente, da imaturidade infantil, da exclusão do gozo que outros chamarão de normal. Eis o que de chofre dá seu acento próprio à metáfora freudiana quando ele se refere ao capitalista.

Por outro lado, contudo, se com sua lúcida coragem Freud chegou a levar a cabo um certo sucesso com Dora, digamos entretanto que sua inabilidade em reter sua paciente não deixa de aparecer.

Leiam essas poucas linhas em que Freud indica, de certa forma apesar de si mesmo, não sei que embaraço que é, podem crer, perturbador, patético, dizendo-se que talvez, se lhe demonstrasse mais interesse – e Deus sabe que ele o tem, todo o relato dá testemunho disso –, haveria certamente conseguido fazê-la ir mais longe nessa exploração na qual não se pode dizer que, segundo sua própria confissão, não a tenha conduzido sem erros.

Graças a Deus, Freud não fez isso. Felizmente, dando a Dora essas satisfações sob a forma de interesse pelo que sente como sua demanda, demanda de amor, ele não tomou, como é habitual, o lugar da mãe. Pois uma coisa é certa – não é a essa experiência, na medida em que na seqüência ela poderia ter modificado sua atitude, que devemos o fato de Freud ter constatado – e ele entrega os pontos, desanima – que tudo o que pôde fazer pelas histéricas desembocou apenas no que ele rotula com o *Penisneid*? O que quer dizer especificamente, quando é enunciado, que isso desemboca na censura que a filha faz à mãe por não tê-la criado menino, quer dizer, reportando à mãe, na forma de frustração, aquilo que, em sua essência significativa – e tal que esta dá seu lugar e sua função viva ao discurso da histérica em relação ao discurso do mestre –, se desdobra em castração do pai idealizado, que entrega o segredo do mestre por um lado e, pelo outro, privação, assunção pelo sujeito, feminino ou não, do gozo de ser privado.

E por que foi que Freud se enganou a esse ponto, já que, se acreditarmos em minha análise de hoje, ele só tinha que comer, literalmente, o que lhe ofereciam na palma da mão? Por que substitui o saber que recolheu de todas essas bocas luminosas, Ana, Emmie, Dora, por esse mito, o complexo de Édipo?

O Édipo desempenha o papel do saber com pretensão de verdade, quer dizer, do saber que se situa, na figura do discurso do analista, no lugar do que designei há pouco como o da verdade.

$$\frac{a}{S_2} \longrightarrow \frac{\$}{S_1}$$

Se toda a interpretação analítica enveredou para o lado da gratificação ou da não-gratificação, da resposta ou não à demanda, em resumo, na direção de uma sempre crescente elusão do que é a dialética do desejo, o deslizamento metonímico em direção à demanda, quando se trata de assegurar o objeto constante, é provavelmente em razão do caráter estritamente inutilizável do complexo de Édipo. É estranho que isto não tenha ficado claro mais rapidamente.

De fato, quem utiliza, que lugar tem numa análise a referência a esse famoso complexo de Édipo? Peço que respondam aqui todos os que são analistas. Os que são do Instituto, é claro, jamais se servem dele. Os que são da minha escola fazem um pequeno esforço. Obviamente, isso não dá em nada, e acaba resultando no mesmo que para os outros. É estritamente inutilizável, salvo por esse grosseiro lembrete do valor de obstáculo que a mãe tem para todo investimento de um objeto como causa do desejo.

Daí as extraordinárias elucubrações a que os analistas chegam, concernentes a *pais combinados*, como eles dizem. Isto só significa uma coisa – edificar um A receptador do gozo, que geralmente se chama Deus, com o qual vale a pena apostar tudo ou nada com o mais-de-gozar, quer dizer, esse funcionamento que chamamos de supereu.

Hoje estou mimando vocês. Eu ainda não havia introduzido essa palavra. Tinha minhas razões para isso. Era preciso pelo menos que tivesse chegado ao ponto em que estou para que aquilo que anunciara no ano passado sobre a aposta de Pascal pudesse tornar-se operativo.

Talvez alguns tenham adivinhado – o supereu é exatamente o que comecei a enunciar quando lhes disse que a vida, a vida provisória que se aposta contra uma chance de vida eterna, é o *a*, mas isto só vale a pena se o A não estiver barrado, ou seja, se ele for tudo ao mesmo tempo. Só que, como os pais combinados, isso aí não existe – há o pai, por um lado, e a mãe por outro, como também o sujeito, isso não existe, ele está igualmente dividido em dois, como é barrado, como, em suma, é a resposta que meu grafo designa na enunciação, isso questiona seriamente que se possa apostar tudo ou nada do mais-de-gozar com a vida eterna.

Pois é, recorrer assim ao mito de Édipo é verdadeiramente uma coisa sensacional. Vale a pena que nos estendamos sobre isso. E hoje pensava fazer vocês sentirem o que há de disparate no fato de que Freud – por exemplo, na última das *Novas conferências sobre a psicanálise* – possa julgar resolvido o que cabe à questão do rechaço da religião de todo horizonte válido, possa pensar que a psicanálise tem ali um papel decisivo, e acreditar que acabou nos dizendo que o sustentáculo da religião não é outra coisa senão aquele pai a quem a criança recorre em sua infância, do qual sabe que é todo amor, que vai na frente, previne o que nela pode se manifestar de mal-estar.

Não é uma coisa estranha, quando se sabe o que de fato vem a ser a função do pai? Claro, não é apenas por esse aspecto que Freud nos apresenta um paradoxo, ou seja, a idéia de referi-la a não sei que gozo original de todas as mulheres, quando é bem sabido que um pai basta apenas para uma, e nem sempre – ele não deve contar vantagens. Um pai só tem com o mestre – falo do mestre tal como o conhecemos, tal como funciona – a mais longínqua das relações porque, em suma, ao menos na sociedade com que Freud lida, é ele quem trabalha para todo mundo. Tem a seu cargo a *famil* de que eu falava há pouco. Não há nisso bastante estranheza, a ponto de nos sugerir que, afinal, o que Freud preserva, de fato se não em intenção, é precisamente o que ele designa como o mais substancial na religião? A saber, a idéia de um pai todo-amor. E é justamente isto que designa a primeira forma da identificação das três que ele isola no artigo que eu evocava agora mesmo – o pai é amor, o primeiro a se amar neste mundo é o pai. Estranha sobrevivência. Freud acredita que isso irá evaporar a religião, ao passo que na verdade é a própria substância desta que ele conserva com esse mito, bizarramente composto, do pai.

Voltaremos ao assunto, mas já podem ver sua nervura – tudo isto culmina na idéia do assassinato, ou seja, o pai original é aquele que os filhos mataram, e depois disso é do amor por esse pai morto que procede uma certa ordem. Nessas enormes contradições, em seu barroquismo e superfluidez, não parece isso ser apenas uma defesa contra essas verdades que a proliferação de todos os mitos articula claramente, bem antes de que Freud, ao fazer a escolha do mito de Édipo, restringisse essas verdades? O que se trata de dissimular? É que, desde que ele entra no campo do discurso do mestre em que estamos tentando nos orientar, o pai, desde a origem, é castrado.

Assim é aquele de quem Freud nos dá a forma idealizada, e que está completamente mascarado. No entanto, a experiência da histérica, senão seus dizeres, ao menos as configurações que ela lhe oferecia deveriam aqui tê-lo guiado melhor do que o complexo de Édipo, e levá-lo a considerar que isso sugere que tudo deve ser requestionado no nível da própria análise, do quanto de saber é preciso para que esse saber possa ser questionado no lugar da verdade.

Eis o objetivo do que estamos tentando desenvolver para vocês este ano.

18 DE FEVEREIRO DE 1970

VII

ÉDIPO E MOISÉS E O PAI DA HORDA

O puro saber de mestre.
O mal-estar dos astudados.
Genealogia da mais-valia.
O campo da besteirada.
O Édipo, sonho de Freud.

A formulação do discurso da análise que tentei dar-lhes demarca esse discurso a partir daquilo com que, por toda sorte de rastros, ele já à primeira vista se manifesta aparentado – a saber, o discurso do mestre.

Ou melhor, por estar mascarada a verdade do discurso do mestre que a análise adquire sua importância.

1

O lugar que designei como o da verdade só se distingue – dentre os quatro lugares em que se situam os elementos articulatórios sobre os quais baseio a consistência que pode surgir do relacionamento entre esses discursos – ao aproximar o que está em jogo no funcionamento daquilo que advém da articulação nesse lugar. Isto não lhe é particular, e outro tanto pode ser dito para todos os demais.

A localização que até aqui consistia em designar os lugares como *acima e à direita* ou *acima e à esquerda*, e assim por diante, não poderia obviamente nos satisfazer. Trata-se de um nível de equivalência no funcionamento. Por exemplo, poderíamos assim escrever que aquilo que no discurso do mestre é o S_1 pode ser chamado de congruente ou equivaler ao que vem funcionar como S_2 no discurso universitário, naquele que qualifiquei como tal para fixar as idéias, ou ao menos a acomodação mental.

$$M (S_1) = U (S_2)$$

Do lugar em apreço, diremos que funciona como lugar de ordem, de mandamento, ao passo que o lugar que lhe é subjacente em meus diversos esqueminhas, chamados de esquemas com quatro patas, é o lugar da verdade, que expõe bem o seu problema.

No nível do discurso do mestre, com efeito, o lugar acima e à esquerda só pode ser ocupado pelo $\$$ que na verdade, numa primeira abordagem, nada necessita, posto que não se coloca tranqüilamente num primeiro tempo como idêntico a si mesmo. Diremos que o princípio do discurso, não dominado, não amestrado, e sim *mestr-ado*, com hífen, do discurso na medida em que feito mestre – é acreditar-se unívoco.

E o passo dado pela psicanálise, seguramente, foi o de fazer-nos afirmar que o sujeito não é unívoco. Há dois anos, no momento em que tentava articular o ato psicanalítico – trajeto que emperrou e, como outros, jamais será retomado –, dei a vocês a fórmula contundente pela qual *ou não penso, ou não sou.* Tal alternativa, por sua mera introdução, marca presença – e bastante retumbante, desde que se trata do discurso do mestre.

Embora para justificá-la seja preciso que a produzamos em outro lugar, onde apenas ela seja evidente. É preciso que ela própria se produza no lugar dominante, e isso no discurso da histérica, para que fique claro que o sujeito é posto diante desse *vel* que se exprime pelo *ou não penso, ou não sou.* Ali onde penso não me reconheço, não sou – é o inconsciente. Ali onde sou, é mais do que evidente que me perco.

Apresentar as coisas assim, na verdade, mostra que isso ficou tanto tempo obscuro, no nível do discurso do mestre, precisamente por estar em um lugar que, por sua própria estrutura, mascarava a divisão do sujeito.

O que é que não lhes disse, com efeito, sobre todo dizer possível no lugar da verdade? A verdade – digo – só poderia ser enunciada por um semi-dizer, e seu modelo, mostrei-o a vocês no enigma. Pois é justamente assim que ela sempre se apresenta a nós, e não certamente em estado de pergunta. O enigma é algo que nos força a responder, na qualidade de perigo mortal. A verdade só é uma pergunta – como se sabe há muito tempo – para os administradores. *O que é a verdade?* – sabemos por quem isto foi, de uma vez por todas, eminentemente pronunciado.

Mas outra coisa é essa forma do semi-dizer a que se constrange a verdade, outra coisa essa divisão do sujeito que tira proveito dela para se mascarar. A divisão do sujeito é coisa bem outra. Se *onde não está, ele pensa,* se *onde ele não pensa, está,* é precisamente porque está nos dois lugares. E até diria que essa fórmula da *Spaltung* é imprópria. O sujeito participa do real, justamente, por ser aparentemente impossível. Ou, melhor dizendo, se tivesse que empregar uma figura que não surge aí por acaso, diria que ocorre com ele o que ocorre com o elétron, no ponto em que este se propõe a nós na junção da teoria ondulatória com a teoria corpuscular. Somos forçados a admitir que é precisamente como sendo o mesmo que esse elétron passa ao mesmo tempo por dois buracos distantes. Assim, a ordem do que concebemos como a *Spaltung* do sujeito é diferente daquela que determina que a verdade só pode ser concebida se enunciada em um semi-dizer.

Surge aqui algo importante a sublinhar. Por essa mesma ambivalência – palavra que retomamos em outro sentido – pela qual a verdade só é concebida mediante um semi-dizer, cada uma das fórmulas pelas quais se situa um discurso ganha sentidos singularmente opostos.

Será bom, será ruim esse discurso? Eu o etiqueto intencionalmente de universitário porque de certa forma é o discurso universitário que mostra por onde ele pode pecar, mas também, em sua disposição fundamental, é o que mostra onde o discurso da ciência se alicerça.

$$\frac{S_2}{S_1} \longrightarrow \frac{a}{\$}$$

O S_2 tem aí o lugar dominante na medida em que foi no lugar da ordem, do mandamento, no lugar primeiramente ocupado pelo mestre que surgiu o saber. Por que será que nada mais se encontra no nível de sua verdade senão o significante-mestre, na medida em que este opera para portar a ordem do mestre?

É daí exatamente que deriva o movimento atual da ciência, após ter sido marcado um tempo de hesitação, cujo testemunho temos em Gauss, por exemplo, quando em suas anotações vemos que havia chegado perto dos enunciados proferidos em um tempo ulterior por um Riemann, e decidira não divulgá-los. *Não iremos mais longe* – para que pôr em circulação tal saber, mesmo sendo de pura lógica, se a partir dele, ao que parece, muito de um certo estado de repouso poderia de fato ser abalado?

É claro que não estamos mais nesse ponto. Isso se deve ao progresso, a essa báscula que descrevi com um giro de um quarto de volta, que faz surgir como dominante um saber desnaturado de sua localização primitiva no nível do escravo por ter-se tornado puro saber do senhor, regido por seu mandamento.

Quem pode, em nossa época, sonhar sequer por um instante em deter o movimento de articulação do discurso da ciência em nome do que quer que possa acontecer? As coisas, meu Deus, já estão aí. Elas mostraram onde vamos, de estrutura molecular a fissão atômica. Quem pode pensar sequer por um instante que se poderia deter aquilo que, do jogo de signos, de inversão de conteúdos a mudança de lugares combinatórios, provoca a tentativa teórica de pôr-se à prova do real da maneira que, revelando o impossível, faz dele brotar uma nova potência?

É impossível deixar de obedecer ao mandamento que está aí, no lugar do que é a verdade da ciência – *Vai, continua. Não pára. Continua a saber sempre mais.*

Precisamente por este signo, pelo fato de o signo do mestre ocupar esse lugar, toda pergunta sobre a verdade é, falando propriamente, esmagada, silenciada, toda pergunta precisamente sobre o que este signo – o S_1 do mandamento *Continua a saber* – pode velar, sobre o que este signo, por ocupar esse lugar, contém de enigma, sobre o que é este signo que ocupa tal lugar.

No campo dessas ciências que ousam intitular a si mesmas de ciências humanas, vemos claramente que o mandamento *Continua a saber* faz um pouco de rebuliço. De fato, como em todos os outros quadradinhos ou esquemas de quatro patas, quem sempre trabalha é esse que está aqui, no alto e à direita – para fazer a verdade brotar, pois este é o sentido do trabalho. Aquele que está neste lugar, no discurso do mestre, é o escravo, e no discurso da ciência é o *a* estudante.

Poderíamos jogar um pouco com essa palavra, isso talvez renove um pouco a questão.

Há pouco, nós o víamos coagido a continuar a saber no plano da ciência física. No plano das ciências humanas, vemos algo para o qual seria preciso fabricar uma palavra. Ainda não sei se esta é a melhor, mas assim de pronto, por instinto, por sonoridade, eu diria *astudado.*[30]

Se fizer esta palavra entrar no vocabulário, terei mais sorte do que quando pretendi que se mudasse o nome da aniagem, do pano de chão. *Astudado* tem mais razões para estar no plano das ciências humanas. O estudante se sente *astudado.* É *astudado* porque, como todo trabalhador – situem-se nas outras pequenas ordens –, ele tem que produzir alguma coisa.

Acontece que meu discurso suscita respostas que têm uma relação com ele. É raro, mas de vez em quando acontece, e isso me dá prazer. Quando cheguei à Escola Normal, ocorreu que pessoas jovens se puseram a discorrer sobre o sujeito da ciência, que havia sido objeto do primeiro de meus seminários do ano 1965. Era pertinente, o sujeito da ciência – mas é claro que a coisa não é tão simples. Eles levaram umas palmatoadas, e se lhes explicou que, o sujeito da ciência, isso não existia, no ponto sensível em que tinham pensado fazê-lo surgir, quer dizer, na relação do zero ao um no discurso de Frege. Demonstrou-se-lhes que os progressos da lógica matemática haviam permitido reduzir completamente – não suturar, e sim evaporar – o sujeito da ciência.

O mal-estar dos astudados, entretanto, não deixa de ter relação com o seguinte – apesar de tudo, solicita-se que eles constituam o sujeito da ciência com sua própria pele, o que, segundo as últimas notícias, parece apresentar algumas dificuldades na área das ciências humanas. E é assim que, para uma ciência tão bem assentada por um lado, e tão evidentemente conquistadora por outro – o bastante para se qualificar de humana, sem dúvida porque toma os homens como húmus –, ocorrem coisas que nos permitem sair-nos bem e compreender o que comporta o fato de substituir no plano da verdade o puro e simples mandamento, o do mestre.

Não pensem que o mestre está sempre aí. O que permanece é o mandamento, o imperativo categórico *Continua a saber.* Não há mais necessidade de que ali haja alguém. Estamos todos embarcados, como diz Pascal, no discurso da ciência. Acontece que mesmo assim o semi-dizer chega a se justificar porque evidencia que, quanto ao tema, ou melhor, ao sujeito das ciências humanas, nada se mantém de pé.

Gostaria de me precaver contra a idéia – que poderia surgir em não se sabe qual cabecinha retardada – de que minhas palavras poderiam implicar que se devesse frear essa ciência e que, afinal de contas, voltando à atitude de Gauss, talvez houvesse uma esperança de salvação.

Tais conclusões, se me fossem imputadas, seriam com justiça qualificadas de reacionárias. Eu as aponto porque não é impensável, em ambientes que na verdade não penso estar muito inclinado a freqüentar, que se pudesse deduzir do que estou falando esta espécie de mal-entendido. Seria preciso discernir, entretanto, que no que quer que eu articule com uma certa visada de clarificação não existe a menor idéia de progresso, no sentido de que este termo implicaria uma solução feliz.

O que a verdade, quando ela surge, tem de resolutivo, isso pode às vezes ser feliz – e, nos outros casos, desastroso. Não se vê por que a verdade seria sempre forçosamente benéfica. Só com o diabo no corpo é que se pode imaginar semelhante coisa, quando tudo demonstra o contrário.

2

Em se tratando da posição dita do analista – nos casos, aliás, improváveis, pois haverá mesmo um analista?, quem pode saber?, mas teoricamente podemos postulá-lo –, é o próprio objeto *a* que vem no lugar do mandamento. É como idêntico ao objeto *a*, quer dizer, a isso que se apresenta ao sujeito como a causa do desejo, que o analista se oferece como ponto de mira para essa operação insensata, uma psicanálise, na medida em que ela envereda pelos rastros do desejo de saber.

Disse-lhes no começo que esse desejo de saber – *pulsão epistemológica*, como inventaram de denominá-lo –, não deixava de ter seus problemas. Seria o caso de ver de onde ela pode surgir. Como fiz notar, o mestre não poderia ter inventado isso sozinho. É preciso que alguém lhe tenha imposto isso. Não foi o psicanalista – que, meu Deus, não é visível desde sempre. Além do mais, não é mais ele quem o suscita, ele se oferece como ponto de mira para qualquer um atacado por esse desejo particularmente problemático.

Voltaremos a isto. Entrementes, apontemos que na estrutura chamada de discurso do analista este último, vejam bem, diz ao sujeito: – Vamos lá, diga tudo o que lhe passar pela cabeça, por mais dividido que seja, por mais que isso manifestamente demonstre que ou bem você não pensa, ou bem não é absolutamente nada, isso pode funcionar, o que você produzir será sempre válido.

$$\frac{a}{S_2} \longrightarrow \frac{\$}{S_1}$$

Estranho. Estranho por razões que temos que pontuar, mas que podemos esboçar desde agora.

Vocês puderam ver, na linha superior da estrutura do discurso do mestre, uma relação fundamental – aquela, exprimindo-nos rapidamente, que estabelece o laço entre o senhor e o escravo –, por meio da qual, Hegel *dixit*, o escravo com o tempo lhe demonstrará a sua verdade, e por meio da qual também, Marx *dixit*, ele terá se ocupado todo esse tempo em fomentar seu mais-de-gozar.

Por que deve ele esse mais-de-gozar ao senhor? Isso é o que está velado. O que está velado no nível de Marx é que o senhor a quem se deve esse mais-de-gozar renunciou a tudo, ao gozo em primeiro lugar, porque se expôs à morte e continua extremamente fixado a essa posição, cuja articulação hegeliana é clara. Ele sem dúvida privou o escravo da disposição de seu corpo, mas isso não é nada – deixou-lhe o gozo.

Como é que o gozo volta a ficar ao alcance do senhor para manifestar sua exigência? Creio tê-lo explicado bem, a seu tempo, mas retomo isto porque nunca é demais repetir as coisas importantes. O senhor faz, em tudo isso, um pequeno esforço para que a coisa funcione – quer dizer, dá a ordem. Simplesmente cumprindo sua função de senhor, ele perde alguma coisa. Essa coisa perdida, é por aí que pelo menos algo do gozo deve ser-lhe restituído – precisamente o mais-de-gozar.

Se por este seu empenho em se castrar não houvesse contabilizado esse mais-de-gozar, se não houvesse construído a mais-valia – em outros termos, se não houvesse fundado o capitalismo, Marx teria se dado conta de que a mais-valia é o mais-de-gozar. Tudo isto não impede, é claro, que por ele o capitalismo tenha sido fundado e que a função da mais-valia seja muito pertinentemente designada em suas conseqüências devastadoras. No entanto, talvez fosse preciso, para arrematar, saber ao menos qual é o primeiro tempo de sua articulação. Não é nacionalizando os meios de produção, no plano do socialismo num só país, que se dá fim à mais-valia – se não se sabe o que é isso.

No discurso do mestre – pois afinal é precisamente aí que se situa o mais-de-gozar – não há relação entre o que vai mais ou menos se tornar causa de desejo de um cara como o mestre – que, como de costume, não compreende nada disso – e o que constitui a sua verdade. Há aqui, com efeito, no andar inferior, uma barreira.

$$\frac{S_1}{\$} \longrightarrow \frac{S_2}{a} \qquad \blacktriangle$$

A barreira cuja denominação está imediatamente ao alcance da nossa mão é, no nível do discurso do mestre, o gozo – na medida simplesmente em que está interditado, interditado em seu fundo. Cata-se as migalhas do gozo, mas no que se refere a chegar até o fim, já lhes disse como se encarna isso – não há necessidade de remexer nas fantasias mortíferas.

Esta fórmula, como definidora do discurso do mestre, tem seu interesse por mostrar que ele é o único a tornar impossível essa articulação que apontamos em outro lugar como a fantasia, na medida em que é a relação do *a* com a divisão do sujeito – ($ ◊ *a*)

Em seu ponto de partida fundamental, o discurso do mestre exclui a fantasia. E é isto exatamente o que faz dele, em seu fundamento, totalmente cego.

O fato de que em outro lugar a fantasia possa surgir – especialmente no discurso analítico, onde ela se estende sobre uma linha horizontal de maneira perfeitamente equilibrada – diz-nos um pouco mais sobre o que vem a ser o fundamento do discurso do mestre.

Seja como for, por enquanto, ao retomarmos as coisas no nível do discurso do analista, constatamos que o saber, ou seja, toda a articulação existente do S_2, tudo o que se pode saber, é o que está colocado, em minha maneira de escrever – não digo no real –, no lugar dito da verdade. O que se pode saber é solicitado, no discurso do analista, a funcionar no registro da verdade.

Sentimos que isto nos interessa, mas o que será que pode querer dizer? Não foi à-toa que fiz esse desvio pelo plano da atualidade. A má tolerância, digamos, de uma certa galopada que o saber empreendeu sob a forma chamada de ciência, a forma da ciência moderna, eis o que talvez possa fazer-nos sentir que, seguramente – sem que nunca compreendamos muito além da ponta do nosso nariz –, se tivermos uma chance, de alguma forma, de que o saber interrogado em função de verdade tenha um sentido, isso deve ocorrer em nosso pequeno molinete, ao menos se lhe tivermos confiança.

Digo-lhes de passagem – é, por exemplo, o que me justifica dizer que, já que certa vez calaram o meu bico no momento em que eu ia falar dos nomes do pai, nunca mais falarei sobre isso. Parece implicante, grosseiro. E depois – quem sabe? – existe até essa gente, os fanáticos da ciência, para me dizer – Continua a saber, como é que é, você tem que dizer o que sabe sobre os nomes do pai. Não, não direi o que é o nome do pai justamente porque não participo do discurso universitário.

Sou um pequeno analista,[31] uma pedra rcjeitada, lançada de antemão, mesmo se me torno, em minhas análises, a pedra angular. Desde que me levanto da minha poltrona, tenho o direito de ir passear. A coisa se inverte, a pedra rejeitada passa a ser pedra angular. Pode ser também ao inverso – a pedra angular vai dar um passeio. Talvez seja assim que venha a ter uma chance de que as coisas mudem. Se a pedra angular fosse embora, todo o edifício cairia por terra. Há quem se sinta tentado.

Enfim, deixemos de brincadeira. Simplesmente não vejo por que eu falaria do nome do pai, posto que, de todo modo, onde ele se situa, quer dizer, no nível em que o saber tem função de verdade, estamos condenados, falando propriamente – mesmo quanto a este ponto, ainda impreciso para nós, da relação entre o saber e a verdade –, a não poder denunciar o que quer que seja, saibamos disso, a não ser mediante um semi-dizer.

Não sei se vocês percebem bem o alcance da coisa. Isso quer dizer que, se nesse campo dizemos algo de uma certa maneira, haverá uma outra parte desse mesmo dizer que vai se tornar absolutamente irredutível, totalmente obscura. De sorte que, em suma, há um certo arbítrio, uma escolha que pode ser feita quanto ao que se trata de esclarecer. Já que não falo do nome do pai, isso me permitirá falar de outra coisa. O que não deixará de ter relação com a verdade, mas não como sendo para o sujeito – não será a mesma.

Isto é um parêntese.

3

Voltemos ao que constatamos sobre o que advém do saber no lugar da verdade no discurso do analista.

Creio que não esperavam o que vou lhes dizer agora para que isso tome contornos. Mesmo assim, devem lembrar-se de que o que vem lá no começo tem um nome – é o mito.

Não se esperou, para ver isso, que o discurso do mestre tivesse se desenvolvido plenamente para mostrar sua clave no discurso do capitalista, em sua curiosa copulação com a ciência. Isto sempre foi visto e, em todo caso, é tudo o que vemos quando se trata da verdade, ao menos da verdade primeira, daquela que não obstante nos interessa um pouco, embora a ciência nos faça renunciar a ela dando-nos somente o seu imperativo *Continua a saber em um certo campo* – coisa curiosa, num campo que tem com o que te concerne, a ti, meu bom homem, uma certa discordância. Pois bem, ele é ocupado pelo mito.

Fez-se agora do mito um ramo da lingüística. Quero dizer que o que de mais sério se disse sobre o mito foi a partir da lingüística.

Quanto a isso, só poderia recomendar-lhes que se reportem, na *Antropologia estrutural* – coletânea de artigos de meu amigo Claude Lévi-Strauss –, ao capítulo onze, "A estrutura dos mitos". Evidentemente, ali verão enunciada a mesma coisa que o que lhes digo, a saber, que a verdade só se sustenta em um semi-dizer.

O primeiro exame sério que se faz dessas grandes unidades, como ele as chama, pois trata-se dos mitemas, dá evidentemente no seguinte, que não imputo a Lévi-Strauss porque deixo de lado o que ele escreve textualmente. A impossibilidade de pôr em conexão grupos de relações – trata-se de montes de relações, como ele define os mitos – é superada, ou, mais exatamente, substituída pela afirmação de que duas relações contraditórias entre si são idênticas, na medida em que cada uma delas é, como a outra, contraditória consigo mesma. Em suma, o semi-dizer é a lei interna de toda espécie de enunciação da verdade, e o que melhor a encarna é o mito.

Mesmo assim, alguém pode se declarar não de todo satisfeito com o fato de, em psicanálise, estarmos ainda no mito. Conhecem o efeito que teve sobre os mitógrafos o uso do mito típico central do discurso psicanalítico, o mito de Édipo? Creio que todos vocês podem responder a esta pergunta. É bem divertido.

Há gente que se ocupava dos mitos há um bocado de tempo. Não esperaram o nosso caro amigo Claude Lévi-Strauss, que aí introduziu uma clareza exemplar, para se interessarem intensamente pela função do mito. Há ambientes em que se sabe o que é um mito, mesmo que não se o defina forçosamente como eu mesmo acabo de tentar situá-lo para vocês – embora dificilmente seja admissível que mesmo o mais obtuso operador não veja que tudo o que se pode dizer do mito é que a verdade se mostra em uma alternância de coisas estritamente opostas, que é preciso fazer girar uma em torno da outra. Isto vale para o que quer que se tenha construído desde que o mundo é mundo, até e inclusive os mitos superiores, muito elaborados, como o Yin e o Yang.

Pode-se falar muita besteira em torno do mito, porque ele é justamente o campo da besteirada. E a besteirada, como desde sempre lhes disse, é a verdade. São idênticas. A verdade, isso aí permite dizer tudo.

Tudo é verdade – desde que excluam o contrário. De todo modo, porém, que isto seja assim tem o seu papel.

Então, o mito de Édipo tal como Freud o faz funcionar – posso dizer isto para aqueles que não o sabem –, faz os mitógrafos sobretudo zombarem. Julgam-no absolutamente mal-ajambrado.

Por que tal privilégio dado na análise a esse mito? O primeiro estudo sério que sobre ele se pôde fazer mostra aliás que é muito mais complicado. Como que por acaso, Claude Lévi-Strauss, que não se nega à prova, enuncia no mesmo artigo o mito de Édipo completo. Pode-se ver que se trata de coisa completamente diferente de saber se se vai ou não trepar com a mamãe.

No entanto é curioso, por exemplo, que um mitógrafo claramente bom, de qualidade, uma boa cabeça, da boa escola, do bom veio que começa em Boas e acaba confluindo em Lévi-Strauss – um tal Kroeber –, após haver escrito um livro incendiário sobre *Totem e tabu*, tenha escrito algo, vinte anos depois, para fazer reparar que isso devia ter sua razão de ser, existia ali alguma coisa, que aliás não podia dizer o quê, e que nesse mito de Édipo havia um empecilho. Não disse mais. Porém, dada a crítica que fizera a *Totem e tabu*, isso é absolutamente notável. Isso bolia com ele, ficava azucrinado por ter dito cobras e lagartos sobre isso, sobretudo quando viu que a coisa se expandia, quer dizer, que qualquer estudante achava que podia fazer coro – isso ele não pôde suportar.

Totem e tabu. Seria bom – não sei se querem que o faça este ano – estudar sua composição, que é uma das coisas mais retorcidas que se possa imaginar. Não é por predicar o retorno a Freud que eu não posso dizer que *Totem e tabu* é meio torto. É por isso mesmo que temos que retornar a Freud – para perceber que se é assim meio torto, dado que ele era um rapaz que sabia escrever e pensar, isso deve ter uma boa razão. Não gostaria de acrescentar – *Moisés e o monoteísmo*, nem se fala – porque é o contrário, vai dar o que falar.

Vejam que apesar de tudo ponho as coisas em ordem para vocês, embora não tenha começado preparando-lhes uma espécie de caminho aplanado. Eu o fiz, é claro, inteirinho, eu mesmo – ninguém me ajudou –, por exemplo para que se soubesse o que são as formações do inconsciente, por exemplo, ou a relação de objeto. Poderiam pensar que agora simplesmente faço piruetas em torno de Freud. Não é disso que se trata.

Tratemos de sacar alguma coisinha do que corresponde ao mito de Édipo em Freud. Como não estou apressado, não terminarei com isso hoje. Não vejo por que haveria de me cansar. Falo com vocês da maneira que as coisas me vão surgindo, e vamos ver até onde, mais ou menos, podemos chegar.

4

Começarei pelo fim, dando-lhes de imediato meu objetivo, porque não há razão para não mostrar minhas cartas. Não esperava lhes falar disso assim, mas pelo menos será claro.

De modo algum estou dizendo que o Édipo não serve para nada, ou que não tem relação alguma com o que nós fazemos. Para os psicanalistas, ele não serve para nada, lá isso é verdade, mas como os psicanalistas seguramente não são psicanalistas, isto nada prova. Cada vez mais, os psicanalistas embarcam em algo que é, de fato, extremamente importante, a saber, o papel da mãe. Essas coisas, meu Deus, já comecei a abordá-las.

O papel da mãe é o desejo da mãe. É capital. O desejo da mãe não é algo que se possa suportar assim, que lhes seja indiferente. Carreia sempre estragos. Um grande crocodilo em cuja boca vocês estão – a mãe é isso. Não se sabe o que lhe pode dar na telha, de estalo fechar sua bocarra. O desejo da mãe é isso.

Então, tentei explicar que havia algo de tranqüilizador. Digo-lhes coisas simples, estou improvisando, devo dizer. Há um rolo, de pedra, é claro, que lá está em potência, no nível da bocarra, e isso retém, isso emperra. É o que se chama falo. É o rolo que os põe a salvo se, de repente, aquilo se fecha.

São coisas que expus a seu tempo, um tempo em que falava a pessoas que tinha que tratar com cuidado, os psicanalistas. Era preciso dizer-lhes coisas assim pesadonas para que as compreendessem. De resto, não compreendiam muito mais. Falei então nesse nível sobre a metáfora paterna. Nunca falei do Complexo de Édipo a não ser desta forma. Isso deveria ser um pouco sugestivo, não é? Disse que era a metáfora paterna, mas no entanto não é assim que Freud nos apresenta as coisas. Sobretudo porque ele faz muita questão de que isso tenha sucedido efetivamente, essa história danada de assassinato do pai da horda, essa palhaçada darwiniana. O pai da horda – como se tivesse havido em algum momento o menor rastro do pai da horda. Viu-se orangotangos. Mas do pai da horda humana, jamais se viu o menor rastro.

Freud faz questão de que isso seja real. Mantém-se nisso. Ele escreveu todo o *Totem e tabu* para dizer – isso aconteceu obrigatoriamente, foi daí que tudo partiu. Quer dizer, todas as nossas chateações – inclusive a de ser psicanalista.

É chocante – alguém poderia, quanto a essa metáfora paterna, ter se excitado um pouco e sabido fazer um buraquinho. É o que sempre desejei, que alguém se adiantasse, me seguisse a pista, começasse a mostrar um pedaço do caminho. Enfim, seja como for, isso não ocorreu e a questão do Édipo está intacta.

Vou fazer algumas observações preliminares, porque deveras é preciso martelar bem a coisa. Essa história não se escamoteia.

Na prática analítica há uma coisa com a qual estamos verdadeiramente habituados, formados – são as histórias de conteúdo manifesto e conteúdo latente. Isto é a experiência.

Para o analisante que está ali, no \$, o conteúdo é seu saber. A gente está ali para conseguir que ele saiba tudo o que não sabe, sabendo-o contudo. O inconsciente é isso. Para o psicanalista, o conteúdo latente está do outro lado, em S_1. Para ele, o conteúdo latente é a interpretação que vai fazer, na medida em que esta não é aquele saber que descobrimos no sujeito, mas o que se lhe acrescenta para dar-lhe um sentido. Esta observação poderia ser útil a alguns psicanalistas.

Deixemos por enquanto de lado esse conteúdo manifesto e esse conteúdo latente, retenhamos somente os termos. O que é um mito? Não respondam todos ao mesmo tempo. É um conteúdo manifesto.

Isto não basta para defini-lo, e o definimos há pouco de outra maneira. Mas é claro que, se podemos colocar um mito em fichas que empilhamos para ver como a coisa se desdobra em combinações, é da ordem do manifesto. Dois mitos são, um em relação ao outro, exatamente como esses negocinhos que giram em um quarto de giro, e depois a coisa tem resultados. Isso não é latente – minhas letrinhas no quadro –, é manifesto. Então, o que estão fazendo aí? É preciso pôr à prova o conteúdo manifesto. E ao fazê-lo, vamos ver que não é tão manifesto assim.

Procedamos deste modo – vou em frente como posso –, contemos a historieta.

O complexo de Édipo, tal como nos é contado por Freud quando se refere a Sófocles, não é em absoluto tratado como um mito. É a historieta de Sófocles sem, como veremos, o seu trágico. Segundo Freud, o que revelou a peça de Sófocles é que se dorme com a mãe quando se matou o pai – assassinato do pai e gozo da mãe, a ser entendido nos sentidos objetivo e subjetivo. A gente goza com a mãe e a mãe goza. Que Édipo não saiba absolutamente que matou seu pai, nem tampouco que faça sua mãe gozar, ou que goze com ela, nada disso muda a questão posto que é, justamente, um belo exemplo do inconsciente.

Creio que há bastante tempo venho denunciando a ambigüidade que existe no uso do termo *inconsciente*. Como substantivo, é com efeito algo que tem como suporte o representante recalcado da representação. No sentido adjetivo, pode-se dizer que esse pobre Édipo era um inconsciente. Aqui há um equívoco, é o mínimo que se pode dizer. Seja como for, isso não nos incomoda. Mas para que não nos incomode seria bom ver o que as coisas querem dizer.

Há então esse mito de Édipo, tomado de Sófocles. E também, a conversa fiada de que lhes falava há pouco, o assassinato do pai da horda primitiva. É bastante curioso que seu resultado seja exatamente o contrário.

O velho papai tinha todas elas para si, o que já é fabuloso – porque as teria todas para si? –, já que, havendo além disso outros rapazes, elas provavelmente também podem ter os seus caprichos. Matam-no. A conseqüência é completamente diferente do mito de Édipo – por terem matado o velho, o velho orango, duas coisas acontecem. Ponho uma delas entre parênteses, pois é fabulosa – eles se descobrem irmãos. Enfim – isto pode dar a vocês alguma idéia do que é a fraternidade –, vou fazer um pequeno desenvolvimento, como uma pequena pedra de espera, talvez tenhamos tempo de voltar a isso antes de nos separarmos este ano.

As energias que empregamos em sermos todos irmãos provam bem evidentemente que não o somos. Mesmo com nosso irmão consangüíneo, nada nos prova que somos seu irmão – podemos ter uma porção de cromossomas completamente opostos. Essa obstinação com a fraternidade, sem contar o resto, a liberdade e a igualdade, é coisa ridícula, que seria conveniente captar o que recobre.

Só conheço uma única origem da fraternidade – falo da humana, sempre o húmus –, é a segregação. Estamos evidentemente numa época em que a segregação, erght! Não há mais segregação em lugar nenhum, é inaudito quando se lê os jornais. Simplesmente, na sociedade – não quero chamá-la de *humana* porque reservo meus termos, presto atenção ao que digo, constato que não sou um homem de esquerda –

na sociedade, tudo o que existe se baseia na segregação, e a fraternidade em primeiro lugar.

Nenhuma outra fraternidade é concebível, não tem o menor fundamento, como acabo de dizer, o menor fundamento científico, se não é por estarmos isolados juntos, isolados do resto. Trata-se de captar sua função, e de saber por que é assim. Mas, enfim, salta aos olhos que é assim, e fingir que isto não é verdade deve ocasionar forçosamente alguns inconvenientes.

É semi-dizer o que estou lhes dizendo. Não lhes digo por que é assim porque, primeiro, se digo que é assim, não posso dizer por que é assim. Eis um exemplo.

Seja como for, eles se descobrem irmãos, e indagamos em nome de qual segregação. Isto quer dizer que, no que se refere ao mito, é um tanto fraco. Depois decidem, todos em uníssono, que não vai se tocar nas mamãezinhas. Pois além do mais há mais de uma. Poderiam trocar, pois o velho pai tem todas elas. Poderiam dormir justamente com a mãe do irmão, já que são irmãos apenas por parte de pai.

Ninguém parece ter-se pasmado nunca com essa coisa curiosa – a que ponto *Totem e tabu* nada tem a ver com o uso corrente da referência sofocleana.

O cúmulo dos cúmulos é *Moisés*. Por que é preciso que Moisés tenha sido morto? E o pior é o que Freud nos explica – é para que Moisés volte nos profetas, sem dúvida pela via do recalque, da transmissão mnêmica através dos cromossomas, temos que admitir.

A observação feita por um imbecil como Jones, de que Freud parece não ter lido Darwin, é justa. No entanto ele o leu, pois é em Darwin que se baseia para o lance de *Totem e tabu*.

Não é à-toa que *Moisés e o monoteísmo*, como tudo o que Freud escreve, seja absolutamente fascinante. Um espírito livre pode dizer para si mesmo que não tem pé nem cabeça. Voltaremos a falar sobre isso. O que há de certo é que com os profetas não se trata de algo, seja lá o que for, que tenha a ver, desta vez, com o gozo.

Conto a vocês – quem sabe talvez alguém possa me fazer este obséquio – que me pus à caça do livro que serviu como uma pequena cavilha ao que Freud nos enuncia, ou seja, a obra publicada em 1922 do chamado Sellin, *Mose und seine Bedeutung für die israelitisch-jüdische Religionsgeschichte*.

Esse Sellin não é um desconhecido. Consegui *Die Zwölf Propheten*. Ele começa por Oséias, pequeno porém ousado. Tão ousado o Oséias que, ao que parece, é nele que encontramos rastros do que teria sido o assassinato de Moisés.

Devo dizer-lhes que não esperei até ter lido Sellin para ler *Oséias*, mas nunca pude, em toda a minha vida, conseguir esse livro, e estou começando a ficar furioso. Não está na Biblioteca Nacional, não está na Aliança Israelita Universal, e removi a Europa inteirinha para obtê-lo. Mesmo assim, acho que vou chegar a pôr as mãos nele. Se algum de vocês o tiver em seu bolso, poderia trazê-lo a mim no final da sessão, eu o devolveria.

Há em *Oséias*, com efeito, uma coisa totalmente clara. É inaudito esse texto de Oséias. Não sei quantas pessoas aqui lêem a Bíblia. Não posso dizer que tenha sido educado na Bíblia, porque sou de origem católica. Lamento. Mas enfim, não o lamento, no sentido de que quando a leio agora – quer dizer, agora, isso faz um bocado de tempo –, me produz um efeito louco. Aquele delírio familiar, aquelas adjurações de Yahvé a seu povo, que se contradizem de uma linha a outra, são de virar a cabeça.

Uma coisa é certa – todas as relações com as mulheres são [...], como ele diz em sua forte língua. Escrevo-o para vocês em hebraico no quadro, nestas belíssimas letras. É prostituição, *znunim*.

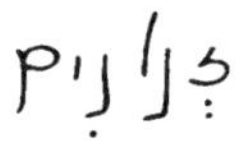

Dirigindo-se a Oséias, a questão é só esta – seu povo se prostituiu definitivamente. A prostituição é praticamente tudo o que o rodeia, todo o contexto. O que o discurso do mestre revela é que não há relação sexual, como já exprimi vigorosamente diante de vocês. Pois bem, tem-se a impressão de que o nosso povo eleito estava metido numa história onde a coisa provavelmente era diferente, onde havia relações sexuais. Provavelmente é isto que Yahvé chama de prostituição. Fica bem claro, em todo caso, que se é o espírito de Moisés que ali retorna, não se trata precisamente de um assassinato o que engendrou o acesso ao gozo.

Tudo isto é tão fascinante que ninguém jamais pareceu ver – sem dúvida teria parecido imediato demais, bobo demais fazer essas objeções, e além disso não são objeções, estamos de pleno no assunto – que os profetas, afinal de contas, nunca falam de Moisés. Uma de minhas melhores alunas me fez essa observação – devo dizer que ela é protestante, tanto que se apercebeu disso há mais tempo do que eu. E sobretudo não falam em absoluto dessa coisa que, para Freud, parece ser a clave – a saber, que o Deus de Moisés é o mesmo Deus de Akenaton, um Deus que seria Um.

Como sabem, por mais longe que esteja dos outros deuses, o Deus de Moisés diz simplesmente que não se deve ter relações com eles, mas não diz que não existam. Diz que não se deve correr para os ídolos mas, afinal, trata-se também de ídolos que o representam, a Ele, como era certamente o caso do Bezerro de Ouro. Esperavam um Deus, fizeram um Bezerro de Ouro – é muito natural.

Vemos aí que há uma relação completamente diferente, uma relação com a verdade. Já disse que a verdade é a irmãzinha do gozo, será preciso voltar a isto.

O que há de certo é que o grosseiro esquema *assassinato do pai – gozo da mãe* elide totalmente a força trágica. Claro, é pelo assassinato do pai que Édipo tem livre acesso a Jocasta, e que ela lhe é entregue ante a aclamação popular. Jocasta, como sempre lhes disse, sabia algo sobre isso, porque as mulheres nunca deixam de ter suas informaçõezinhas. Ela tinha lá um servo que assistira à coisa toda, e seria curioso que esse servo, que voltou ao palácio, e o reencontramos ao final, não houvesse dito a Jocasta – Foi aquele lá que apagou o seu marido. Seja como for, o importante não é isso. O importante é que Édipo foi admitido junto a Jocasta porque tinha triunfado em uma prova de verdade.

Voltaremos ao enigma da esfinge. E além do mais, se Édipo acaba tão mal – veremos o que quer dizer esse *acaba tão mal* e até que ponto isto se chama mal acabar –, é porque ele quis absolutamente saber a verdade.

Não é possível abordar seriamente a referência freudiana sem fazer intervir, além do assassinato e do gozo, a dimensão da verdade.

Eis onde poderia deixá-los hoje.

Fica claro, vendo simplesmente como Freud articula esse mito fundamental, que é verdadeiramente abusivo colocar tudo na mesma linha do Édipo. O que é que Moisés, em nome de Deus, porra[32] – é o caso de dizer – tem a ver com Édipo e o pai da horda primitiva? Com certeza deve existir aí alguma coisa relativa ao conteúdo manifesto e ao conteúdo latente.

Para concluir por hoje, direi que o que nos propomos é à análise do complexo de Édipo como sendo um sonho de Freud.

11 DE MARÇO DE 1970

VIII

Do mito à estrutura

A verdade, a castração e a morte.
O pai, operador estrutural.
O pai morto é o gozo.
Ato e agente.
A histérica quer um mestre.

Uma pessoa nesta assembléia achou por bem, e lhe sou grato, achou bom salientar o que eu dissera da última vez com uma certa decepção. Essa pessoa, pelo que disse, teria me dado o prazer – o prazer, como sabem, é a lei do menor esforço – de me preceder numa pista que teria sido aberta por mim.

A pessoa em questão – vejo que ela sorri, está presente, por que não nomeá-la, é Marie-Claire Boons – enviou-me então uma pequena separata de uma revista bem interessante chamada *L'inconscient*. Tenho motivos para não ter lido seu artigo antes. Essa revista, de fato, onde houve coisas muito boas – tenho que dizê-lo –, ela não me foi enviada, paradoxalmente, talvez justamente por que, no princípio, pelo menos no seu comitê de redação, ela se autorizava a partir de meu ensino. Tendo detido minha atenção nesse número, chamado *A Paternidade*, li primeiro com muito cuidado o artigo de Marie-Claire Boons, e em seguida um outro que é de nosso amigo Conrad Stein.

O artigo de Marie-Claire Boons, estou disposto a tomá-lo hoje como texto de explicação, se ela quiser, e nele poderia aparecer um certo número de questões a propósito do caminho que ela escolheu para o assassinato do pai em Freud. Creio, na verdade, que se evidenciaria facilmente que nada ali precede o que eu já enunciara quanto ao complexo de Édipo na data em que ela fez esta publicação – enunciara, disse eu, muito modestamente.

Há um outro método – é que hoje tento ir mais longe, mostrando que isto já está implicado no avanço prudente que foi o meu até aqui. Então, num segundo tempo – por ocasião de um dos nossos encontros, retroativamente –, o que gostaria de dizer talvez se esclareça melhor do que se eu apenas os detivesse nos diversos pontos de um artigo que, de fato, apresenta por vários ângulos uma espécie de abertura, de questionamento, e, se quiserem, de preparação.

Pode-se votar aqui em um ou outro destes dois métodos – dou a palavra a Marie-Claire Boons.

Procederei então da segunda maneira.

1

A morte do pai. Todos sabem, com efeito, que parece estar aí a chave, o ponto sensível de tudo o que se enuncia – e não só a título mítico – sobre aquilo com que a psicanálise lida.

Marie-Claire Boons, ao término do seu artigo, daria mesmo a entender que muitas coisas decorrem dessa morte do pai, principalmente esse não-sei-o-quê que faria com que a psicanálise, de certa maneira, nos liberasse da lei.

Grande esperança. Bem sei, com efeito, que é sob esse registro que um rótulo libertário se ligaria à psicanálise.

Penso que não é nada disso – e este é todo o sentido do que chamo o avesso da psicanálise.

A morte do pai, na medida em que faz ressoar esse enunciado com centro de gravidade nietzscheano, a esse anúncio, a essa boa-nova de que Deus está morto, não me parece – longe disso – talhada para nos libertar. O primeiro fundamento a comprovar isto é exatamente a enunciação do próprio Freud. Com justa razão, Marie-Claire Boons faz-nos observar, no começo de seu artigo, o que eu já disse há dois seminários – que o anúncio da morte do pai está longe de ser incompatível com a motivação dada por Freud à religião, como interpretação analítica da mesma. É, a saber, que a própria religião repousaria sobre algo que Freud, bastante assombrosamente, afirma como primordial – o pai é quem é reconhecido como merecedor do amor. Ali já se indica um paradoxo, que deixa a autora que acabo de nomear um pouco embaraçada pelo fato, em suma, de que a psicanálise preferiria manter, preservar, o campo da religião.

Aqui também se pode dizer que não é nada disso. A ponta de lança da psicanálise é justamente o ateísmo, desde que se dê a este termo um outro sentido, diverso daquele de *Deus está morto*, sobre o qual tudo indica que longe de questionar o que está em jogo, a saber, a lei, ele antes a consolida. Indiquei há tempos que diante da frase do velho pai Karamazov, *Se Deus está morto, então tudo é permitido*, a conclusão que se impõe no texto da nossa experiência é que *Deus está morto* tem como resposta *nada mais é permitido.*

Para esclarecer isto, cujo horizonte lhes anuncio, partamos da morte do pai, se é mesmo ela o que Freud nos anuncia como a chave do gozo, do gozo do objeto supremo identificado à mãe, a mãe visada do incesto.

Seguramente, não é a partir de uma tentativa de explicar o que quer dizer dormir com a mãe que o assassinato do pai se introduz na doutrina freudiana. Muito pelo contrário, é a partir da morte do pai que se edifica a interdição desse gozo como primária.

Na verdade, não se trata só da morte do pai, mas do assassinato do pai, como igualmente colocou muito bem no título de sua interrogação a pessoa de quem estou falando. É aí, no mito de Édipo tal como nos é enunciado, que está a chave do gozo. Mas por ser justamente assim que esse mito – nós o olhamos de perto – nos é apresentado em seu enunciado, já disse que convém tratá-lo como o que é, ou seja, um conteúdo manifesto. Para isso, temos que começar por articulá-lo bem.

O mito de Édipo, no nível trágico em que Freud se apropria dele, mostra precisamente que o assassinato do pai é a condição do gozo. Se Laio não for afastado – no decorrer de uma luta em que, aliás, não é seguro que por este passo Édipo vá herdar o gozo da mãe –, se Laio não for afastado, não haverá esse gozo. Mas será à custa desse assassinato que ele o obtém?

Aqui se mostra o que é principal e que, ao tomar sua referência de um mito posto em ação na tragédia, adquire toda a relevância. Ele o obtém em função de ter liberado o povo de uma pergunta que dizima os seus melhores, querendo responder ao que se apresenta como enigma, quer dizer, àquilo que se presume ser sustentado por esse ser ambíguo que é a esfinge, onde se encarna, falando propriamente, uma dupla disposição por ser ela feita, tal como o semi-dizer, de dois semi-corpos. Édipo, ao responder-lhe – aí é que está a ambigüidade –, acaba suprimindo o suspense que a questão da verdade introduz no povo.

A resposta que dá a essa pergunta, seguramente ele não faz idéia de quanto ultrapassa o seu próprio drama, mas também de quanto, ao propor uma escolha, ela cai talvez na armadilha da verdade. É o homem – quem sabe o que é o homem? Será que já se disse tudo, reduzindo-o ao processo, tão ambíguo no caso do Édipo, que o faz primeiro andar em quatro patas, depois nas duas de trás – no que, como toda a sua linhagem, Édipo justamente se distingue, como assinalou muito bem Claude Lévi-Strauss, por não caminhar em linha reta –, e depois, para terminar, com a ajuda de um bastão que, mesmo não sendo a bengala branca do cego, não deixa de ter para Édipo o caráter mais singular, sendo este terceiro elemento, para nomeá-lo, sua filha Antígona?

A verdade se afastou? O que quer isso dizer? Será para abrir caminho ao que para Édipo continuará sendo a via de um retorno? Pois a verdade irá ressurgir para ele, e isto porque ele terá querido intervir novamente na presença de uma desgraça, duas vezes maior esta vez, não mais dizimando seu povo na escolha daqueles que se oferecem à pergunta da esfinge, mas atingindo-o em seu conjunto sob essa forma ambígua chamada a peste, que na temática da antigüidade fica a cargo da esfinge. É aí que Freud nos indica que, para Édipo, a questão da verdade se renova – e a que chega ela? Ao que podemos identificar, numa primeira aproximação, com alguma coisa que ao menos tem relação com o preço pago de uma castração.

Isto é tudo o que se pode dizer? Pois, no final, ocorre-lhe o seguinte, não é que a venda lhe caia dos olhos, são os olhos que lhe caem.[33] Não é neste objeto mesmo que vemos Édipo reduzido não a sofrer a castração, mas antes, eu diria, a ser a própria castração? Ou seja, aquilo que resta quando desaparece dele, na forma de seus olhos, um dos suportes preferenciais do objeto *a*.

O que quer isto dizer? Apenas que se levanta a questão de saber se o que ele deve pagar é pelo fato de ter subido ao trono não pela via da sucessão, mas pela via da escolha, feita por ele como pelo mestre, por ter apagado a questão da verdade. Dito de outra maneira, habituados como já estão vocês a meu enunciado de que o que constitui a essência da posição do mestre é o fato de ser castrado, não vêem vocês que encontramos aí, certamente velado, mas indicado, que é também da castração que provém o que é propriamente a sucessão?

Se – como sua fantasia está sempre curiosamente indicada, mas jamais propriamente ligada ao mito fundamental do assassinato do pai – se a castração é o que atinge o filho, não será também o que o faz aceder pela via justa ao que corresponde à função do pai? Isto se mostra em toda nossa experiência. E não é isto mostrar que é de pai para filho que a castração se transmite?

E como fica, então, a questão da morte, ao se apresentar como estando na origem? Não temos aí a indicação de que se trata, talvez, de um modo de encobrimento? Ainda que surgido, experimentado pela própria posição do analista no processo subjetivo da função da castração, não há aí alguma coisa que de qualquer maneira o oculta, vela-o de um certo modo, põe-no, por assim dizer, sob sua égide? E, assim, poupa-nos de levar a seu ponto sensível aquilo que permite enunciar de maneira definitiva e rigorosa a posição do analista.

Como se dá isto? Não é vão perceber que o mito do assassinato do pai como essencial é encontrado primeiro, por Freud, no plano da interpretação do sonho, e um voto, uma aspiração de morte, se manifesta ali. O artigo de Conrad Stein produz uma notável crítica disso, ressaltando o recrudescimento desses votos de morte dirigidos ao pai no momento mesmo em que sua morte tornou-se real. No dizer mesmo de Freud, *A interpretação dos sonhos* surgiu da morte de seu pai. Assim, Freud se quer culpado da morte de seu pai.

Como também, será isto, como sublinha o autor, a marca de alguma coisa que se esconde, e que seria propriamente o voto de que o pai seja imortal?

Esta interpretação se afirma na linha do psicologismo analítico, onde é proclamado, como um pressuposto basal, que a essência da posição infantil tem seu fundamento numa idéia da onipotência que a colocaria para além da morte. Na pena de um autor que não abandona seus pressupostos, esta interpretação, por assim dizer, é comum. Pelo contrário, ao criticarmos o que ele diz sobre o que vem a ser a essência da posição da criança, resulta que é por uma outra via que deve ser abordado o que corresponde às aspirações de morte e o que elas mascaram, se é que mascaram alguma coisa.

E primeiro, no que temos a enunciar sobre a estrutura subjetiva como dependente da introdução do significante, será que podemos pôr no topo dessa estrutura o que quer que seja chamado de conhecimento da morte?

As análises de Freud de alguns de seus principais sonhos, entre os quais a famosa súplica de fechar os olhos, com a ambigüidade desse *um olho* sob uma barra, que é também produzido por ele como o resultado de uma alternativa, Conrad Stein a aproveita muito habilmente em sua linha de interpretação, que é a de uma denegação da morte em nome da onipotência.

Mas pode-se ler em outro sentido.

2

De fato, isto talvez seja suscetível de um outro sentido, tomando como centro o último sonho da mesma série, coisa que fiz a seu tempo.

A ênfase foi dada pelo próprio Freud a um sonho que não é dele, mas de um de seus pacientes, sonho que se enuncia – *ele não sabia que estava morto.*

Este sonho, eu o decompus, para analisá-lo, alinhando-o nas duas linhas da enunciação e do enunciado. Isso foi feito para recordar-nos que, das duas uma – ou a morte não existe, há algo que sobrevive, mas a questão de se os mortos sabem que estão mortos nem por isso está resolvida – ou então não há nada além da morte, e aí é seguríssimo que, neste caso, eles não o sabem. Isto para dizer que ninguém sabe, os vivos em todo caso, o que é a morte. Chama a atenção que as produções espontâneas que se formulam do nível do inconsciente se enunciam a partir disto – que a morte, para quem quer que seja, é, propriamente falando, incognoscível.

Sublinhei a seu tempo que é indispensável para a vida que alguma coisa irredutível não saiba – não direi que nós estamos mortos, pois não é isto que se tem que dizer, na qualidade de *nós*, nós não estamos mortos, não todos juntos, em todo caso, e justamente aí é que está nosso alicerce –, que alguma coisa não saiba que Eu estou morto. Estou morto, bem exatamente, na medida em que Eu estou prometido à morte – mas em nome dessa alguma coisa que não sabe disso, eu também não, nem quero sabê-lo.

Isso é o que permite colocar no centro da lógica esse *todo homem* – *todo homem é mortal* – cujo apoio é justamente o não-saber sobre a morte, e ao mesmo tempo é o que nos faz crer que, *todo homem*, isto significa algo, todo homem nascido de um pai, sobre o qual dizem que é na medida em que está morto que ele – o homem – não goza daquilo que tem para gozar. Portanto, a equivalência se dá em termos freudianos, entre o pai morto e o gozo. É ele que guarda este último como reserva, por assim dizer.

Tal como se enuncia, não mais no nível do trágico, com toda a sua leveza sutil, mas no enunciado do mito de *Totem e Tabu*, o mito freudiano é a equivalência entre o pai morto e o gozo. Eis o que podemos qualificar com a expressão operador estrutural.

Aqui, o mito se transcende por enunciar, na qualidade de real – pois este é o ponto em que Freud insiste –, que isso aconteceu realmente, que é o real, que o pai morto é aquele que tem o gozo sob sua guarda, é de onde partiu a interdição do gozo, de onde ela procedeu.

Que o pai morto seja o gozo, isto se apresenta a nós como sinal do próprio impossível. E é nisso mesmo que reencontramos aqui os termos que defini como aqueles que fixam a categoria do real, na medida em que ela se distingue radicalmente, no que articulo, do simbólico e do imaginário – o real é o impossível. Não na qualidade de simples escolho contra o qual quebramos a cara, mas de escolho lógico daquilo que, do simbólico, se enuncia como impossível. É daí que surge o real.

Aí reconhecemos, com efeito, para além do mito de Édipo, um operador, um operador estrutural, aquele chamado de pai real – com a propriedade, eu diria, de também ser ele, na qualidade de paradigma, a promoção, no coração do sistema freudiano, do que é o pai do real, que coloca no centro da enunciação de Freud um termo do impossível.

Quer dizer, a enunciação freudiana nada tem a ver com a psicologia. Não há nenhuma psicologia concebível desse pai original. Porém, a apresentação que lhe é dada convida à derrisão, e não preciso repetir o que disse no último seminário – aquele que goza de todas as mulheres, imaginação inconcebível, posto que é normalmente bem perceptível que já é muito dar conta de uma. Somos aí enviados a uma referência completamente outra, a da castração, a partir do momento em que a definimos como princípio do significante-mestre. Mostrarei a vocês, ao término do discurso de hoje, o que isto pode querer dizer.

O discurso do mestre nos mostra o gozo como vindo ao Outro – é ele quem tem os meios. O que é linguagem não o obtém a não ser insistindo até produzir a perda de onde o mais-de-gozar toma corpo.

Primeiro, a linguagem, mesmo a do mestre, não pode ser outra coisa senão demanda, demanda que fracassa. Não é de seu êxito, é de sua repetição que se engendra algo que é uma outra dimensão, que chamei de perda – a perda de onde o mais-de-gozar toma corpo.

Essa criação repetitiva, essa inauguração de uma dimensão pela qual se ordena tudo aquilo em que se vai poder julgar a experiência analítica, poderia também partir de uma impotência original – em suma, a da criança, por mais longe que esteja a onipotência. Se pudemos perceber que a psicanálise nos demonstra que a criança é o pai do homem, certamente deve haver, de algum modo, alguma coisa que faz a mediação, que é precisamente a instância do mestre na medida em que esta chega a produzir, de qualquer significante, afinal, o significante-mestre.

No tempo em que eu formulava o que está em jogo na relação de objeto em suas relações com a estrutura freudiana, tinha afirmado que o pai real é o agente da castração. Mas não o afirmei sem ter tomado o cuidado de destacar primeiro o que há de diverso na essência da castração, da frustração e da privação. A castração é função essencialmente simbólica, ou seja, concebida exclusivamente na articulação significante – a frustração é do imaginário, e a privação, como é óbvio, do real.

O que podemos definir do fruto dessas operações? O enigma que nos propõe o falo, como manifestamente imaginário, é o que devemos tomar como objeto da primeira dessas operações, a castração. Na frustração, trata-se sempre de alguma coisa bem real – por que não? –, mesmo se a reivindicação que a funda não tem outro recurso senão imaginar que esse real lhes é devido, o que não é óbvio. A privação, está claro que ela só se situa a partir do simbólico, pois em se tratando de algo real, nada poderia faltar – o que é real é real, e é preciso que provenha de outro lugar essa introdução no entanto essencial, sem a qual não estaríamos nós mesmos no real, ou seja, ali alguma coisa falta – e é justamente isto que de saída caracteriza o sujeito.

Foi no nível dos agentes que, não sem indicá-lo, fiquei então menos explícito. O pai, o pai real, nada mais é que o agente da castração – e é isto que a afirmação do pai real como impossível está destinada a mascarar.

Agente, o que quer dizer isto? Numa primeira abordagem, escorregamos para a fantasia de que o castrador é o pai. É notável que nenhuma das formas de mito a que Freud se vinculou dê idéia disso. Não é porque os filhos, os filhos ainda animais, não acedam num primeiro tempo hipotético ao bando das mulheres, que eles viriam a ser, que eu saiba, castrados. A castração como enunciado de uma interdição só poderia, em todo caso, se fundar num segundo tempo, o do mito do assassinato do pai da horda, e, no dizer desse mesmo mito, não provém de outra coisa senão de um comum acordo, singular *initium* cujo caráter problemático eu mostrava da última vez.

O termo ato também deve ser aqui ressaltado. Se o que lhes pude enunciar sobre o nível do ato quando tratei do ato psicanalítico é para ser levado a sério, ou seja, se é verdade que só poderia haver ato num contexto já preenchido por tudo o que advém da incidência significante, da sua entrada no mundo, não poderia haver ato no começo, nenhum ato, em todo caso, que pudesse ser qualificado de assassinato. Aqui o mito não poderia ter outro sentido a não ser aquele ao qual o reduzi, o de um enunciado do impossível. Não poderia haver ato fora de um campo já tão completamente articulado que aí a lei não tivesse seu lugar. Não há outro ato a não ser o ato que se refere aos efeitos dessa articulação significante e que comporta toda a sua problemática – com, por um lado, o que comporta, ou melhor, o que é, de queda da própria existência do que quer que possa ser articulado como sujeito, e, por outro lado, o que ali preexiste como função legisladora.

Será então que a função do pai real procede da natureza do ato, no que se refere à castração? É precisamente isto que o termo agente, que enunciei, nos permite deixar em suspenso.

O verbo *agir* tem, na língua, mais de uma ressonância, começando pela do ator. Do acionista também – por que não, a palavra foi feita com a palavra ação, e isto lhes mostra que uma ação talvez não seja em absoluto o que se presume. Do ativista também – será que o ativista não se define, falando propriamente, por considerar-se antes de mais nada instrumento de alguma coisa? De Acteão, já que estamos nisso – seria um bom exemplo para quem soubesse o que isso aí quer dizer nos termos da coisa freudiana. E, afinal de contas, do que se chama simplesmente *meu agente*. Vejam o que isto em geral quer dizer – *eu lhe pago por isto*. Nem mesmo isso, *eu o indenizo por não ter outra coisa a fazer*, ou *honro meu compromisso com ele*, como se diz, simulando partir disto – de que ele é capaz de outra coisa.

Eis o nível do termo em que convém considerar o que cabe ao pai real como agente da castração. O pai real faz o trabalho da agência-mestra.

3

Estamos cada vez mais familiarizados com as funções de agente. Vivemos numa época em que sabemos o que isso veicula – falsificações, publicidade, troços para vender. Mas sabemos também que é com isso que a coisa funciona, o ponto em que estamos da eclosão, do paroxismo do discurso do mestre numa sociedade que encontra aí seu fundamento.

É tarde.

Serei forçado a fazer aqui um pequeno corte, que assinalo de passagem, porque retomaremos, quem sabe, o que está em questão – que tem para mim seu valor –, e fazer o esforço de esclarecê-lo não me parece indigno. Já que acentuo, com uma nota bem particular, a função do agente, será preciso que um dia lhes mostre todos os desenvolvimentos que isso tem, introduzindo a noção de agente duplo.

Todos sabem que esta noção, em nossa época, é um dos objetos mais incontestáveis, mais certos, de fascinação. É o agente que alimenta isso. Ele não quer somente o pequeno mercado do mestre, coisa que é o papel de todos. Pensa que aquilo com que tem contato, a saber, tudo o que seja verdadeiramente valioso, quero dizer, da ordem do gozo, nada tem a ver com as tramas dessa malha. No seu trabalhinho, afinal de contas, é isso que ele preserva.

Estranha história, que leva longe. O verdadeiro agente duplo é aquele que pensa que o que escapa às tramas, isso também seria preciso agenciar. Porque se é verdade, o agenciamento também o será, e ao mesmo tempo o primeiro agenciamento, aquele que era manifestamente uma falsificação, se tornará verdadeiro também.

É provavelmente isto que guiava um personagem que tinha se colocado, não se sabe por que, na função de agente prototípico desse discurso do mestre, na medida em que se autoriza a proteger aquilo cuja essência um autor, Henri Massis, perfilou, dizendo essas palavras proféticas, *os muros são bons*. Enfim, o chamado Sorgue, com um nome tão heideggeriano, achava a maneira de estar entre os agentes nazistas, de passar por agente duplo, em benefício de quem? Em benefício do Pai dos Povos, do qual todos esperam, como vocês sabem, que seja quem fará com que o verdadeiro seja também agenciado.

A referência que evoco, pelo lado do Pai dos Povos, tem muitas relações com a do pai real como agente da castração. Como o enunciado freudiano não pode fazer de outro modo – nem que seja porque fala do inconsciente – a não ser partindo do discurso do mestre, só pode fazer, desse famoso pai real, o impossível. Mas enfim, conhecemos, contudo, esse pai real – é uma coisa de ordem bem diversa.

Para começar, todo mundo em geral admite que é ele quem trabalha, para alimentar sua pequena família. Se é o agente de alguma coisa, numa sociedade que não lhe dá evidentemente um grande papel, fica claro, de todo modo, que ele tem aspectos excessivamente gentis. Trabalha. E depois, bem que gostaria de ser amado.

Algo nos mostra que é evidentemente em outro lugar que reside toda a mistagogia que o tirano faz disso. Reside no nível do pai real como construção de linguagem, como aliás Freud sempre assinalou. O pai real nada mais é que um efeito da linguagem, e não tem outro real. Não digo outra realidade, pois a realidade é uma outra coisa. É isso de que acabei de falar-lhes agora.

Até poderia ir logo um pouquinho mais longe, fazendo vocês repararem que a noção do pai real é cientificamente insustentável. Só há um pai real, é o espermatozóide, e, até segunda ordem, ninguém jamais pensou em dizer que é filho de tal espermatozóide. Naturalmente, pode-se fazer objeções, com a ajuda de um certo número de exames de grupos sangüíneos, de fatores *Rh*. Mas isso é completamente novo, e não tem absolutamente nada a ver com tudo o que se enunciou até aqui como sendo a função do pai. Sinto que estou num terreno perigoso, mas azar – não é só nas tribos arandas que se poderia perguntar quem é realmente o pai na ocasião em que uma mulher fica grávida. Se há uma pergunta que a análise poderia fazer, é justamente esta. Por que numa psicanálise não haveria de ser o psicanalista – e vez por outra tem-se esta suspeita – o pai real? Mesmo não sendo ele que o tenha feito, ali, no terreno espermático. Vez por outra temos a suspeita, quando se trata da relação da paciente com, digamos para ser pudicos, a situação analítica, de que ela finalmente se tornou mãe. Não é preciso ser aranda para fazer perguntas sobre o que vem a ser a função do pai.

Percebemos ao mesmo tempo, porque isto nos amplia as idéias, que não é preciso tomar a referência da análise, que tomei como a mais perigosa, para fazer a mesma pergunta. Pode-se muito bem fazer um filho para o marido que seja filho de um outro – mesmo se não se transou com ele –, daquele justamente que se queria que fosse o pai. De todo modo, foi por causa disso que se teve um filho.

Isto nos conduz, como vêem, ao sonho – ligeiramente, é o caso de dizer. Só o faço para despertá-los. Disse que o que Freud elucubrou – não evidentemente no nível do mito, nem do reconhecimento dos votos de morte no sonho dos pacientes – é um sonho de Freud, porque o analista deveria, a meu ver, se desprender um pouquinho do plano do sonho.

O que o analista encontrou por ter sido guiado pelo que Freud introduziu de contundente, o que ele extraiu desse encontro, não está ainda totalmente decantado. Sexta-feira passada apresentei, na minha apresentação de doentes, um senhor – não vejo porque o chamaria de doente – a quem aconteceram certas coisas que fizeram com que seu eletroencefalograma, pelo que me dizia a técnica, ficasse sempre no limite entre o sono e a vigília, oscilando de tal maneira que nunca se sabia quando ia passar de um à outra, e isso se mantinha desse jeito. É um pouco assim que vejo o conjunto de nossos colegas analistas, e talvez a mim também, afinal. O choque, o traumatismo do nascimento da análise, deixa-os assim. É por isso que eles ficam de língua de fora ao tentar extrair da articulação freudiana algo de mais preciso.

Isto não quer dizer que não cheguem perto disso, mas o que deveriam ver é por exemplo o seguinte. A posição do pai real tal como Freud a articula, ou seja, como um impossível, é o que faz que o pai seja imaginado necessariamente como privador. Não são vocês, nem ele, nem eu, que imaginamos, isso vem da própria posição. De modo algum é surpreendente que reencontremos sem cessar o pai imaginário. É uma dependência necessária, estrutural, de algo que justamente nos escapa, o pai real. E o pai real, está estritamente fora de cogitação defini-lo de uma maneira segura que não seja como agente da castração.

A castração não é como necessariamente a define qualquer pessoa que psicologiza. Vimos surgir isto, ao que parece, não faz tanto tempo assim, numa banca de tese, onde alguém, que decididamente enveredou a fazer da psicanálise a psicopedia que conhecemos, disse: – Para nós, a castração não passa de uma fantasia, vocês sabem. Mas não. A castração é a operação real introduzida pela incidência do significante, seja ele qual for, na relação do sexo. E é óbvio que ela determina o pai como esse real impossível que dissemos.

Trata-se agora de saber o que quer dizer essa castração, que não é uma fantasia, da qual resulta não haver causa do desejo que não seja produto dessa operação, e que a fantasia domine toda a realidade do desejo, ou seja, a lei.

Quanto ao sonho, agora todos sabem que é a demanda, o significante em liberdade que insiste, pia e esperneia, que não sabe em absoluto o que quer. A idéia de colocar o pai onipotente no princípio do desejo é suficientemente refutada pelo fato de que foi do desejo da histérica que Freud extraiu seus significantes-mestres. Não se deve esquecer, com efeito, que Freud partiu daí, e que ele confessou o que permanece como centro de sua questão. Isto foi tanto mais preciosamente recolhido por ter sido repetido por uma burra, que nada sabia do que isso queria dizer. É a pergunta – *O que quer uma mulher?*

Uma mulher. Não é qualquer uma. Só fazer a pergunta já quer dizer que ela quer alguma coisa. Freud não disse: *O que quer* a *mulher?* Porque a mulher, nada garante que, afinal, ela queira seja lá o que for.

Não direi que ela se acomoda a todos os casos. Ela se incomoda com todos os casos, *Kinder, Küche, Kirche*, mas há muitos outros, *Cultura, Kilowatt, Cambalhota*, como diz alguém, *Cru* e *Cozido*, tudo para ela dá no mesmo. Ela os absorve. Mas a partir do momento em que vocês fazem a pergunta *O que quer uma mulher?*, situam a pergunta no nível do desejo, e todos sabem que situar a pergunta no nível do desejo, para a mulher, é interrogar a histérica.

O que a histérica quer – digo isto para os que não têm tal vocação, deve haver muitos – é um mestre. Isto é completamente claro. A tal ponto, inclusive, que é preciso indagar se a invenção do mestre não partiu daí. Isto arremataria elegantemente o que estamos traçando.

Ela quer um mestre. É o que está no cantinho acima e à direita, para não nomeá-lo de outro modo. Ela quer que o outro seja um mestre, que saiba muitas e muitas coisas, mas, mesmo assim, que não saiba demais, para que não acredite que ela é o prêmio máximo de todo o seu saber. Em outras palavras, quer um mestre sobre o qual ela reine. Ela reina, e ele não governa.

Foi daí que Freud partiu. Ela é a histérica, mas isto não especifica forçosamente um sexo. Desde o momento em que fazem a pergunta – *O que quer Fulano?*, vocês entram na função do desejo e fazem o significante-mestre sair.

Freud produziu um certo número de significantes-mestres, que recobriu com o nome de Freud. Um nome, isso serve também para tampar alguma coisa. Surpreende-me que se possa associar a esse tampão, que é um nome do pai, seja ele qual for, a idéia de que possa haver nesse nível um assassinato qualquer. E como se pode pensar que é por uma devoção ao nome de Freud que os analistas são o que são? Eles não podem se desvencilhar dos significantes-mestres de Freud, só isso. Não é tanto por Freud que eles se atêm a apenas um certo número de significantes – o inconsciente, a sedução, o traumatismo, a fantasia, o eu, o isso, e tudo o mais que vocês quiserem – eles não podem, de modo algum, sair desta ordem. Não têm, nesse nível, nenhum pai a matar. Não se é pai de significantes, é-se pai *por causa de*. Nenhum problema nesse nível.

A verdadeira mola propulsora é esta aqui – o gozo separa o significante-mestre, na medida em que se gostaria de atribuí-lo ao pai, do saber como verdade. Tomando o esquema do discurso do analista, o obstáculo constituído pelo gozo se encontra ali onde desenhei o triângulo, ou seja, entre o que pode se produzir, da forma que for, como significante-mestre, e o campo de que o saber dispõe na medida em que se propõe como verdade.

$$\frac{a}{S_2} \longrightarrow \frac{\$}{S_1}$$
$$\blacktriangle$$

Eis o que permite articular o que veridicamente corresponde à castração – é que, mesmo para a criança, apesar do que se pensa, o pai é aquele que não sabe nada da verdade.

Retomarei neste ponto da próxima vez.

18 DE MARÇO DE 1970

COMPLEMENTO

Sessão seguinte: RADIOFONIA

Não sei o que fizeram vocês nesse tempo que nos separou. Devem tê-lo aproveitado, em todo caso, de alguma maneira. Quanto a mim, assinalo à pessoa que tão gentilmente quis apresentar-se a mim como um *astudado* da Sorbonne que fiz vir de Copenhagen o Sellin de que lhes falei, ou seja, esse pequeno livro de 1922 que produziu certa rejeição, e que é o livro em torno do qual Freud faz girar sua certeza de que Moisés foi *tucidado.*[34]

Fora Jones, e talvez um ou dois mais, que eu saiba, não muitos psicanalistas se interessaram por ele. Esse Sellin, no entanto, merece ser examinado em seu texto, pois Freud considerou que ele tinha peso, e naturalmente convém segui-lo para pôr à prova essa consideração. Acho que está na linha do que antecipei este ano sobre o avesso da psicanálise. Mas como só tenho há uns cinco dias este livro, escrito num alemão bem escabroso, bem menos arejado do que aquele ao qual os textos de Freud nos acostumaram, vocês poderão conceber que, apesar da ajuda que um certo número de rabinos aceitou dar-me, rabinos grandes e pequenos – enfim, grandes, não há rabino pequeno –, ainda não estou pronto para fazer-lhes hoje uma resenha dele, ao menos uma que me satisfaça.

Acontece, por outro lado, que me foi solicitado – não é a primeira vez, é uma solicitação extensiva – responder à rádio belga, e isto por intermédio de um homem que, para dizer a verdade, ganhou a minha estima, o sr. Georgin, por ter-me enviado um longo texto que pelo menos prova que ele, ao contrário de muitos outros, leu meus *Escritos*. E tirou deles, meu Deus, tudo o que pôde, mas não é pouca coisa, afinal. Enfim, senti-me na verdade lisonjeado com isso. Com certeza não é para me deixar mais inclinado a esse exercício que consiste em deixar-se gravar no rádio – perde-se sempre muito tempo. Contudo, como parece que ele ajeitou as coisas para que fossem feitas da maneira mais rápida, possivelmente eu vá ceder.

Quem, pelo contrário, talvez não ceda, é ele, já que, para responder a essas perguntas – das quais vou lhes dar três exemplos –, achei que o melhor era responder com um escrito, e não me deixar levar pela inspiração do momento, esse trilhamento que faço aqui cada vez que estou diante de vocês, que é alimentado por abundantes notas, e que é aceito porque vocês me vêem embarcado nesse trilhamento. Talvez seja, inclusive, a única coisa que justifica sua presença aqui.

As condições são diferentes quando se trata de falar para algumas dezenas, ou mesmo centenas de milhares de ouvintes, ante os quais o teste abrupto de se apresentar sem a sustentação da pessoa pode causar outros efeitos.

Eu me recusarei totalmente a passar outra coisa que não seja esses textos já escritos. É, então, ter uma grande confiança nessa condição pois, como verão, as perguntas que me foram feitas pertencem forçosamente ao intervalo do que se produz entre uma articulação construída e o que dela espera o que eu chamaria de uma consciência comum. Uma consciência comum, isto significa também uma série de fórmulas comuns. Essa linguagem, já os antigos, os gregos, tinham-na chamado, na sua língua, *koiné*. Pode-se imediatamente traduzir isto em francês – é *couinée*, o guincho. Isso guincha.

Não desprezo em absoluto a *koiné*. Simplesmente acredito que ela não desfavorece a produção de certos efeitos de precipitação, introduzindo justamente o discurso, por mais abrupto que seja ele.

É isso. Eis porque vou hoje participar a vocês minhas respostas a três dessas perguntas. Não é somente para aliviar-me o esforço, pois ler para vocês estes textos será para mim, creiam-me, um esforço muito maior do que proceder como faço de costume.

Para não demorar, enuncio-lhes a primeira dessas perguntas, que é esta: *Nos* Escritos, *o senhor afirma que Freud antecipa, sem se dar conta, as pesquisas de Saussure e as do círculo de Praga. Pode justificar este ponto?*
É o que faço então, não de improviso, como já lhes preveni, mas respondendo o seguinte.

[O texto lido dessas três respostas foi publicado, sob o título *Radiofonia*, num volume coletivo, *Scilicet, n. 2-3*, publicado pelas Éditions du Seuil.]

19 DE ABRIL DE 1970

IX

A FEROZ IGNORÂNCIA DE YAHVÉ

Freud e Sellin.
O falso de interpretação.
O ficar-por-dentro.
Moisés assassinado.
A alegoria conjugal.

Não vou dizer que estou apresentando a vocês o professor André Caquot, diretor de estudos da quinta seção de ciências religiosas da Escola de Altos Estudos, onde vocês sabem que sou professor.

Não vou dizer que o estou apresentando porque não tenho que apresentá-lo. Eu me apresento como aquele que esteve, por sua boa vontade e gentileza, completamente dependente dele durante o tempo que transcorreu desde dois dias antes do nosso último encontro, quer dizer, a partir do momento em que comecei a querer saber um pouco sobre o livro de Sellin.

1

Falei-lhes tempo suficiente desse livro para que conheçam sua importância. Para os que por acaso aqui estiverem pela primeira vez, relembro que é o livro que chegou a Freud na hora certa, ou ainda, como me exprimi, que lhe caiu como uma luva, para que pudesse sustentar a temática de uma morte de Moisés que fosse um assassinato. Moisés teria sido morto.

Pude conhecer, graças ao sr. Caquot, a situação desse livro em relação à exegese, ou seja, sua inserção na eflorescência do que se pode chamar de técnica textual, tal como foi instaurada, especialmente a partir do século XIX, nas universidades alemãs. Pude situar Sellin em relação aos que o precederam e aos que o seguiram, Édouard Meyer e Gressmann, antes de muitos outros.

Não foi sem esforço, como assinalei da última vez, que consegui obter esse livro, já que era completamente impossível encontrá-lo na Europa. Pelos bons ofícios da Aliança Israelita Francesa, acabei por recebê-lo de Copenhagen. Comuniquei isto ao sr. Caquot, uma das raras pessoas que não só havia tido notícias dele, mas que o teve nas mãos um certo tempo antes que eu lhe apresentasse meu pedido. E examinamos esse texto, especialmente no ponto em que ele permite a Freud situar algo que o toca muito, e não forçosamente pelas mesmas razões que Sellin.

Isto nos obrigou a entrar nesse campo em que sou de uma profunda ignorância. Vocês não podem saber tudo o que ignoro – felizmente, porque se soubessem tudo o que ignoro, saberiam tudo. Posto à prova numa tentativa que fiz de colocar em ordem o que eu mesmo pude aprender com o sr. Caquot, de chofre me dei conta de que há uma enorme diferença entre saber, saber do que se fala, do que se julga poder falar, e aquilo que corresponde ao que designarei agora mesmo com um termo que servirá para explicar o que vamos fazer aqui.

Pela segunda vez, então, vai haver uma ruptura na maneira pela qual me dirijo a vocês. Passaram da última vez por uma dura prova, a tal ponto que alguns emitiram a hipótese de que era para arejar um pouco a sala – o resultado, vendo-os tão numerosos, é medíocre. Desta vez, penso que terão razões, pelo contrário, para ficar. E se, dando prosseguimento, eu devesse oferecer-lhes outra vez o que hoje posso fazer graças ao sr. Caquot, seria de outra maneira. Digamos, afinal, que me vi recuando diante da idéia de manusear novamente hoje o que fomos forçados a manusear, ou seja, as letras hebraicas.

No texto que li para vocês da última vez, inseri uma definição do Midrach. Trata-se de uma relação com o escrito submetida a certas leis que nos interessam eminentemente. De fato, como lhes disse, trata-se de se colocar no intervalo de uma certa relação entre o escrito e uma intervenção falada que nele se apóia e a ele se refere.

A análise inteirinha, quero dizer, a técnica analítica, pode de certa maneira elucidar essa referência, se for considerada como um jogo –

entre aspas – de interpretação. O termo é usado a torto e a direito desde que nos falam, por exemplo, de conflito de interpretações – como se pudesse haver conflito entre as interpretações. No máximo, as interpretações se completam, elas jogam precisamente com essa referência. O que importa aqui é o que lhes disse da última vez, o *falsum* – com a ambigüidade de que em torno desta palavra pode se estabelecer a queda do falso, que entendo como o contrário do verdadeiro. Eventualmente, esse falso de interpretação até pode ter o poder de deslocar o discurso. É justamente o que vamos ver. Não posso aspirar a nada melhor para lhes transmitir o que está em jogo.

Neste campo, isso não poderia de modo algum, para mim, responder a um saber, mas antes ao que chamei de ficar-por-dentro. Continuarei essa operação diante de vocês, quer dizer, vou continuar tentando ficar por dentro, sob a forma, que nada tem de fictícia, de perguntas que forçosamente não se esgotam, e que são as mesmas que fiz ao sr. Caquot nos últimos dias. Quanto a isso estarei, como vocês, numa relação de ficar-por-dentro de um certo saber, o da exegese bíblica.

Será que tenho que dizer a vocês que o sr. Caquot está nessa quinta seção ocupando-se das religiões semíticas comparadas? Acho, pela experiência que tive, que ninguém pode nesse domínio ser mais adequado, no sentido em que eu mesmo o encontrei, para fazer vocês sentirem o que é a abordagem de um Sellin quando extrai dos textos de *Oséias*, verão com que procedimentos, uma coisa que ele mesmo tem vontade de fazer surgir. Ele tem razões para isso, e essas razões nos importam. O que o sr. Caquot me trouxe neste sentido é igualmente precioso.

Falava há pouco de ignorância. Para ser um pai, quero dizer, não só um pai real, mas um pai do real, existem certamente coisas que é preciso ignorar ferozmente. Seria preciso, de certa maneira, ignorar tudo o que não seja aquilo que tentei fixar da última vez, em meu texto, como o nível da estrutura, devendo este ser definido como da ordem dos efeitos da linguagem. Aí é que se cai, por assim dizer, sobre a verdade – podendo este *sobre a* ser substituído por um *da*. Cai-se sobre a verdade, ou seja, encarando essa referência absoluta, coisa singular, poder-se-ia dizer que aquele que se ativesse a ela – mas, naturalmente, é impossível ater-se a ela – não saberia o que está dizendo.

Isto, com certeza, não significa dizer algo que pudesse, de algum modo, servir para especificar o analista. Seria colocá-lo – ou, mais exatamente, vocês estão prestes a me dizer que isto seria colocá-lo na mesma linha de todo mundo. Quem sabe, com efeito, o que ele diz? Seria um erro. Não é porque todo mundo fale que todo mundo diz alguma coisa. Poderia tratar-se de uma referência completamente diferente, a de saber em que discurso nos inserimos, no limite dessa posição de algum modo fictícia.

Há alguém que responde a essa posição, alguém que vou nomear sem hesitar, porque me parece essencial para o interesse que nós, analistas, devemos atribuir à história hebraica. A psicanálise talvez não seja concebível como nascida fora dessa tradição. Freud nasceu nela e, como sublinhei, insiste em que só tem propriamente confiança, para fazer avançar as coisas no campo que descobriu, nesses judeus que sabem ler há muitíssimo tempo, e que vivem – é o Talmud – da referência a um texto. Este, ou o que vou nomear, que realiza essa posição radical de uma ignorância feroz, tem um nome – é o próprio Yahvé.

A característica de Yahvé, em sua interpelação a esse povo eleito, é que ignora ferozmente tudo o que existe, no momento em que ele se anuncia, de certas práticas das religiões que então proliferavam, fundadas sobre um certo tipo de saber – de saber sexual.

Quando falarmos de Oséias, daqui há pouco, veremos até que ponto é por esta razão que ele invectiva. Tem em mira tudo o que pertence a uma relação que mistura instâncias sobrenaturais com a própria natureza, que, de alguma maneira, depende delas. Que direito temos nós de dizer que isso não se baseava em nada? Ou que o modo de comover o Baal que, em compensação, fecundava a terra, não correspondia a alguma coisa que poderia ter sua eficácia? Por que não? Simplesmente porque houve Yahvé, e porque um certo discurso foi inaugurado, discurso que trato de isolar este ano como o avesso do discurso psicanalítico, a saber, o discurso do mestre. Precisamente por causa disso não sabemos mais nada.

É esta a posição que o analista deve ter? Seguramente não. O analista – chegarei a dizer que pude experimentá-lo em mim mesmo? –, o analista não tem essa paixão feroz que tanto nos surpreende quando se trata de Yahvé. Yahvé se situa no ponto mais paradoxal em relação a uma outra perspectiva que seria, por exemplo, a do budismo, em que se recomenda purificar-se das três paixões fundamentais, o amor, o ódio e a ignorância. O que mais chama a atenção nessa manifestação religiosa única é que Yahvé não está desprovido de nenhuma delas. Amor, ódio e ignorância, eis, em todo caso, paixões que não estão ausentes de seu discurso.

O que distingue a posição do analista – não vou hoje escrevê-la no quadro com a ajuda do meu pequeno esquema, no qual a posição do analista está indicada pelo objeto *a*, no alto e à esquerda –, e este é o único sentido que se pode dar à neutralidade analítica, é a não participação nessas paixões. Isto faz com que ele fique todo o tempo numa região incerta, vagamente em busca de ficar sintonizado, de ficar-por-dentro do que corresponde ao saber, que entretanto repudiou.

Trata-se hoje de uma abordagem do diálogo de Yahvé com seu povo, do que pôde ter passado pela cabeça de Sellin, e também do que pode nos revelar o encontro que se estabelece com o que atraiu Freud – que está precisamente nesta linha, mas onde se detém, onde encalha, fazendo da temática do pai uma espécie de nó mítico, um curto-circuito, ou, para dizer de uma vez, um desacerto. É o que vou desenvolver agora.

Já lhes disse, o complexo de Édipo é o sonho de Freud. Como todo sonho, precisa ser interpretado. Temos que ver onde se produz esse efeito de deslocamento, a ser concebido como aquele que pode se produzir pela defasagem numa escrita.

O pai real, se é cabível tentar restituí-lo a partir da articulação de Freud, articula-se propriamente com o que só concerne ao pai imaginário, a saber, a interdição do gozo. Por outro lado, o que o torna essencial está ressaltado, é, a saber, essa castração que eu apontava há pouco dizendo que havia ali uma ordem de ignorância feroz, quero dizer, no lugar do pai real. Eis o que espero poder demonstrar-lhes, tanto mais facilmente quando tivermos esclarecido hoje um certo número de coisas a propósito de Sellin.

Por este motivo, me permitirei fazer, primeiro, algumas perguntas ao sr. Caquot. Ele bem sabe, pois lhe exprimi de mil maneiras, o fundo de nosso problema quanto a este ponto – como, por quê, Freud precisou de Moisés?

Evidentemente, é essencial para o auditório ter uma pequena idéia do que Moisés significava. O texto de Sellin começa efetivamente com esta pergunta, *o que era Moisés?* e resume as diversas posições dos que o precederam, e que lá estão trabalhando com ele.

Está fora de cogitação que tais posições só podem ser esclarecidas em função da questão de saber desde quando Yahvé estava ali.

Yahvé era já o Deus de Abraão, de Isaac e de Jacó? Trata-se de uma tradição da qual podemos estar seguros? Ou essa tradição pode ter sido retroativamente reconstituída pelo fundador da religião, que seria então Moisés, já que teria recebido ao pé do Horeb, ou, mais exatamente, sobre o próprio Horeb, reparem bem, escritas, as Tábuas da Lei? São, evidentemente, totalmente diferentes.

O livro de Sellin gira, falando com propriedade, em torno disto – *Mose und seine Bedeutung für die israelitisch-jüdische Religionsgeschichte.*

Por que foi preciso que Sellin nos apresentasse um Moisés assassinado? É uma questão que não quero sequer abordar, para deixá-la inteiramente ao sr. Caquot. Isto, por certo, está estreitamente ligado ao fato de que Moisés é considerado um profeta. Por que será que foi na qualidade de profeta que teve que ser morto? Mais exatamente, Sellin pensa que ele sofreu a morte de um mártir em função de ser profeta.

Eis o que o sr. Caquot concordará agora em nos esclarecer.

[*Exposição do sr. Caquot.* Ver em anexo, p.219.]

2

Uma coisa me surpreende no pensamento de Sellin. Naturalmente, somos incapazes de tomar partido quanto ao pensamento de Sellin, mas supondo que o escrito tenha a dimensão que ele decifra ao restituir um texto que tem um certo sentido, não está dito em parte alguma que esse texto, se podemos chamá-lo assim, ou essa vocalização, podia ser compreendida por qualquer um. Dizendo, por exemplo, que o parágrafo 25 dos *Números* oculta o evento *assassinato de Moisés*, estamos em plena ambigüidade.

No registro do pensamento de Sellin, onde não creio que as categorias do inconsciente intervenham, o fato de ocultar o acontecimento de Shittim com uma história para boi dormir é completamente insustentável.

Está aí, evidentemente, o interesse da coisa – a extraordinária latência que implica semelhante maneira de proceder.

Pode-se conceber até certo ponto que Freud tenha se apoiado na idéia de que se tratava de uma lembrança, suposta em seu registro, que ressurgia a despeito de todas as intenções, apesar de uma forte resistência. No entanto não deixa de ser muito estranho que isto se baseie em escritos, e que seja com o auxílio de escritos que possa ser redecifrado.

Jones testemunha que Freud teria recebido, no condicional, por confissão do próprio Sellin, a comunicação de que, afinal, ele não estava tão certo assim. O senhor aliás nos indicou há pouco que ele retoma a questão na segunda edição.

SR. CAQUOT – *Na segunda edição, Sellin deixou a exegese de 1922 para os capítulos V e IX. Só que, por outro lado, renunciou a levar adiante sua hipótese sobre a morte de Moisés nos seus trabalhos sobre o famoso servo morto do* Deuteronômio-Isaías. *Talvez ele tenha conservado a idéia de uma morte de Moisés, mas renunciou a usá-la para interpretar o capítulo do servo. Eu me pergunto se Freud não foi vítima do prestígio acadêmico de Sellin.*

A pergunta que me faço é se Freud leu muito atentamente.

SR. CAQUOT – *Acho que sim. O livro é claro e rigoroso. É falso, mas é claro.*

É verdade. Porém Freud não se baseia em nada dessa articulação. Ele simplesmente assinala que recentemente um certo Sellin considerou admissível a hipótese de que Moisés teria sido assassinado. A nota é muito curta, indica a referência ao opúsculo cuja fotocópia nós temos, e nada mais. Assinalei há pouco que Jones menciona, numa obra de 1935, quer dizer, posterior ainda ao que nós mesmos pudemos verificar, que Sellin teria mantido sua posição.

Se realmente não abusei demais até agora do esforço que levei o senhor a fazer, pelo qual lhe agradeço, seria interessante, para a continuação do que eu possa ter a dizer, que nos transmitisse a idéia de que *Oséias* tem um sentido que nada tem a ver com essas minúcias.

O ponto importante é o uso do *'ich* de que falávamos outro dia. A novidade de *Oséias*, se entendi bem, é, em suma, esse chamado de um tipo bem particular. Espero que todo mundo vá procurar uma pequena Bíblia para ter uma idéia do tom de *Oséias*. É uma espécie de fúria invectiva, realmente tripudiante, a da palavra de Yahvé falando a seu povo em um longo discurso. Quando falei de *Oséias* antes de ter o livro de Sellin, disse – Eu, em *Oséias*, nunca li nada que se pareça nem de longe com o que Sellin achou, mas em compensação assinalei de passagem a importância da invectiva, da imputação de ritos de prostituição sagrada que vai de uma ponta a outra, e, em contraposição, uma espécie de exortação pela qual Yahvé se declara o esposo. Pode-se dizer que é aí que começa essa longa tradição, bastante misteriosa em si mesma, cujo sentido não me pareceu com evidência que pudéssemos realmente situar, que fez de Cristo o esposo da Igreja, e da Igreja, a esposa de Cristo. Isso começa aqui, não há rastro disso antes de *Oséias*.

O termo utilizado para esposo, *'ich*, é o mesmo que, no segundo capítulo da *Gênese*, serve para denominar a consorte de Adão. A primeira vez que se fala, quer dizer, no parágrafo 27 do capítulo primeiro, onde Deus os cria macho e fêmea, é, se li bem, *zakhar* e *nekevah*. Na segunda vez – já que as coisas são sempre repetidas duas vezes na Bíblia –, é *'ich* que denomina o ser, o objeto, a costela, sob a forma *'ichá*. Como que por acaso, só foi preciso acrescentar-lhe um pequeno *a*.

Talvez o senhor possa nos dar um testemunho de seu emprego para designar o termo em que se trata de algo ainda mais desprovido de sexualidade.

SR. CAQUOT – *Os usos conjugais são apenas uma pequena parte das acepções da palavra 'ich, que designa o homem em geral. Não é mais surpreendente do que quando se diz* my man *para* meu marido. *Em francês,* mon homme *é antes familiar.*

O verso seguinte diz – Gostaria de ser chamado teu esposo. É para aproximar do termo *Baal*, que eventualmente pode ter o mesmo sentido, a saber, o de senhor e amo, no sentido de esposo.

SR. CAQUOT – *A terminologia é extremamente flutuante. Em* Oséias, *as acepções são restritas, de maneira a jogar com Yahvé em oposição a Baal.*

Aqui se acentua uma diferença extremamente nítida, que fica, em síntese, bastante opaca, apesar dos séculos de comentários. É bastante curioso.

SR. CAQUOT – *Essa metáfora conjugal, é a primeira vez que ela aparece na Bíblia. Isto é o que permite, bem mais tarde, a alegorização do* Cântico dos Cânticos. *Foi* Oséias *que permitiu essa alegoria. Perguntei-me se aí não havia uma espécie de desmitificação, de transferência para a coletividade de Israel da deusa que é a mulher de Baal nas religiões semíticas. Por momentos, há alguns traços pelos quais Israel é descrito como uma deusa. Mas isto nunca foi dito.*

É muito importante. No final das contas, gira em torno disso algo do que eu tinha começado a anunciar há pouco. Isto, o senhor não me havia de modo algum indicado.

SR. CAQUOT – *Tem-se a impressão de que a religião profética substitui a deusa por Israel. Seria o caso de* Oséias *– ele a substitui pelo Povo.*

Considerando a hora avançada, penso que podemos ficar por aqui.

15 DE ABRIL DE 1970

O AVESSO DA VIDA CONTEMPORÂNEA

X

Conversa nos degraus do Panteão

Os afetos.
Filosofia e psicanálise.
Ciência e psicanálise.
O estudante e o proletário.

[*Estando fechada a Faculdade de Direito da rua Saint-Jacques, foram trocadas algumas palavras, nos degraus do Panteão, com um reduzido número de participantes. Várias perguntas, inaudíveis na gravação, estão faltando.*]

Gostaria muito de ter explicações para a operação descortês que nos traz aqui. Por enquanto, espero que me façam perguntas.

X: [*Sobre a dialética de Hegel.*]

Nestes dias, me dei conta de que já tinha falado sobre as funções do senhor e do escravo – extraídas do discurso de Hegel – com muita precisão, e ainda mais, inclusive, do que o faço agora.

Só transmito as coisas que me vêm de antemão, e portanto já estão supostas por mim. Mas não é a mesma coisa que ir verificar de novo no texto de meu seminário, que é sempre estenografado, como vocês sabem.

Em novembro de 1962, quando comecei em Sainte-Anne meu seminário sobre a angústia e, creio, desde o segundo seminário, ajustei de maneira extremamente precisa uma coisa que é, em suma, idêntica ao que desenvolvo agora sobre o discurso do mestre, do senhor. Indiquei como se distinguem as posições do senhor e do escravo instauradas na *Fenomenologia do espírito*. Este é o ponto de partida de Kojève, e ele sempre eludiu o que é anterior ao advento delas – mas não é a isso que dou ênfase.

O que estou desenvolvendo agora com o título de discurso do mestre já motivara a maneira em que abordei a angústia.

Alguém, cujas intenções não tenho que qualificar, faz todo um relatório, que sairá dentro de dois dias, para denunciar numa nota que eu deixo o afeto em segundo plano, me desfaço dele. É um erro acreditar que negligencio o afeto – como se o comportamento de todos não fosse já suficiente para me afetar. Pelo contrário, meu seminário inteiro daquele ano se articula em torno da angústia, na sua condição de afeto central, aquele em torno do qual tudo se ordena. Se pude introduzir a angústia como afeto fundamental, foi exatamente porque, já há bastante tempo, eu de todo modo não negligenciava o afeto.

Simplesmente dei toda a sua importância, no determinismo da *Verneinung*, àquilo que Freud diz expressamente – que o que é recalcado não é o afeto. Freud recorre a esse famoso *Repräsentanz*, que traduzo por *representante da representação*, e que outros, não por acaso, aliás, teimam em chamar de *representante-representativo*, o que absolutamente não quer dizer a mesma coisa. Em um caso, o representante não é a representação, no outro caso, o representante nada mais é que uma representação entre outras. Essas traduções diferem radicalmente. A minha comporta que o afeto, pelo fato do recalque, é efetivamente deslocado, não identificado, não demarcado em suas raízes – ele se esquiva.

Eis o que constitui o essencial do recalque. Não é que o afeto seja suprimido, mas sim deslocado, e fica irreconhecível.

X: [*Sobre as relações entre o existencialismo e o estruturalismo.*]

Sim, como se o pensamento existencial fosse a única garantia de um recurso ao afeto.

X: [*Que pensa sobre as relações entre o senhor e Kierkegaard, a propósito da angústia?*]

Não podem imaginar a que ponto me são atribuídos pensamentos. Basta que eu fale de alguém para ser considerado condescendente. É a vertigem universitária típica. Por que, com efeito, não haveria de falar sobre Kierkegaard? Claro, se enfatizo tanto a angústia na economia, pois trata-se de economia, não é evidentemente para neglicenciar que houve alguém, num dado momento, que representou a aparição, o advento, não da angústia, mas do conceito de angústia, como o próprio Kierkegaard intitulou expressamente uma de suas obras. Não foi por acaso que, historicamente, este conceito tenha surgido em determinado momento. Eis o que pretendia expor-lhes esta manhã.

Não sou o único a fazer essa aproximação com Kierkegaard. Recebi ontem um livro de Manuel de Dieguez. Pois bem, ele fala de mim, e não fala pouco. Como tinha que preparar essa história para vocês, e como tudo se faz no último momento – o que tenho a dizer-lhes só fica no ponto à última hora, tudo o que escrevo e lhes conto é anotado em geral entre cinco e onze da manhã –, não tive tempo de me orientar nessa grande balbúrdia em que me inserem, não só a partir de Kierkegaard, mas de Ocam e de Górgias. Tudo está lá, e também enormes pedaços do que eu digo. É bastante excepcional porque, sem me citar, a metade do livro se chama *Lacan e a psicanálise* – imaginem só – *transcendental.* Leiam isso. Parece-me bastante desalentador. Não me achava tão transcendental, mas enfim, nunca se sabe. Um sujeito me dizia outrora, a propósito dos livros que sobre ele apareciam – *Ah, como nós temos idéias, meu caro, como temos idéias.* Vamos em frente.

X: *O senhor pensa que justamente as idéias que recebe da prática da psicanálise lhe fornecem alguma coisa que não pode ser encontrada fora?*

É precisamente porque penso assim que me dou a todo este trabalho há uns dezoito ou dezenove anos. De outro modo, não vejo porque haveria de fazê-lo. E não vejo o que me destinaria a ver meu nome expressamente incluído na lista dos filósofos, o que não me parece inteiramente judicioso.

X: *Poderia retomar o que começou a dizer sobre Hegel?*

Certamente não vou fazer aqui meu seminário desta manhã. Não estou aqui para isso. Aproveito a ocasião para saber algo do que alguns de vocês possam ter a me dizer, o que não se dá facilmente quando estamos numa sala.

X: *O senhor falou do Outro como tesouro dos significantes, e disse que a gente não se confrontava com ele. Isto poderia incluir coisas incoerentes? O significante não é forçosamente coerente.*

Está seguro de que eu disse o que o senhor está me atribuindo? Onde é que eu disse que a gente não se confrontava com o Outro? Penso não ter dito isso de modo algum. Ficaria surpreso. Se o disse, foi por um descuido, mas igualmente ficaria surpreso de ter cometido esse descuido.

X: [*Inaudível.*]

Tentarei dizer-lhe o essencial sobre isso no meu próximo seminário, se houver.

X: [*Inaudível.*]

Se ataco a filosofia? É muito exagerado.

X: *É uma impressão.*

Sim, é uma impressão. Acabam de me perguntar se eu achava que as coisas que conto não podem ser problemáticas. Respondi que sim. Só tenho motivos para expô-las em razão de uma experiência precisa, que é a experiência analítica. Se não houvesse isso, não consideraria que tivesse o direito, nem a vontade, sobretudo, de prolongar o discurso filosófico para além do momento em que ele foi, bem propriamente, eclipsado.

X: *Isso o transforma.*

Isso não o transforma. É um outro discurso. É isto que estou tentando demonstrar-lhes – na medida exatamente em que o penso –, lembrando àqueles que não têm idéia da experiência analítica que se trata, apesar de tudo, de sua divisa. É daí que eu parto. Senão, este discurso não teria um aspecto filosoficamente tão problemático, como lembrou há pouco o senhor que está ali, que tomou primeiro a palavra, traduzindo-o em termos sofísticos. Não creio que seja assim. A pessoa que evocava há pouco me inclui como um destaque, me situa no centro do que atualmente pode ser não sei que mistura, esfacelamento, abertura do discurso filosófico. Não foi mal situado, foi feito de maneira extremamente simpatizante, mas, numa primeira abordagem – modificarei, quem sabe, o que penso sobre isto –, eu me disse – no entanto, que singular *Entstellung*, que singular deslocamento do alcance do que eu possa dizer, colocar-me nessa linhagem.

X: *O que o senhor diz está sempre descentrado em relação ao sentido, o senhor escapa do sentido.*

Vai ver que é nisso justamente que meu discurso é um discurso analítico. A estrutura do discurso analítico é ser assim. Digamos que dou minha adesão a isso tanto quanto posso, para não ousar dizer que me identifico estritamente – se o conseguisse.

Li ontem um artigo bastante assombroso numa revista que, por razões pessoais, nunca tinha aberto, chamada *O Inconsciente*. No último número, um certo Cornelius Castoriadis, nem mais nem menos, faz esta interrogação sobre meu discurso, tomado supostamente em referência à ciência. Que diz ele? Só o que eu mesmo não canso de repetir, ou seja, que esse discurso tem uma referência extremamente precisa na ciência. O que ele denuncia como dificuldade essencial desse discurso, a saber, precisamente esse deslocamento que não cessa nunca, é a própria condição do discurso analítico, e é nisso que se pode dizer que pertence, não diria completamente, ao discurso da ciência, mas é condicionado por ele na medida em que o discurso da ciência não deixa para o homem lugar algum.

Pretendia insistir nisto esta manhã diante de vocês. Não vou estragar o que tenho para dizer-lhes daqui há oito dias.

X: *A propósito da angústia, pensava que era o contrário do gozo.*

Quando abordo os afetos, insisto no da angústia como o afeto que se distingue entre todos, na medida em que se diz que ela é sem objeto. Vejam tudo o que foi escrito sobre a angústia, é sempre nisto que se insiste – o medo tem a referência de um objeto, ao passo que a angústia é supostamente sem objeto. Eu, pelo contrário, digo que a angústia não é sem objeto. Já articulei isto há muito tempo, e é bem evidente que ainda continuo a ter que explicá-lo a vocês.

Naquele tempo, não designei esse objeto com o termo mais-de-gozar, o que prova que havia algo a construir antes de poder nomeá-lo assim. É precisamente o... – não posso dizer o nome porque, justamente, não é um nome. É o mais-de-gozar, mas não é nomeável, mesmo que seja aproximadamente nomeável, traduzível, assim. É por isso que foi traduzido pelo termo mais-valia. Esse objeto, sem o qual a angústia não existe, pode ainda ser abordado de outra maneira. Foi justamente a isso que, no decorrer dos anos, fui dando forma cada vez mais. Dei ocasião, especialmente, a muitos falastrões de se precipitarem em uma redação apressada do que eu poderia ter a dizer com o termo objeto *a*.

X: [*Inaudível.*]

Na articulação do discurso universitário que esboço, o *a* está no lugar de quê? No lugar, digamos, do explorado pelo discurso universitário, que é facilmente reconhecível – trata-se do estudante. Centrando sua reflexão neste lugar da notação, muitas coisas podem ser explicadas sobre fenômenos singulares que atualmente acontecem pelo mundo. Evidentemente, temos que distinguir a emergência de sua radicalidade – é o que se produz – e a maneira em que foi preenchida, tamponada, mantida – isto pode durar muitíssimo tempo – a função da Universidade. Esta, de fato, tem uma função extremamente precisa, que a cada instante se relaciona com o estágio em que se está do discurso do mestre – a saber, sua elucidação. Esse discurso, com efeito, foi um discurso mascarado durante muito tempo. Ficará, por sua necessidade interna, cada vez menos mascarado.

Para que serviu a Universidade? Isto pode ser lido de acordo com cada época. É justamente em razão do desnudamento cada vez mais extremo do discurso do mestre que o discurso da Universidade acaba manifestando – não o creiam por isso quebrado, nem terminado – que no momento encontra estranhas dificuldades. Tais dificuldades são acessíveis no plano da estreita relação que há na posição do estudante por estar, no discurso da Universidade, de maneira mais ou menos mascarada, sempre identificado a esse objeto *a*, encarregado de produzir o quê? O S barrado que vem a seguir, à direita e abaixo.

A dificuldade está aí. Resultou, desse produto, um sujeito. Sujeito de quê? Sujeito dividido, em todo caso. O fato de que seja cada vez menos tolerável que essa redução se limite a produzir docentes é completamente revelado pela evolução das coisas em nossa época, e isto requer um estudo tanto mais improvisado por estar se dando nos fatos. O que se produz, e que se chama crise da Universidade, é inscritível nessa fórmula. Ela a exige, porque se funda em um nível completamente radical. Não é possível limitar-se a tratá-la como se faz. É unicamente por uma relação giratória, revolucionária – como eu digo, num sentido um pouco diferente do habitual –, da posição universitária com as outras três posições do discurso, que pode ser esclarecido o que se passa atualmente na Universidade.

X: [*Sobre os revolucionários e o proletariado.*]

O proletário? Quando falei do proletário? No plano do discurso do mestre, seu lugar é totalmente claro.

Na sua origem, o discurso do mestre tem a ver com tudo o que transcorreu no princípio como sendo o proletário, que antes era o escravo. Aí caímos de novo no termo hegeliano. O escravo, como sublinhei, era de saída o saber. A evolução do discurso do mestre está aí. A filosofia teve o papel de constituir um saber de mestre e senhor, subtraído ao saber do escravo. A ciência, tal como atualmente se apresenta, consiste justamente nessa transmutação da função, digamos assim – somos sempre mais ou menos levados, em algum momento, a mergulhar num tema de arcaísmo e, vocês sabem, eu incito à prudência.

De qualquer modo, há certamente uma dificuldade no saber, que reside na oposição entre o *savoir-faire* – o saber-fazer – e o que é *episteme*, falando propriamente. A *episteme* se constituiu por uma interrogação, por uma depuração do saber. O discurso filosófico mostra a todo instante que o filósofo faz referência a isso. Não foi à-toa que ele tenha interpelado o escravo e demonstrado que este sabe – que sabe, por sinal, o que não sabe. Só se mostra que ele sabe porque se lhe faz boas perguntas. Foi por esta via que se operou o deslocamento que faz com que, atualmente, nosso discurso científico esteja do lado do mestre. É isto precisamente que não se pode dominar, não se pode amestrar.

X: *Então, onde é que o senhor situa o proletário?*

Ele só pode estar no lugar onde deve estar, em cima e à direita. No lugar do grande Outro, não é? Precisamente, ali o saber não conta mais. O proletário não é simplesmente explorado, ele é aquele que foi despojado de sua função de saber. A pretensa libertação do escravo teve, como sempre, outros correlatos. Ela não é apenas progressiva. Ela é progressiva à custa de um despojamento.

Não vou me aventurar por aí, irei com prudência, mas se há uma coisa cujo tom me choca na temática que chamam de maoísta é sua referência ao saber do manual. Não pretendo em absoluto ter conhecimentos suficientes a esse respeito, mas aponto simplesmente um matiz que me chamou a atenção. A nova ênfase dada ao saber do explorado me parece estar profundamente motivada na estrutura. A questão é saber se isso não é algo totalmente sonhado. Em um mundo onde emergiu, de maneira que existe de fato, sendo uma presença no mundo, não o pensamento da ciência, mas a ciência de algum modo objetivada, refiro-me a essas coisas inteiramente forjadas pela ciência, simplesmente essas coisinhas, *gadgets* e coisa e tal, que por enquanto ocupam o mesmo espaço que nós no mundo em que essa emergência teve lugar, será que o *savoir-faire*, no nível do manual, pode ainda ter peso suficiente para ser um fator subversivo? É assim, para mim, que a questão se coloca.

O que fazem com tudo o que eu digo? Vocês gravam isso numa maquininha e, depois, fazem noitadas para as quais lançam convites – Tem uma fita do Lacan.

13 DE MAIO DE 1970

XI

Os sulcos da aletosfera

Afeto, só há um.
O objeto a *e o* cogito.
Ciência e percepção.
A multiplicação das latusas.

Muita água passou por baixo da ponte desde nosso último encontro – falo daquele de abril, e não do mais recente, que aconteceu alhures e só com alguns de vocês.

O que foi dito durante a conversa nos degraus do Panteão teve um bom nível, pois me permitiu lembrar um certo número de pontos que mereciam maior precisão, em resposta a um questionamento que não era de modo algum impróprio. É o que acho oito dias mais tarde. Porém minha primeira impressão, logo depois, quando estava com alguém que me acompanhava no regresso, foi no entanto o de uma certa inadequação.

Mesmo os melhores dos que falaram, cujas perguntas não eram injustificadas, pareceram-me, salvo no primeiro momento, estar um pouco a reboque. Creio que isso está refletido no seguinte – ao menos nessa interpelação familiar, que ainda não era um questionamento, eu era situado por eles em um certo número de referências.

Essas referências não devem, é claro, ser todas recusadas. Lembro-me de que a primeira era a Górgias, de quem supostamente eu produziria aqui não sei que repetição. Por que não? Mas o inconveniente é que, nas palavras da pessoa que evocava esse personagem, cuja eficácia, em nossos dias, mal podemos avaliar, tratava-se de alguém que pertence à história do pensamento. Aí está justamente o recuo que me parece inoportuno – esta expressão proporciona uma espécie de amostragem das distâncias a estabelecer em relação a esse ou aquele, reunidos pelo laço da função do pensamento.

Acho que não há nada ali que seja menos homogêneo – se é que posso me exprimir assim –, nada que permita definir uma espécie. Não é legítimo dar a alguns, seja como for que se os imagine, uma função que seria a de uma espécie, como representando o pensamento. O pensamento não é uma categoria. Quase diria que é um afeto. Embora não fosse para dizer que é o mais fundamental, do ponto de vista do afeto.

Que não haja senão um afeto, eis o que constitui uma certa posição nova a ser introduzida no mundo, sobre a qual digo que deve ser referida àquilo cujo esquema lhes ponho no quadro quando falo do discurso psicanalítico.

Na verdade, colocá-lo no quadro é coisa diferente de falar sobre ele. Lembro-me de que em Vincennes, quando lá compareci da vez que não se reproduziu depois, mas que se reproduzirá, alguém julgou que devia me gritar que existiam coisas reais que preocupavam de verdade a assembléia. Quer dizer, que estavam baixando o pau em certo lugar, mais ou menos longe de onde estávamos reunidos, e era nisso que se devia pensar, o quadro-negro nada tinha a ver com esse real. Aí é que está o erro.

Vou até dizer que, se existe uma chance de captar algo que se chama o real, não é em outro lugar senão no quadro-negro. Inclusive, o que eu possa ter a comentar sobre isso, o que toma forma de palavra falada, só tem relação com o que se escreve no quadro-negro.

É um fato. E ele é demonstrado por esse fato, por esse factício, que é a ciência, cuja emergência erraríamos por completo ao não inscrevê-la numa cocção filosófica. Ciência metafísica, quem sabe, mais do que física. Nossa física científica merece ser qualificada de metafísica? É o que teria que ser determinado.

Julgo possível determinar isto, especialmente a partir do discurso psicanalítico. Com efeito, a partir desse discurso não há senão um afeto, ou seja, o produto da tomada do ser falante num discurso, na medida em que esse discurso o determina como objeto.

É daí que adquire seu valor exemplar o *cogito* cartesiano, sob a condição de que seja examinado e revisto, como farei hoje rapidamente mais uma vez, para começar.

1

Estava evocando esse afeto pelo qual o ser falante de um discurso se encontra determinado como objeto. O que é preciso dizer é que tal objeto não é nomeável. Se tento nomeá-lo como mais-de-gozar, isto é apenas aparato de nomenclatura.

Que objeto é feito desse efeito de um certo discurso? Sobre esse objeto nada sabemos, salvo que é causa do desejo, quer dizer, falando propriamente, é como falta a ser que ele se manifesta. Portanto, não é nada de ente o que é assim determinado.

Claro, aquilo sobre o que recai o efeito de tais discursos bem pode ser um ente que se chamará, por exemplo, o homem, ou então um ser vivo sobre o qual acrescentarão que é sexuado e mortal, e audaciosamente se aventurarão a pensar que é sobre isso que recai o discurso da psicanálise, com o pretexto de que ali se discute todo o tempo o sexo e a morte. Mas do ponto de onde partimos, se efetivamente partimos no nível do que de saída se revela, e como primeiro fato, *estruturado como uma linguagem*, estamos longe disso. No efeito da linguagem, não se trata de nenhum ente. Trata-se apenas de um ser falante. No ponto de partida não estamos no nível do ente, mas no nível do ser.

Embora seja ali que devamos nos precaver da miragem de acreditar que o ser esteja assim colocado, e do erro, que nos espreita, de assimilar isto a tudo o que se determinou como dialética numa primeira posição do ser e do nada.

Esse efeito – ponhamos agora isto aqui entre aspas – de *ser*, seu primeiro afeto só aparece no nível do que se faz causa do desejo, quer dizer, no nível do que nós situamos, por esse primeiro efeito de aparato, do analista – do analista como lugar que tento cercar com essas letrinhas no quadro-negro. É lá que o analista se coloca. Ele se coloca como causa do desejo. Posição eminentemente inédita, senão paradoxal, que uma prática ratifica.

Pode-se medir a importância dessa prática por ser ela localizável em relação ao que foi designado como discurso do mestre. Não se trata aqui de uma relação de distância, nem de sobrevôo, mas de uma relação fundamental – a prática analítica é propriamente iniciada por esse discurso do mestre.

Há algo que se presentifica pelo fato de que toda determinação de sujeito, portanto de pensamento, depende do discurso. Nesse discurso, com efeito, surge o momento em que o mestre, o senhor, se distingue. Seria bem falso pensar que é no nível de um risco. Tal risco, apesar de tudo, é mítico. É um rastro de mito que ainda permanece na fenomenologia hegeliana. Esse senhor seria apenas aquele que é o mais forte? Com certeza não é isto que Hegel inscreve. A luta de puro prestígio com o risco da morte pertence ainda ao reino do imaginário. O que faz o senhor? Isto é o que indica a articulação de discurso que lhes dou. Ele brinca com o que chamei, em outros termos, de cristal da língua.

Por que não utilizar a este respeito o que pode ser designado em francês com a homonímia de *me ser, ser-me a mim mesmo*? É daí que surge o *significante m'estar, o significante mestre*, cujo segundo termo deixo vocês escreverem como preferirem.[35]

Esse significante único opera por sua relação com o que já está ali, já articulado, de maneira que só podemos concebê-lo pela presença do significante já ali, diria eu, desde sempre. Com efeito, se esse significante único, o significante do *mestre*, escrito como quiserem, se articula com algo de uma prática que ele ordena, essa prática já está tecida, tramada, por aquilo de que certamente ainda não se separa, ou seja, pela articulação significante. Esta última está na origem de todo saber, só podendo de início ser abordada como *savoir-faire*.

O rastro da presença primeira desse saber, nós o encontramos até mesmo onde ela já está longe, por ter sido longamente adulterada no que se chama de tradição filosófica – juízo da engrenagem do significante do mestre sobre esse saber.

Não esqueçamos que quando Descartes postula o seu *Penso, logo sou*, ele o faz por ter sustentado por um tempo o seu *Penso* em um questionamento, uma dubitação quanto a esse saber que chamo de adulterado, que é o saber já longamente elaborado pela imissão do mestre.

O que podemos dizer sobre a ciência atual que permita nos situarmos? Só evoco aqui três etapas por fraqueza didática, porque não estou seguro de que sigam passo a passo as minhas frases. Três etapas – a ciência – por três, a filosofia – e, mais além, uma coisa cuja noção temos, nem que seja pelos anátemas bíblicos.

Este ano dei lugar longamente ao texto de Oséias, a propósito do que dele Freud extrai a partir de Sellin. Seu melhor benefício talvez não seja, embora também exista por esse lado, o questionamento, na teoria psicanalítica, do complexo de Édipo, que chamei de *resíduo do mito*. Seguramente, se aqui nos fazia falta alguma coisa para presentificar não sei que oceano de um saber mítico que regula a vida dos homens – e como saber se era ou não harmonioso? –, sua melhor referência bem poderia ser o que Yahvé amaldiçoa, pelo que chamei de sua feroz ignorância, com o termo prostituição.

Aí está o viés suficiente, a meu ver, e com certeza melhor do que a referência comum aos frutos da etnografia. A etnografia guarda em si mesma não sei que confusão, admitindo como natural o que é recolhido. E recolhido como? Recolhido por escrito, quer dizer, detalhado, extraído, falseado para sempre do pretenso terreno do qual se pretende desvencilhá-lo.

Isto certamente não é para dizer que os saberes míticos poderiam dizer mais, ou melhor, sobre a essência da relação sexual.

Se a psicanálise nos presentifica o sexo, e a morte como sua dependência – embora ali não estejamos seguros de nada, a não ser de uma apreensão maciça do lugar da diferença sexual na morte –, isto é por demonstrar de maneira não diria viva, mas só articulada, que, da tomada pelo discurso deste ser – seja quem for, isto é, ele nem mesmo é ser –, em parte alguma aparece qualquer articulação em que se exprima a relação sexual, a não ser de um modo complexo, do qual nem sequer se pode dizer que seja mediado, se bem que haja *medii* – *media*, como queiram – sendo um deles esse efeito real que chamo de mais-de-gozar, que é o *a* minúsculo.

O que é que a experiência nos indica, com efeito? Que é só porque esse *a* substitui a mulher que o homem a deseja. Que, inversamente, aquilo com que a mulher lida, se é que podemos falar disso, é com esse gozo, que é o dela, e que de algum modo se representa por uma onipotência do homem, que é precisamente aquilo pelo que o homem, ao se articular, ao se articular como mestre, se acha em carência.

É daí que se deve partir na experiência analítica – o que poderia ser chamado de homem, quer dizer, o macho como ser falante, desaparece, se desvanece, pelo próprio efeito do discurso, do discurso do mestre – escrevam-no como queiram –, por não se inscrever senão em castração, que de fato deve ser propriamente definida como privação da mulher – da mulher, na medida em que ela se realizaria em um significante congruente.

A privação da mulher – tal é, expresso em termos de carência do discurso, o que quer dizer a castração. É precisamente por isto não ser pensável que, como mediação, a ordem falante institui esse desejo, constituído como impossível, que faz do objeto feminino privilegiado a mãe, na medida em que é proibida.

É a roupagem bem-arrumada do fato fundamental de não haver lugar possível em uma união mítica, que seria definida como sexual, entre o homem e a mulher.

É justamente o que apreendemos no discurso psicanalítico – o Um unificante, o Um-tudo – não é disso que se trata na identificação. A identificação-pivô, a identificação-mor, é o traço unário, é o ser marcado como *um*.

Antes de qualquer promoção de algum ente, pelo fato de um *um* singular, daquele que leva a marca, desde esse momento, apresentam-se o efeito da linguagem e o primeiro afeto. É o que lembram as fórmulas que inscrevi no quadro.

$$\frac{1}{1+1} = ? \qquad \frac{\text{Sou um}}{\text{Penso = logo sou um}}$$

De algum modo se isola esse algo que o *cogito* apenas marca, com o traço unário ele também, que se pode supor o *Penso* para dizer – *Logo, sou.* Aqui já está marcado o efeito de divisão, de um *Sou* que elide *Estou marcado pelo um* – pois Descartes se inscreve, é claro, numa tradição escolástica, da qual se desprende com um salto acrobático, que de modo algum deve ser desprezado como procedimento de emergência.

Ali s, só em função dessa primeira posição do *Sou* é que se pode escrever o *Penso.* Vocês lembram como eu o escrevo há tempos – *Penso: "Logo sou."* Esse *Logo sou* é um pensamento.

Ele se sustenta infinitamente melhor por portar sua característica de saber, que não vai além do *Estou marcado pelo um*, pelo singular, pelo único, pelo quê? Por esse efeito que é *Penso.*

Mas também aqui há um erro de pontuação, que há muito exprimi assim – o *ergo*, que nada mais é do que o *ego* na jogada, tem que ser posto do lado do *cogito.* O *Penso logo:* "*Sou*", eis o que dá seu verdadeiro alcance à fórmula. A causa, o *ergo*, é pensamento. Aí está o ponto de partida a ser empreendido do efeito daquilo que está em questão na ordem mais simples, cujo efeito de linguagem se exerce no nível do surgimento do traço unário.

Claro, o traço unário nunca está só. Portanto, o fato de que se repita – repete-se não sendo nunca o mesmo – é precisamente a própria ordem, aquela onde toda a questão é que a linguagem esteja presente e já ali, já eficaz.

2

A primeira de nossas regras é não fazer interrogações sobre a origem da linguagem, nem que seja porque ela se demonstra suficientemente em seus efeitos.

Quanto mais longe levarmos seus efeitos, mais emerge essa origem. O efeito da linguagem é retroativo, precisamente porque é na medida de seu desenvolvimento que manifesta o que ela é de falta a ser.

Também indicarei – de passagem, pois hoje temos que ir mais longe – que podemos escrever assim, e fazer funcionar sob sua forma mais estrita, aquilo que, desde a origem de um uso rigoroso do simbólico, se manifesta na tradição grega, a saber, no nível das matemáticas.

Euclides aqui é a referência fundamental, e a definição da proporção que ele nos dá é a primeira, nunca foi dada antes dele, quero dizer, antes do que nos resta de escrito sob seu nome – é claro, quem sabe de onde terá tomado essa definição estrita? Essa que dá o único fundamento verdadeiro da demonstração geométrica está, se lembro bem, no livro quinto.

O termo demonstração é aqui ambíguo. Destacando sempre os elementos intuitivos que há na figura, ele não deixa claro que, muito formalmente, a exigência em Euclides é de demonstração simbólica, de ordem agrupada de desigualdades e de igualdades, únicas que permitem que a proporção se sustente de um modo não aproximativo, mas propriamente demonstrativo, nesse termo, *logos* – no sentido de *proporção.*

É curioso e representativo que tivéssemos que esperar a série de Fibonnacci para ver desprender-se o que é dado na apreensão dessa proporção que se chama média proporcional. Aqui a reescrevo – vocês sabem que fiz uso dela quando falei *De um Outro ao outro.*

$$\cfrac{1}{1+\cfrac{1}{1+\cfrac{1}{1+1}}} = \gamma$$

Um romantismo ainda continua a chamá-la de número áureo, e se perde encontrando-o na superfície de tudo o que se pôde pintar ou rabiscar através das épocas, como se não fosse coisa certa que tudo isso é só para vê-lo. Basta abrir uma obra de estética que ponha em destaque essa referência para perceber que, se se pode aplicá-lo ali, não é seguramente porque o pintor teria desenhado antes as diagonais, mas porque há, com efeito, não sei que acordo intuitivo que faz com que seja sempre isso que dê o melhor tom.

Mas há também outra coisa, que para vocês será fácil captar. Tomando cada um destes termos e começando a calculá-los por baixo, vão logo ver que primeiro têm que se haver com 1/2, depois com 2/3, a seguir com 3/5. Encontram assim os números cuja seqüência constitui a série de Fibonnacci, 1, 2, 3, 5, 8, cada um deles sendo a soma dos dois precedentes, como lhes fiz notar a seu tempo. Essa relação de dois termos, vamos escrevê-la, por exemplo, $u_{n+1} = u_{n-1} + u_n$. O resultado da divisão u_{n+1}/u_n será igual, se levarmos a série suficientemente longe, à proporção de fato ideal, que se chama média proporcional ou número áureo.

Tomando agora essa proporção como imagem do que vem a ser o afeto na medida em que há repetição desse *Sou um* na outra linha, resulta dela retroativamente o que o causa – o afeto.

Esse afeto, podemos escrevê-lo momentaneamente *igual ao a*, e saberemos que é o mesmo a que encontramos no nível do efeito.

$$\frac{1}{a + 1} = a$$

O efeito da repetição do 1 é esse *a*, no plano do que aqui se designa com uma barra. A barra é precisamente isto – há alguma coisa a passar para que o 1 afete. Em suma, essa barra é que é igual ao *a*. E não há surpresa no fato de que, o afeto, possamos escrevê-lo legitimamente por baixo da barra, como aquilo que é o efeito aqui pensado, invertido, fazendo surgir a causa. É no primeiro efeito que surge a causa como causa pensada.

É justamente isto que nos motiva a encontrar, nesse primeiro tateamento do uso das matemáticas, uma articulação mais segura do que vem a ser o efeito do discurso. É no nível da causa, na medida em que ela surge como pensamento, reflexo do efeito, que percebemos a ordem inicial do que corresponde à falta a ser. O ser só se afirma no começo pela marca do 1, e todo o resto em seguida é sonho – especialmente, a marca do 1 na medida em que ele englobaria, poderia reunir seja lá o que for. Ele não pode reunir absolutamente nada, a não ser precisamente a confrontação, a adjunção do pensamento da causa com a primeira repetição do 1.

Tal repetição já tem seu custo, e institui, no nível do *a*, a dívida da linguagem. Alguma coisa tem que ser paga àquele que introduz seu signo. Essa alguma coisa, mediante uma nomenclatura que tenta dar-lhe seu peso histórico, intitulei-a este ano – falando propriamente, não foi neste ano, mas digamos, para vocês, este ano – com o termo *Mehrlust*.

O que é que se reproduz nessa articulação infinita? Para que esse *a* seja o mesmo aqui e lá, é óbvio que a repetição da fórmula não pode ser a infinita repetição do *eu penso* no interior do *Eu penso*, como nunca deixam de errar os fenomenólogos, mas apenas esta – *Eu penso*, se fosse fato, só pode ser substituído pelo *Eu sou*: "*Eu penso, logo Eu sou*". Sou aquele que pensa *Logo sou*, e isto indefinidamente. Notarão que o *a* se afasta sempre numa série que reproduz exatamente a mesma ordem dos 1, tal como estão aqui desenvolvidos à direita, salvo que no último termo haverá um *a*.

$$\cfrac{1}{a+\cfrac{1}{a+1}} = a$$

Coisa singular, esse *a*, reparem bem, basta que ele subsista, por mais longe que o levem no descenso, para que a igualdade seja a mesma da fórmula anteriormente inscrita, ou seja, a proporção múltipla e repetida se iguala, no total, ao resultado do *a*.

Como é marcada esta série? Ela em suma não faz outra coisa, se não me engano, a não ser marcar a ordem de séries convergentes cujos intervalos são os maiores a serem constantes. A saber, sempre *a*.

3

Isto, de certa maneira, não passa de uma articulação local. Ela não pretende por certo resolver com uma proporção fixa e segura o que diz respeito à efetividade da mais primária manifestação do número, ou seja, o traço unário. Foi feita só para lembrar o que vem a ser a ciência tal como a temos agora, por assim dizer, nos braços – quero dizer, presente em nosso mundo de um modo que ultrapassa em muito tudo o que se pode especular sobre um efeito de conhecimento.

Com efeito, não deveríamos esquecer, de qualquer modo, que a característica de nossa ciência não é ter introduzido um melhor e mais amplo conhecimento do mundo, mas sim ter feito surgir no mundo coisas que de forma alguma existiam no plano de nossa percepção.

Tenta-se coordenar a ciência com uma gênese mítica a partir da percepção, sob o pretexto de que essa ou aquela meditação filosófica teria se detido longamente na questão de saber o que garante que a percepção não seja ilusória. Não foi daí que a ciência surgiu. Ela surgiu daquilo que estava em germe nas demonstrações euclideanas. Mesmo estas, continuam sendo muito suspeitas por ainda comportarem esse apego à figura, que tem o pretexto de sua evidência. Toda a evolução da matemática grega nos prova que o que sobe ao zênite é a manipulação do número como tal.

Vejam o método da exaustão que, já em Arquimedes, prefigura o que vai culminar no essencial, no que para nós é no caso a estrutura – a saber, o *calculus*, o cálculo infinitesimal. Não é preciso esperar Leibniz que, de resto, desde seu primeiro toque, revela um certo desajeito. Isso já se esboça, ao reproduzir apenas a proeza de Arquimedes sobre a parábola, em Cavalieri, no século XVII, porém bem antes de Leibniz.

O que resulta disso? Vocês podem certamente dizer da ciência que *nihil fuerit in intellectu quod non prius fuit in sensu* – o que é que isso prova? O *sensus* nada tem a ver, como apesar de tudo sabemos, com a percepção. O *sensus* só está ali à maneira do que pode se contar, e o fato de contar dissolve rapidamente. Tomar o que tem a ver com o nosso *sensus* no nível do ouvido ou do olho, por exemplo, leva a uma numeração de vibrações. E é justamente graças a esse jogo do número que nos dedicamos efetivamente a produzir vibrações que nada tinham a ver com os nossos sentidos ou com a nossa percepção.

Como eu dizia outro dia nos degraus do Panteão, o mundo que se presumia ser o nosso desde sempre está agora povoado, no lugar mesmo em que estamos, por um número considerável, sem que vocês tenham a menor suspeita, do que se chama de ondas se entrecruzando. Isto não deve ser subestimado como manifestação, presença, existência da ciência, e seria necessário que não nos contentássemos com falar para qualificar o que está em torno de nossa terra, de atmosfera, de estratosfera, de tudo o que queiram de esferizado, por mais longe que possamos apreender as partículas. Teríamos que levar em conta, também em nossa época, aquilo que chega bem além, e que é efeito de quê? De um saber que progrediu menos por sua própria filtragem, por sua crítica, como se diz, do que por um impulso audaz a partir de um artifício, sem dúvida o de Descartes – outros escolherão outros –, o artifício de remeter a Deus a garantia da verdade. Se há uma verdade, que ele se encarregue dela. Nós a tomamos em seu valor de cunho.

Pelo mero jogo de uma verdade, não abstrata, mas puramente lógica, pelo mero jogo de uma combinatória estrita, submetida simplesmente à necessidade de que, sob o nome de axiomas, lhe sejam sempre apontadas as regras, pelo mero jogo de uma verdade formalizada – eis que se constrói uma ciência que nada mais tem a ver com os pressupostos que desde sempre a idéia de conhecimento implicava. A saber, a polarização muda, a unificação ideal imaginada do que é o conhecimento, onde sempre se pode achar, com qualquer nome com que se os vista, *endosuné*, por exemplo, o reflexo, a imagem, aliás sempre ambígua, de dois princípios, o princípio macho e o princípio fêmea.

O espaço em que se desdobram as criações da ciência, só podemos a partir disso qualificá-lo de *insubstância*, de *acoisa*, numa só palavra.[36] Fato que altera completamente o sentido de nosso materialismo.

A mais antiga figura de enfatuação do mestre – escrevam-no como quiserem – é que o homem imagina que forma a mulher. Penso que vocês todos têm experiência suficiente para terem se deparado com esta história cômica a essa altura de suas vidas. Forma, substância, conteúdo, chamem-no como quiserem – é desse mito que um pensamento científico deve se desprender.

Estimo que me é permitido avançar aqui com um passo um pouco rude, para bem expressar meu pensamento. Rebaixo-me a fazer como se houvesse tido um, quando, precisamente, não é disso que se trata, e sim, como todos sabem, o pensamento é que se comunica, pelo mal-entendido, é claro. Então, façamos um pouco de comunicação e digamos em que consiste essa conversão pela qual a ciência se revela diferente de toda teoria do conhecimento.

De fato, isto não quer dizer nada, porque é justamente à luz do aparato da ciência, na medida em que podemos apreendê-lo, que é possível fundar os erros, os tropeços e as confusões que, efetivamente, não deixavam de se apresentar no que se articulava como conhecimento, com a subjacência de que havia ali dois princípios a cindir –

um que forma e outro que é formado. É precisamente disso que a ciência nos convence de forma palpável, e o fato se corrobora por encontrarmos seu eco na experiência analítica.

Para me expressar com esses grandes termos aproximativos, tomemos o princípio macho como exemplo – qual é o efeito da incidência do discurso sobre ele? É que, como ser falante, ele é intimado a justificar sua essência – ironia, entre aspas. É muito precisamente – e exclusivamente – pelo afeto que ele experimenta por esse efeito de discurso – ou seja, na medida em que recebe esse efeito feminizante que é o *a* – que ele reconhece o que o constitui, ou seja, a causa de seu desejo.

Inversamente, no nível do princípio pretensamente natural com que desde sempre, e não por acaso, ele é simbolizado, no mau sentido da palavra, com uma referência fêmea, é, pelo contrário, pela insubstância, como já disse há pouco, que esse vazio aparece – vazio de quê? Essa coisa qualquer em apreço, se queremos longinquamente, muito à distância, dar-lhe o horizonte da mulher, digamos que é onde se trata de gozo informado, in-forme, precisamente sem forma, que podemos achar o lugar onde vem se edificar, no *opercebe*[37], a ciência. O que eu percebo, pretensamente original, deve, com efeito, ser substituído por um opercebe.

Na medida em que a ciência se refere apenas a uma articulação, que só se concebe pela ordem significante, é que ela se constrói com alguma coisa da qual antes não havia nada.

Eis o que é importante captar, se quisermos compreender algo do que resulta de quê? Do esquecimento desse mesmo efeito. Todos quantos somos nós, à medida em que o campo se estende pelo fato de a ciência desempenhar, talvez, a função do discurso do mestre, não sabemos em que grau – pela razão de que nunca soubemos em qualquer grau –, cada um de nós é determinado primeiro como objeto *a*.

Falava há pouco dessas esferas com as quais a extensão da ciência – que, curiosamente, é também muito operativa para determinar o que é o ente – rodeia a terra, sucessão de zonas que ela qualifica com o que encontra. Por que não levar também em conta o lugar onde se situam essas fabricações da ciência, se não passam de efeitos de uma verdade formalizada? Como iremos chamar esse lugar?

Também aqui acentuo demais o que quero dizer, e não estou forçosamente muito orgulhoso do que estou afirmando no momento, mas penso que é útil, vocês vão ver por que, fazer esta pergunta que – ela sim – não é de nomenclatura.

Trata-se justamente do lugar de fato ocupado – pelo quê? Falei há pouco das ondas. É disso que se trata. Ondas hertzianas ou quaisquer outras, nenhuma fenomenologia da percepção nunca nos deu delas a menor idéia, e com certeza jamais nos teria conduzido a elas.

Esse lugar, certamente não o chamamos de noosfera, que estaria povoada por nós mesmos. Se há algo que no caso passa para o centésimo plano de tudo o que pode nos interessar, é justamente isto. Mas lançando mão da *aletéia* de um modo que, admito, nada tem de emocionalmente filosófico, vocês poderiam, a menos que achem algo melhor, chamá-la de *aletosfera.*

Não percamos o fio da meada. A aletosfera, isso se grava. Se vocês tiverem aqui um pequeno microfone, podem se ligar com a aletosfera. O fabuloso é que, se estivessem num pequeno veículo que os conduz a Marte, ainda poderiam se ligar com a aletosfera. Inclusive, esse surpreendente efeito de estrutura que faz com que duas ou três pessoas tenham ido passear sobre a Lua, podem acreditar que, no que diz respeito à proeza, não é certamente à toa que eles permaneciam o tempo todo na aletosfera.

Esses astronautas, como se diz, a quem no último momento ocorreram alguns pequenos aborrecimentos, teriam se saído provavelmente muito pior – não falo sequer da relação com sua pequena máquina, pois talvez se saíssem muito bem sozinhos – se não tivessem estado permanentemente acompanhados por esse pequeno *a* da voz humana. Por isso, podiam se permitir dizer somente besteiras, como por exemplo que tudo ia bem, quando tudo ia mal. Mas, que importa? O que importa é que continuam na aletosfera.

É preciso tempo para perceber todas as coisas que a povoam, e isto vai lhes fazer introduzir uma outra palavra.

A aletosfera, é bonito dizer. Isto porque supomos que o que chamei de verdade formalizada tem já suficiente status de verdade no nível onde ela opera, onde ela opercebe. Mas no nível do operado, do que deambula, a verdade não é de modo algum desvelada. A prova disto é que a voz humana, com seu efeito de sustentar-lhes o períneo, se posso me exprimir assim, não desvela de modo algum sua verdade.

Nomearemos isto com a ajuda do aoristo do mesmo verbo do qual um célebre filósofo lembrava que a *aletéia* provinha. Não há ninguém como os filósofos para reparar em semelhantes coisas, e talvez certos lingüistas. Vamos chamar isso de *latusas.*

O mundo está cada vez mais povoado de latusas. Como isso parece lhes causar graça, vou escrevê-lo com a ortografia.

Notarão que poderia tê-lo chamado de *latusias*. Teria ficado melhor com a *ousia*, esse particípio com tudo o que tem de ambíguo. A *ousia* não é o Outro, não é o ente, está entre os dois. Não é bem o ser, tampouco, mas enfim, chega muito perto disso.

No que diz respeito à insubstância feminina, eu iria até a parusia. E quanto aos pequenos objetos *a* que vão encontrar ao sair, no pavimento de todas as esquinas, atrás de todas as vitrines, na proliferação desses objetos feitos para causar o desejo de vocês, na medida em que agora é a ciência que o governa, pensem neles como latusas.

Percebo tardiamente, porque não foi há tanto tempo que inventei, que rima com ventosa.[38] Há vento ali dentro, muito vento, o vento da voz humana. É bastante cômico descobrir isto no final do encontro.

Se o homem tivesse usado menos a mediação de Deus para acreditar que se une com a mulher, há muito tempo, quem sabe, já teríamos essa palavra latusa.

Seja como for, esta pequena intervenção é para que não fiquem tranqüilos quanto às suas relações com a latusa.

Com absoluta certeza, todos têm que lidar com duas ou três dessa espécie. A latusa não tem razão alguma para se limitar em sua multiplicação. O importante é saber o que acontece quando a gente entra verdadeiramente em relação com a latusa como tal.

O psicanalista ideal seria aquele que comete esse ato absolutamente radical, sobre o qual, vendo-o fazer, o mínimo que se pode dizer é que é angustiante.

Um dia, na época em que procuravam me negociar, tentei dizer – porque isso fazia parte da cerimônia – algumas coisinhas sobre o tema. De fato, ao mesmo tempo que me negociavam, queriam fingir que se interessavam pelo que eu poderia ter a dizer sobre a formação do psicanalista, e afirmei, naturalmente com indiferença absoluta, já que estavam ocupados exclusivamente com o que se passava nos corredores, que não há razão para que uma psicanálise cause angústia. A angústia – posto que é com isso que temos que nos haver –, é totalmente certo que, havendo a latusa, ela não é sem objeto. Foi daí que parti. Uma aproximação melhor à latusa deve nos acalmar um pouquinho.

A questão é colocar-se em uma posição tal que haja alguém, de quem vocês se ocuparam a propósito de sua angústia, que queira chegar a ocupar essa mesma posição que vocês ocupam, ou que não ocupam, ou que ocupam ligeiramente – chegar a saber como vocês a têm, ou como não a têm, e porque a têm ou não a têm.

Este será o objeto de nosso próximo encontro, do qual já posso lhes dizer o título – será sobre as relações, sustentadas ainda em nossos mesmos esqueminhas, da impotência à impossibilidade.

Claro que é completamente impossível ocupar a posição da latusa. Mas não é só isso que é impossível, há muitas outras coisas ainda, desde que se dê um sentido estrito à palavra *impossível*, quer dizer, determinando-as apenas no plano da nossa verdade formalizada. Ou seja, em todo campo formalizado da verdade, há verdades que não se pode demonstrar.

É no plano do impossível, como sabem, que defino o que é real. Se é real que haja o analista, isto se dá justamente porque é impossível. Isto faz parte da posição da latusa.

A chateação é que, para estar na posição da latusa, é preciso ter discernido verdadeiramente que é impossível. É por esta razão que se gosta muito mais de acentuar a impotência, que também existe, mas está, eu lhes mostrarei, em um lugar diverso ao da impossibilidade estrita.

Sei que aqui há algumas pessoas que às vezes se incomodam de me ver, como se diz – como é que se diz? –, invectivar, interpelar, vociferar contra os analistas. São pessoas jovens que não são analistas. Elas não se dão conta de que é uma coisa amável que estou fazendo, são pequenos sinais de reconhecimento que lhes faço.

Não quero fazê-los passar por uma prova muito dura. E, quando faço alusões à impotência deles, que é portanto a minha, isto quer dizer que, nesse nível, somos todos irmãos, e temos que nos safar como pudermos.

Que isto possa domá-los antes de que eu lhes fale sobre a impossibilidade da posição do analista.

20 DE MAIO DE 1970

XII

A IMPOTÊNCIA DA VERDADE

Freud e os quatro discursos.
Capitalismo e Universidade.
O logro de Hegel.
Impotência e impossibilidade.
Que pode fazer o aborto?

Estamos em um momento do ano em que as longas provações são convenientes. Vou tentar aliviar isto um pouco.

Felizmente isso se arrasta, como se diz. Tenderia até a deixar as coisas por aí, se não devesse de todo modo dar-lhes dois pequenos complementos, destinados a salientar o essencial do que espero ter passado este ano – duas pontinhas de futuro que permitam, estreitando-o um pouco mais de perto, vislumbrar em que tem ele, talvez, noções um pouco novas, que possuem, em todos os casos, essa marca que sempre sublinho – e que os que estão trabalhando comigo num nível mais prático podem confirmar –, a de estar à altura de uma experiência.

Não se exclui que isto possa servir em outro lugar, no nível de algo que acontece atualmente, sem que por enquanto se saiba muito bem o quê. Naturalmente, quando as coisas acontecem, nunca se sabe bem, no momento em que estão acontecendo, do que se trata, principalmente quando essas coisas são revestidas de informações. Mas enfim, ocorre que alguma coisa está acontecendo na Universidade.

Em diversos recantos as pessoas estão surpresas. Que mosca está picando os estudantes, nossos queridinhos, nossos favoritos, os chuchuzinhos da civilização? O que está sucedendo com eles? Quem diz isto são os que bancam os imbecis, eles são pagos para isso.

De qualquer modo, poderia ser que algo do que articulo sobre a relação do discurso do analista com o discurso do mestre mostre a via que permitiria, de certa forma, que se justifiquem e se entendam.

O que está acontecendo por enquanto é que todo mundo rivaliza em minimizar o peso das pequenas manifestações malogradas, contidas, que ficarão cada vez mais reduzidas em um canto. No momento mesmo em que digo que poderia dar os motivos disso, fazer com que seja compreendido, gostaria que vocês escutassem o seguinte – é que, na medida em que logre, em que consiga fazê-los entender alguma coisa, podem estar certos de que os terei sacaneado. Pois, em suma, é a isso que isso se limita.

Gostaria de articular hoje, tão simplesmente quanto possa, a relação entre o que acontece e as coisas que me atrevo a manipular há algum tempo, o que, por esta razão, dá uma certa garantia de que este discurso se sustenta. Atrevo-me a manipulá-las de um modo que é, afinal de contas, absolutamente selvagem.

Não hesito em falar do real, e isto há um bom tempo, já que foi mesmo por aí que dei o primeiro passo deste ensino. Depois, com os anos, eis que surge uma formulazinha – o impossível é o real. Deus sabe que disso não se faz de golpe um abuso. Depois aconteceu-me expor não sei qual referência à verdade, o que é mais comum. De qualquer maneira, há algumas importantes observações a fazer, e me julgo obrigado a fazer algumas delas hoje, antes de deixar tudo isto ao alcance dos inocentes para que se sirvam a torto e a direito, o que na verdade é corrente, às vezes, entre os que me cercam.

1

Fui dar uma volta por Vincennes há oito dias, maneira de marcar sucintamente o fato de que eu tinha respondido ao convite daquele lugar. Aliás, anunciara-lhes isto da última vez, para indicar o ponto de partida de uma referência pela qual comecei, e que está longe de ser inocente – é mesmo por isso que se tem que ler Freud.

Com efeito, lemos em *Análise terminável e interminável* linhas que se referem ao que cabe ao analista.

Lá se ressalta que seria um grave erro pedir ao analista uma grande dose de normalidade e de correção psíquica, isso se tornaria extremamente raro – e depois, que não se deve esquecer que a relação analítica *unendlich ist nich zu vergessen, dass die analytische Beziehung auf Wahr-*

heitsliebe, está fundada no amor à verdade, e *d. h. auf die Anerkennung der Realität gegründet ist*, o que quer dizer – no reconhecimento das realidades.

Realität é uma palavra que vocês reconhecem mesmo não sabendo alemão, porque está calcada no nosso latim. Coexiste, em seus empregos por Freud, com a palavra *Wirklichkeit*, que significa eventualmente, também ela, o que os tradutores, sem procurar mais longe, traduzem sem cerimônia nos dois casos por realidade.

Tenho a propósito disso uma pequena lembrança da raiva verdadeiramente espumante que se apossara de uma dupla, ou mais especialmente de um deles – tenho de qualquer maneira que chamá-lo por seu nome, de modo algum é por acaso, trata-se de um certo Laplanche, que teve algum papel nos avatares de minhas relações com a análise –, diante do pensamento de que um outro – que vou nomear também, já que nomeei o primeiro, um certo Kauffmann – tinha afirmado a idéia de que era preciso distinguir esse *Wirklichkeit* dessa *Realität*. O fato de ter sido antecedido pelo outro nessa observação, que era, com efeito, totalmente primeira, desencadeara uma espécie de paixão no primeiro desses dois personagens.

Esse pseudo-desprezo mostrado por tal preciosismo é de todo modo uma coisa bastante interessante.

A frase acaba assim – *gegründet ist und jeden Schein und Trug ausschliesst*, exclui dessa relação analítica toda falsa aparência, toda tapeação. Uma frase como esta é muito rica. E logo depois, nas linhas que se seguem – apesar do pequeno aceno de amizade que Freud faz de passagem ao analista – aparece que, em suma, não há *das Analysieren*. Estamos aqui prestes a ter verdadeiramente, temos toda a aparência dessa função que é o ato analítico. *Das Analysieren* não quer dizer outra coisa senão essa expressão que usei como título de um dos meus seminários. O ato analítico seria a terceira das profissões impossíveis, *unmöglichen Berufe*, entre aspas.

Freud aqui cita a si mesmo, fazendo referência ao fato de que já teria mencionado – onde o disse? minha busca está incompleta, talvez seja nas cartas a Fliess – as três profissões em questão, que nessa passagem anterior chama de *Regieren*, *Erziehen*, *Kurieren*, o que está evidentemente de acordo com o uso do lugar comum. A análise é novidade, e Freud a dispõe na série por substituição. As três profissões – se é que se trata de profissões – são então *Regieren*, *Erziehen*, *Analysieren*, quer dizer, governar, educar e analisar.

Não se pode deixar de ver o recobrimento entre estes três termos e aquilo que distingo este ano como o que constitui o radical dos quatro discursos.

Os discursos em apreço nada mais são do que a articulação significante, o aparelho, cuja mera presença, o status existente, domina e governa tudo o que eventualmente pode surgir de palavras. São discursos sem a palavra, que vem em seguida alojar-se neles. Assim, posso me dizer, a propósito desse fenômeno embriagador chamado tomar a palavra, que certas demarcações do discurso nas quais isto se insere seriam talvez de tal natureza que, vez por outra, não se a toma sem saber o que se está fazendo.

Dado um certo estilo da palavra em uso no mês de maio, não pode deixar de me ocorrer que um dos representantes do *a*, num plano não instituído no período histórico, mas antes no pré-histórico, é seguramente o animal doméstico. Neste caso, não se pode mais usar as mesmas letras, mas é claríssimo que o que corresponde ao nosso $\$$, foi preciso um certo saber para domesticá-lo – o cachorro, por exemplo, é o latido.

Não podemos evitar a idéia de que, se o latido é exatamente isso, um animal que late, o S_1 ganha um sentido que nada há de anormal em situar no nível em que o situamos, um nível de linguagem. Todos sabem que o animal doméstico está apenas implicado na linguagem de um saber primitivo, e que ele não a tem. Só lhe resta evidentemente remexer no que lhe é dado de mais próximo ao significante S_1 – a carniça.

Vocês contudo já devem saber disso, já tiveram um bom cão, de guarda ou um outro, algum com quem tiveram familiaridade. Isso é irresistível – a carniça, eles a adoram. Vejam a Bathory, uma mulher encantadora, que, na Hungria, gostava de quando em quando de esquartejar suas empregadas, o que é, naturalmente, o mínimo que a gente pode se oferecer quando se tem certa posição. Bastava que colocasse os tais pedaços um pouquinho mais perto da terra, e os seus cachorros logo os levavam de volta para ela.

É a face um pouco ignorada do cão. Se vocês não o engordassem o tempo todo, no almoço ou no jantar, dando-lhe coisas de que ele só gosta porque vêm de seus pratos, é isso o que principalmente lhes traria.

Temos que prestar muita atenção ao seguinte, é que, num nível mais elevado – o de um objeto *a*, e de uma outra espécie, que tentaremos definir mais tarde, e que nos reconduzirá ao que já disse –, a palavra pode fazer o papel da carniça. De qualquer maneira, ela não é mais apetitosa que isso.

Isto contribuiu muito para que se entendesse mal a importância da linguagem. Confundiu-se a manipulação dessa palavra, que não tem outro valor simbólico, com o que se referia ao discurso. Graças ao quê, nunca é num momento qualquer ou de qualquer maneira que a palavra funciona como carniça.

Estas observações têm o objetivo de provocar-lhes espanto e levá-los pelo menos a esta pergunta relativa ao discurso do mestre – como é que esse discurso, que se escuta tão maravilhosamente bem, pode ter mantido sua denominação? Isto é provado pelo fato de que, explorados ou não, os trabalhadores trabalhem.

Jamais se honrou tanto o trabalho, desde que a humanidade existe. E mesmo, está fora de cogitação que não se trabalhe.

Isto é um sucesso, então, do que chamo de discurso do mestre.

Para isso, foi preciso que ele ultrapassasse certos limites. Em poucas palavras, isso acontece àquilo cuja mutação tentei apontar-lhes. Espero que se recordem disso, e se não recordam – é bem possível –, vou lembrar-lhes já-já. Falo dessa mutação capital, também ela, que confere ao discurso do mestre seu estilo capitalista.

Por que, meu Deus, acontece isso, que não acontece por acaso?

Seria um erro acreditar que em algum lugar há políticos sábios que calculam exatamente tudo o que se deve fazer. Seria igualmente um erro acreditar que não os há – eles existem. Não é seguro que estejam sempre no lugar de onde se pode agir congruentemente. Mas, no fundo, talvez não seja isso o que tem tanta importância. É suficiente que eles existam, mesmo em outro lugar, para que aquilo que é da ordem do deslocamento do discurso apesar de tudo se transmita.

Indaguemos agora como pode esta sociedade, dita capitalista, proporcionar-se o luxo de se permitir um enfraquecimento do discurso universitário.

Tal discurso não passa, contudo, de uma dessas transformações que lhes exponho em detalhe. É o giro de um quarto em relação ao discurso do mestre. Daí uma pergunta que vale a pena considerar – concordando com esse enfraquecimento, que é, deve-se dizer, proporcionado, será que não se cai numa armadilha? Não é uma idéia nova.

Acontece que escrevi um pequeno artigo sobre a reforma universitária, que me tinham expressamente pedido para um jornal, o único a ter uma reputação de equilíbrio e honestidade, chamado *Le Monde*. Tinham insistido muito para que eu redigisse essa pequenina página a propósito da reorganização da psiquiatria, da reforma. Ora, apesar dessa insistência, é bastante assombroso que esse pequeno artigo, que publicarei um dia desses, não tenha saído lá.

Nele, falo de *uma reforma no seu buraco.* Justamente, esse buraco turbilhonante, tratou-se manifestamente de com ele tomar um certo número de medidas concernentes à Universidade. E, meu Deus, remetendo-nos corretamente aos termos de certos discursos fundamentais, pode-se ter certos escrúpulos, digamos, em agir, pode-se olhar duas vezes antes de se precipitar a aproveitar as linhas que se abrem. Veicular a carniça naqueles corredores é uma responsabilidade.

Eis a que nossas observações de hoje, que não são as habituais, que não são as comuns, devem ser articuladas.

2

$$\frac{S_2}{S_1} \longrightarrow \frac{a}{\$} \qquad \frac{S_1}{\$} \longrightarrow \frac{S_2}{a}$$

$$\frac{a}{S_2} \longrightarrow \frac{\$}{S_1} \qquad \frac{\text{agente}}{\text{verdade}} \longrightarrow \frac{\text{trabalho}}{\text{produção}}$$

Isto é como um aparelho. Temos que ter a noção, pelo menos, de que poderia servir de alavanca, de alicate, de que pode ser aparafusado, construído, dessa ou daquela maneira.

Há vários termos. Se só forneci aqui estas letrinhas, não foi por acaso. É que não quero meter coisas aí que tenham a aparência de significar. Não as quero significar, de modo algum, e sim autorizá-las. Autorizá-las já é um pouco mais do que escrevê-las.

Já falei sobre o que constitui os lugares em que essas insignificâncias se inscrevem, e já apontei a sorte do que vem a ser o agente.

Este termo vem sublinhar como que uma sorte de enigma da língua francesa – o agente não é forçosamente aquele que faz, mas aquele a quem se faz agir.[39]

De sorte que, como já podem suspeitar, não é tão claro que o mestre funcione. Isto define, com toda probabilidade, o lugar do mestre. É a melhor das coisas que se possa perguntar a seu respeito e, naturalmente, não me esperaram para fazê-lo. Um tal Hegel encarregou-se disso, mas é preciso olhar mais de perto.

É muito aborrecido pensar que aqui não há cinco pessoas, talvez, que tenham lido de verdade, desde que falo disso, a *Fenomenologia do espírito.* Não quero pedir que levantem a mão.

É muito chato que até o momento eu ainda não tenha visto mais do que duas pessoas que a tenham lido perfeitamente, porque eu mesmo, devo confessar, também não percorri todos os seus recantos. Trata-se de meu mestre, Alexandre Kojève, que a demonstrou milhares de vezes, e de uma outra pessoa, de uma índole que vocês não acreditam. Essa pessoa leu verdadeiramente a *Fenomenologia do espírito* de maneira luminosa, a ponto de que tudo o que pode haver nas notas de Kojève, que eu tinha e que lhe repassei, era na verdade supérfluo.

O inaudito é que por mais que eu tenha me matado, em um tempo, a fazer notar que a *Crítica da razão prática* é manifestamente um livro de erotismo extraordinariamente mais engraçado do que o que se publica nas edições Éric Losfeld, isso não teve nenhum tipo de resultado, e se lhes disser que a *Fenomenologia do espírito* é engraçadíssima, pois bem, não haverá melhores resultados. No entanto, trata-se exatamente disso.

Na verdade, é a coisa mais extraordinária que pode haver. Também é um humor frio, não diria negro. Há uma coisa da qual se pode estar absolutamente convencido, é que ele sabe absolutamente bem o que faz. O que faz é fazer um passe de prestidigitador e sacanear todo mundo. Isto a partir do fato de que o que ele diz é a verdade.

Evidentemente não há melhor maneira de caracterizar o significante-mestre é que está ali, no quadro, do que identificá-lo com a morte. E aí, de que se trata? De mostrar numa dialética, como se exprime Hegel, o que é o zênite, a ascensão, o pensamento da função deste termo.

O que é, em suma, a entrada em ação desse brutamonte, o senhor, na fenomenologia do espírito, como se exprime Hegel? A verdade do que ele articula é absolutamente sedutora e sensacional. Podemos lê-la diretamente, sob a condição de nos deixarmos pegar por ela, porque eu, por minha parte, articulo justamente que ela não pode ser lida diretamente. A verdade do que ele articula é isto – a relação com esse real, na medida propriamente em que é impossível.

Não se vê em absoluto por que teria que haver um senhor surgido da luta mortal por puro prestígio. E isso embora Hegel diga, ele próprio, que daí resultaria esse estranho arranjo de saída.

O cúmulo é que Hegel encontra o meio – é verdade, dentro de uma concepção da história em sintonia com o que dela emerge, ou seja, a sucessão das fases de dominância, de composição do jogo do espírito, que se situa ao longo desse fio que não é uma ninharia, aquilo que até ele foi chamado de pensamento filosófico – Hegel encontra o meio de mostrar que o que acontece, afinal de contas, é que o escravo, por seu trabalho, é quem dá a verdade do senhor, empurrando-o para o fundo. Em virtude desse trabalho forçado, como podem notar desde o começo, o escravo chega, no final da história, a esse termo chamado saber absoluto.

Nada é dito sobre o que acontece então, pois na verdade não havia quatro termos na proposição hegeliana, e sim primeiro o senhor e depois o escravo. Esse escravo, eu o chamo de S_2 mas aqui também podem identificá-lo com o termo gozo, ao qual de início ele não quis renunciar, e depois concordou, porque o substitui pelo trabalho – que apesar de tudo não é seu equivalente.

Graças a quê? Graças à série de mutações dialéticas, ao balé, ao minueto que se institui a partir desse momento inicial e atravessa de ponta a ponta, passo a passo, todo o desenvolvimento da cultura, enfim, a história nos recompensa por esse saber que não se qualifica como acabado – com boas razões para isso –, mas como absoluto, incontestável. E o senhor aparece como tendo sido o instrumento, o Cornudo magnífico[40] da história.

É sublime que essa notabilíssima dedução dialética tenha sido empreendida e que seja, por assim dizer, bem-sucedida. Ao longo dela – tomemos o exemplo do que Hegel pode dizer sobre a cultura –, abundam as observações mais pertinentes quanto ao jogo das incidências e dos exercícios do espírito. Repito, não há nada de mais engraçado.

A astúcia da razão, diz-nos ele, é que dirigiu todo esse jogo.

Eis um belíssimo termo, que tem todo seu valor para nós, analistas, e podemos segui-lo no nível de um terreno bê-a-bá, razoável ou não, pois na palavra temos que lidar com algo muito astuto, quando se trata do inconsciente. Só que o cúmulo dessa astúcia não está onde se pensa. É a astúcia da razão, sem dúvida, mas é bem preciso reconhecer a astúcia do raciocinador, e tirar-lhe o chapéu.

Se houvesse sido possível que no começo do século passado, na época da batalha de Jena, esse extraordinário embuste que se chama *Fenomenologia do espírito* subjugasse alguém, o golpe teria dado certo.

É evidente, com efeito, que não se pode sustentar por um só instante que estejamos nos aproximando no que quer que seja da ascensão do escravo. Essa incrível maneira de colocar na sua conta – na conta de seu trabalho – um progresso, como se diz, um progresso qualquer do saber, é verdadeiramente de uma futilidade extraordinária.

Mas o que chamo de astúcia do raciocinador está aí para nos mostrar uma dimensão essencial, com a qual temos que tomar cuidado. Se designamos o lugar do agente – seja qual for, não é sempre o do significante-mestre, pois todos os outros significantes vão passar ali por sua vez –, a questão é a seguinte. O que é que faz agir esse agente? Como é que o extraordinário circuito em torno do qual gira o que merece ser designado, propriamente falando, com o termo revolução pode se produzir?

Reencontramos aqui, em certo nível, a expressão de Hegel – restituir o trabalho ao mundo.

Qual é a verdade? É justamente ali que ela se situa, com um ponto de interrogação. O que é que inaugura, o que é que põe em ação esse agente? Porque, enfim, isso não subsiste desde sempre, está aí desde os tempos históricos.

É bom perceber, a propósito de um caso tão ofuscante, que, justamente por isso, não se pensa nele, não se o vê – Hegel é o representante sublime do discurso do saber, e do saber universitário.

Nós outros, na França, nunca temos filósofos a não ser gente que percorre as estradas, pequenos associados de sociedades provinciais como Maine de Biran, ou então tipos como Descartes, que passeiam pela Europa. De todo modo, é preciso que vocês saibam lê-lo, a ele também, e escutar seu tom – ele fala do que pode esperar de seu nascimento. Vê-se que gênero de pessoa era. De qualquer maneira não era um imbecil, longe disso.

Entre nós, não é nas universidades que encontramos os filósofos. Podemos contar isto a nosso favor. Mas, na Alemanha, é na Universidade. E as pessoas são capazes de pensar, num certo nível de status universitário, que os pobrezinhos, os queridinhos, aqueles que neste momento estão apenas entrando na era industrial, na grande era da labuta, da exploração até a morte, vão pegá-los com a revelação dessa verdade, a de que são eles que fazem a história, e que o senhor não é mais do que o empregadinho que faltava para dar início à música.

Essa observação tem seu valor, e pretendo sublinhá-la com força em função da frase de Freud pela qual a relação analítica deve ser fundada no amor à verdade.

Esse Freud era verdadeiramente um sujeito encantador. Era verdadeiramente ardente, entusiasmado. Tinha também fraquezas. Sua relação com a sua mulher, por exemplo, é algo inimaginável. Ter tolerado semelhante megera toda a sua existência é uma coisa incrível.

Enfim, digam para vocês mesmos – se há algo que deve lhes inspirar a verdade, se quiserem sustentar o *Analysieren*, com certeza não é o amor. Pois a verdade, no caso, é ela que faz surgir este significante, a morte. E inclusive, ao que tudo indica, se há algo que dá um sentido totalmente diverso ao que Hegel afirmou, é justamente o que Freud tinha no entanto descoberto naquela época, que qualificou, como pôde, de instinto de morte, ou seja, o caráter radical da repetição, essa repetição que insiste e que caracteriza perfeitamente a realidade psíquica do ser inscrito na linguagem.

Talvez a verdade não tenha outro rosto. Não há por que ficar doido por ela.

Isto também não é exato. Rostos, a verdade tem mais de um. Porém, justamente, o que poderia ser a primeira linha de conduta a ser mantida pelos analistas seria desconfiar um pouco, não ficar de repente doido por uma verdade, pelo primeiro rostinho bonito encontrado na esquina.

É justamente aí que encontramos essa observação de Freud onde achamos, acompanhada por esse *Analysieren*, a realidade. Tem justamente a índole de fazer-nos dizer que efetivamente há, talvez, um real assim, totalmente ingênuo – eis em geral como se fala – que se faz passar pela verdade. A verdade, isso se experimenta, o que de modo algum quer dizer que por isto ela conheça mais do real, sobretudo se falamos do conhecer, e se nos lembramos dos lineamentos do que indico sobre o real.

É na etapa em que ocorreu de se definir que é impossível demonstrar-se como verdadeiro o registro de uma articulação simbólica que o real se situa, se o real se define como o impossível. Eis o que pode servir-nos para medir nosso amor pela verdade – e também o que pode nos fazer tocar de perto por que governar, educar, analisar também, e – por que não? – fazer desejar, para completar com uma definição o que caberia ao discurso da histérica, são operações que, falando propriamente, são impossíveis.

Tais operações estão aí, elas agüentam firme, terrivelmente bem, fazendo-nos a pergunta do que vem a ser a sua verdade – ou seja, como é que isso se produz, essas coisas malucas, que só se definem no real por só poderem ser articuladas, quando nos aproximamos delas, como impossíveis. Claro que sua plena articulação como impossível é justamente o que nos dá o risco, a chance vislumbrada, de que o seu real, por assim dizer, exploda.

Se somos forçados a flanar tão longamente pelos corredores, pelos labirintos da verdade, é justamente porque há algo que nos impede de chegar. E por que ficarmos surpresos quando se trata daqueles discursos que são para nós totalmente novos? Não nos faltaram uns bons setenta e cinco anos para encarar as coisas sob este ângulo, mas enfim, vai ver que a permanência nas poltronas não é a melhor posição para estreitar o impossível.

Seja como for, o fato de estarmos sempre às voltas com a dimensão do amor à verdade, dimensão, ao que tudo indica, que nos faz deixar escorregar completamente por entre os dedos a impossibilidade do que se mantém como real, precisamente no plano do discurso do mestre como Hegel o enunciou – eis o que necessita a referência ao que o discurso analítico felizmente nos permite vislumbrar e articular com exatidão. Por isto é importante que eu o articule.

3

Estou persuadido de que aqui há cinco ou seis pessoas que poderão ressituar muito bem o que eu enuncio, de maneira que tenha chances de ressurgir.

Não digo que isto seja a alavanca de Arquimedes. Não digo que isto tenha a menor pretensão de renovar o sistema do mundo, nem o pensamento da história. Indico apenas de que modo a análise nos põe em condições de receber, pelo acaso dos encontros, um certo número de coisas que podem parecer esclarecedoras.

Eu, por exemplo, poderia muito bem jamais ter encontrado Kojève. Se nunca o houvesse encontrado, é bem provável que, como todos os franceses educados durante um certo período, talvez não tivesse desconfiado de que a *Fenomenologia do espírito* era alguma coisa.

Não seria tão mau se a análise lhes permitisse perceber a que se deve a impossibilidade, quer dizer, o que faz obstáculo ao cercamento, ao estreitamento daquilo que, e nenhuma outra coisa, talvez pudesse em última instância introduzir uma mutação – ou seja, o real nu e cru, nada de verdade.

Mas eis que entre nós e o real há a verdade. A verdade, já lhes enunciei um dia, num arroubo lírico, que era a irmãzinha querida da impotência. Espero que isso tenha voltado à cabeça de ao menos alguns de vocês, no momento em que vou acentuar, em cada uma das quatro fórmulas que lhes dei, o contraste entre a primeira linha e a segunda.

A primeira linha comporta uma relação que está indicada aqui por uma flecha, e que se define sempre como impossível. No discurso do mestre, por exemplo, de fato é impossível que haja um mestre que faça seu mundo funcionar. Fazer com que as pessoas trabalhem é ainda mais cansativo do que a gente mesmo trabalhar, se tivesse mesmo que fazê-lo. O mestre nunca faz isso. Ele dá um sinal, o significante-mestre, e todo mundo corre. Daí é que se deve partir – de que, com efeito, é totalmente impossível. Isto é palpável todos os dias.

A impossibilidade escrita na primeira linha, trata-se agora de ver – como já indica o lugar dado ao termo verdade – se não seria no nível da segunda linha que teríamos a sua chave.

Só que, no nível dessa segunda linha, não existe nem sombra de flecha. E não apenas não há comunicação, mas há algo que obtura.

O que é que obtura? O que resulta do trabalho. E a descoberta de um tal Marx é justamente ter dado todo o seu peso a um termo que já se conhecia antes dele, e que designa aquilo em que o trabalho é empregado – chama-se a produção.

Quaisquer que sejam os sinais, os significantes-mestres que vêm se inscrever no lugar do agente, a produção não tem, em qualquer caso, relação alguma com a verdade. Pode-se fazer tudo o que se quiser, pode-se dizer tudo o que se quiser, pode-se tentar conjugar essa produção com as necessidades, que são necessidades que se forjam, mas não adianta. Entre a existência de um mestre e a relação de uma produção com a verdade, não há como sair disso.

Toda impossibilidade, seja ela qual for, dos termos que aqui colocamos em jogo, articula-se sempre com isto – se ela nos deixa em suspense quanto à sua verdade, é porque algo a protege, algo que chamaremos impotência.

Tomemos por exemplo, no discurso universitário, esse primeiro termo, aquele que aqui se articula no termo S_2, e que está na posição, de uma pretensão insensata, de ter como produção um ser pensante, um sujeito. Como sujeito, em sua produção, de maneira alguma poderia se perceber por um só instante como senhor do saber.

Isto se capta ali de maneira sensível, mas remonta mais acima, ao nível do discurso do senhor, que, graças a Hegel, me permito pressupor, pois só o conhecemos agora, como verão, sob uma forma consideravelmente modificada.

É uma construção, e mesmo uma reconstrução, esse mais-de-gozar que articulei este ano, e que ponho de início como suporte. É um suporte mais verdadeiro. Desconfiemos, é isso justamente o que ele tem de perigoso, mas de todo modo tem precisamente a força de se articular assim, como percebemos lendo pessoas que, por sua vez, não tinham lido Hegel, Aristóteles principalmente.

Lendo Aristóteles, pressentimos que a relação do senhor com o escravo apresentava-lhe verdadeiramente um problema. Procurava a sua verdade, e é verdadeiramente magnífico ver como tenta se sair dessa nos três ou quatro parágrafos em que trata do assunto – ele vai por uma só via, a de uma diferença de natureza da qual surgiria o bem do escravo.

Ele não é um professor universitário. Não é um astuto, um espertinho como Hegel. Sente claramente que quando enuncia isso, isso derrapa, escorrega por todos os lados. Não está muito seguro, nem muito entusiasmado. Não impõe sua opinião. Mas enfim, sente que é por esse lado que poderia haver algo que motivaria a relação entre o senhor e o escravo. Ah, se não fossem do mesmo sexo, se fossem o homem e a mulher, seria verdadeiramente sublime, e dá a entender que haveria uma esperança. Infelizmente, não é assim, não são de sexos diferentes, e ele fica de queixo caído. Podemos ver bem do que se trata – trata-se de saber o que, sob esse nome mais-de-gozar, o senhor recebe do trabalho do escravo.

Isto deveria parecer óbvio. E o inaudito é que ninguém parece se dar conta justamente de que há um ensinamento a extrair do fato de não ser óbvio. O problema da ética começa, de repente, a proliferar – a *Ética a Nicômacos*, e a *Ética a Êudemos*, e muitas outras obras de reflexão moral.

Não se sai mais disso. Esse mais-de-gozar, não se sabe o que fazer dele. Para que se chegue a colocar no centro do mundo um soberano bem, é preciso estar atrapalhado como um peixe diante de uma maçã. No entanto, o mais-de-gozar que o escravo nos dá está ao alcance da mão.

O que demonstra, o que atesta todo o pensamento da antigüidade, que Hegel nos faz revisitar graças a seus maravilhosos passes de mágica e outras coisas mais, até o masoquismo politizado dos estóicos, é que instalar-se tranqüilamente como o sujeito do senhor, isso não pode ser feito na qualidade de mais-de-gozar.

Tomemos agora o discurso da histérica tal como ele se articula – ponham o $\$$ em cima e à esquerda, o S_1 à direita, o S_2 embaixo, o a minúsculo no lugar da verdade. Também não é possível que, pela produção de saber, se motive a divisão, o dilaceramento sintomático da histérica. Sua verdade é que precisa ser o objeto *a* para ser desejada. O objeto *a* é afinal de contas um pouco magrelo, embora, é claro, os homens adorem isso e não possam sequer vislumbrar se fazer passar por outra coisa – outro sinal da impotência cobrindo a mais sutil das impossibilidades.

Chegamos enfim ao nível do discurso do analista. Naturalmente, ninguém assinalou – é muito curioso que o que ele produz nada mais seja do que o discurso do mestre, já que S_1 é o que vem no lugar da produção. E, como eu dizia da última vez, quando deixei Vincennes, talvez seja do discurso do analista, se fizermos esses três quartos de giro, que possa surgir um outro estilo de significante-mestre.

Na verdade, seja ele ou não de outro estilo, não vamos saber tão cedo qual é, e – ao menos por enquanto – somos completamente impotentes para vinculá-lo ao que está em jogo na posição do analista, a saber, a sedução de verdade que ele apresenta, de vez que saberia um bocado sobre o que em princípio representa.

Será que acentuo o bastante a relevância da impossibilidade de sua posição, na medida em que o analista se coloca em posição de representar, de ser o agente, a causa do desejo?

4

Eis então definida a relação entre esses termos, que são quatro. Aquele que não nomeei é o que não é nomeável, porque é em sua interdição que se funda toda essa estrutura – trata-se, a saber, do gozo.

É aí que a visão, a pequena luzerna, o olhar que a análise trouxe, introduz-nos no que pode ser um encaminhamento fecundo não do pensamento, mas do ato. E é nisso que isso parece revolucionário.

Não é em torno do sujeito que se situa. Seja qual for a fecundidade que a interrogação histérica tenha mostrado, interrogação que, como já disse, o introduz primeiro na história, e embora a entrada do sujeito como agente do discurso tenha tido resultados muito surpreendentes, sendo o primeiro deles a ciência, nem por isso a chave de todos os mecanismos está ali. A chave está na indagação sobre o que cabe ao gozo.

Podemos dizer que o gozo é limitado por processos naturais. Mas, para dizer a verdade, nada sabemos disso, se são processos naturais. Sabemos simplesmente que acabamos considerando natural o estado cosquilhoso em que nos mantém uma sociedade mais ou menos arrumada, só que todos morrem de vontade de saber no que daria se verdadeiramente fizesse doer. Daí essa mania sadomasoquista que caracteriza o nosso amável ambiente sexual.

Isto é completamente fútil, e mesmo secundário. O importante é que, natural ou não, é efetivamente como ligado à própria origem da entrada em ação do significante que se pode falar de gozo. Com que goza a ostra ou o castor, ninguém jamais saberá nada disso porque, faltando significante, não há distância entre o gozo e o corpo. A ostra e o castor estão no mesmo nível da planta que, afinal, talvez tenha também um gozo, nesse plano.

O gozo é exatamente correlativo à forma primeira da entrada em ação do que chamo a marca, o traço unário, que é marca para a morte, se quiserem dar-lhe seu sentido. Observem bem que nada toma sentido até que a morte entre na jogada.

É a partir da clivagem, da separação entre o gozo e o corpo doravante mortificado, a partir do momento em que há jogo de inscrições, marca do traço unário, que a questão se coloca. Não é preciso esperar que o sujeito tenha se revelado bem oculto no nível da verdade do mestre. A divisão do sujeito não é certamente outra coisa senão a ambigüidade radical que se vincula ao próprio termo verdade.

Na medida em que a linguagem, tudo o que instaura a ordem do discurso, deixa as coisas numa hiância, é que, em suma, podemos estar certos de que, seguindo seu fio, nunca faremos outra coisa senão seguir um contorno. Mas há algo a mais que ela nos dá, e é o mínimo que na verdade teríamos que saber para responder à pergunta por onde comecei, que é, a saber, o que ocorre atualmente no nível do discurso universitário.

Temos que começar vendo por que o discurso do mestre está tão solidamente estabelecido, a ponto de poucos de vocês, ao que parece, avaliarem até que ponto ele é estável. Isto se deve ao que Marx demonstrou – sem mostrar, devo dizê-lo, sua relevância – no que se refere à produção, e que ele chama mais-valia, e não mais-de-gozar.

Alguma coisa mudou no discurso do mestre a partir de certo momento da história. Não vamos esquentar a cabeça para saber se foi por causa de Lutero, ou de Calvino, ou de não sei que tráfico de navios em torno de Gênova, ou no mar Mediterrâneo, ou alhures, pois o importante é que, a partir de certo dia, o mais-de-gozar se conta, se contabiliza, se totaliza. Aí começa o que se chama de acumulação de capital.

Vocês não sentem, em relação ao que enunciei há pouco sobre a impotência fazendo a junção entre o mais-de-gozar e a verdade do mestre, que aqui o passo ganha? Não digo que o último seja o decisivo, mas a impotência dessa junção é de repente esvaziada. A mais-valia se junta ao capital – sem problemas, é homogêneo, estamos aí nos valores. Aliás, todos nós nadamos nisso no abençoado tempo em que vivemos.

O que há de chocante, e que não parece ser visto, é que a partir daquele momento o significante-mestre, por terem sido dissipadas as nuvens da impotência, aparece como mais inatacável, justamente na sua impossibilidade. Onde está ele? Como nomeá-lo? Como discerni-lo, a não ser, evidentemente, por seus efeitos mortíferos? Denunciar o imperialismo? Mas como pará-lo, esse mecanismo tão pequeno?

O que cabe agora ao discurso universitário? Não pode haver chance de que em outro lugar a coisa se altere um pouco. Como? Reservo-me o direito de indicar isto a vocês mais tarde, pois, como podem ver, ando lentamente. Mas já posso dizer que, no nível do discurso universitário, o objeto a vem a um lugar que está em jogo cada vez que isso se mexe, o lugar da exploração mais ou menos tolerável.

O objeto *a* é o que permite arejar um pouquinho a função do mais-de-gozar. O objeto *a* é o que são todos vocês, na medida em que estão aqui enfileirados – todos abortos do que foi, para aqueles que os engendraram, causa do desejo. E é aí que vocês têm que se orientar, a psicanálise lhes ensina isto.

Não me aborreçam dizendo-me que seria bom que eu assinalasse, para aqueles que se agitam aqui ou acolá, que há um mundo entre o aborto da grande burguesia e o do proletariado. Afinal, o aborto da grande burguesia, como aborto, não é obrigado a carregar consigo, todo o tempo, a sua incubadora.

Porém, a pretensão de se situar num ponto que de repente seria particularmente iluminado, iluminável, e que poderia chegar a se alterar por estas relações, não temos contudo que aumentá-la até o ponto a que levava as coisas – pequena lembrança que revelo – uma pessoa que me acompanhou durante pelo menos dois ou três meses do que se costuma chamar de louca juventude. Essa mulher encantadora me dizia – *Eu sou de pura raça proletária.*

Nunca se terminou completamente com a segregação. Posso dizer a vocês que ela vai sempre reaparecer com mais força. Nada pode funcionar sem isto – que acontece aqui, na medida em que o *a*, o *a* sob uma forma viva, por mais aborto que ela seja, manifesta que ela é efeito da linguagem.

Seja como for, há em todos os casos um nível em que isso não se ajeita, o nível daqueles que produziram os efeitos da linguagem, porque nenhuma criança nasceu sem ter tido que se haver com esse tráfico por intermédio de seus amáveis progenitores, que estavam presos em todo o problema do discurso, tendo atrás de si, também eles, a geração precedente. E é nesse nível que na verdade teríamos que haver interrogado.

Se quisermos que algo gire – é claro que em última instância jamais se pode girar, já sublinhei bastante isso –, não é certamente por progressismo, mas simplesmente porque isso não pode parar de girar. Se não gira, range, bem onde as coisas colocam problemas, quer dizer, no nível do posicionamento de algo que se escreve *a*.

Será que isso existiu alguma vez? Certamente existiu, e são os antigos que nos dão, afinal, seu melhor testemunho e, em seguida, ao longo das eras, as coisas formais, clássicas, de algum modo copiadas deles.

Quanto a nós, no nível em que as coisas acontecem por enquanto, o que isso pode esperar? Esse ponto de auscultação, tudo o que do corpo resta de vivo, de saber, essa criança de peito, por que não, esse olhar, esse grito, esse berro, ele late – que pode ele fazer?

Vou tentar dizer-lhes da próxima vez o que significa o que chamarei de greve da cultura.

10 DE JUNHO DE 1970

XIII

O poder dos impossíveis

Um pouco de vergonha no tempero.
O leite da verdade dá sono.
O brilho do real.
O estudante, irmão do subproletariado.
Um pequeno abrigo.

É preciso dizer, morrer de vergonha é um efeito raramente obtido.

Contudo, é o único signo – falei disso para vocês há um momento, como é que um significante se torna um signo –, o único signo cuja genealogia se pode assegurar, ou seja, ele descende de um significante. Um signo qualquer, afinal, pode sempre cair sob a suspeita de ser um puro signo, quer dizer, coisa obscena, *vã-cena*,[41] ouso dizer – e até vinte cenas –, bom exemplo para rir.

Morrer de vergonha, então. Aqui, a degenerescência do significante é segura – segura por ser produzida por um fracasso do significante, ou seja, o ser para a morte, na medida em que ele concerne ao sujeito – e a quem outro poderia concernir? O ser para a morte, ou seja, o cartão de visita pelo qual um significante representa um sujeito para outro significante – vocês começam a saber isso de cor, espero.

Esse cartão de visita nunca chega a bom porto, já que, por levar o endereço da morte, é preciso que esse cartão seja rasgado. *É uma vergonha*, como dizem, que deveria produzir uma *vergontologia*, ortografado enfim corretamente.[42]

Enquanto isso, morrer de vergonha é o único afeto da morte que merece – que merece o quê? – que a merece.

Ficamos calados muito tempo. Falar disso, de fato, é abrir esse reduto, não o último, o único que sustenta o que honestamente se pode dizer do honesto, honesto que preza a honra – tudo isso é vergonha e companhia – por não mencionar a vergonha. Justamente porque morrer de vergonha é, para o honesto, o impossível. Vocês sabem, de mim, que isto quer dizer o real.

Aquilo não merece a morte, diz-se a propósito de qualquer coisa, para reduzir tudo à futilidade. Dito dessa maneira, com esse fim, elide que a morte possa ser merecida.

Ora, elidir o impossível não é o que no caso estaria em questão, mas sim ser seu agente. Dizer que a morte possa ser merecida – ao menos enquanto se morre de vergonha por não acontecer nada, que ela seja merecida.

Se ocorresse agora, pois bem, seria a única forma de merecê-la. Seria a chance de vocês. Se não ocorresse, o que em relação à surpresa precedente seria um azar, resta-lhes então a vida como vergonha a engolir, porque não merece que se morra por ela.

Vale a pena que fale assim? Pois, a partir do momento em que se fala disso, as *vinte-cenas*, as *vãs-cenas* que mencionei antes só pedem que se as retome como palhaçada.

1

Justamente, Vincennes.

Parece que ficaram contentes com o que eu disse, contentes comigo. Isto não é recíproco. Eu não fiquei muito contente com Vincennes.

Por mais que ali uma pessoa gentil tenha tentado povoar a primeira fila, *fazer parecer Vincennes*, manifestamente não havia ninguém de Vincennes, ou muito poucas pessoas, só os ouvidos mais dignos de me conferirem uma boa nota. Não é de modo algum o que eu esperava, sobretudo depois de terem, ao que parece, propagado meu ensino. Há momentos em que posso ser sensível a um certo vazio.

Mas enfim, de qualquer maneira havia exatamente o que era preciso para nos indicar o ponto de coincidência que pode existir entre *Minute* e *Les temps modernes*.[43] Só falo disso porque, vocês vão ver, tem ligação com nosso tema de hoje – como se comportar com a cultura?

Às vezes basta uma coisinha pequena para traçar um raio de luz, aqui uma lembrança da qual não se sabe como eu mesmo tive consciência. Uma vez que vocês lembrem da publicação de uma certa gravação em *Les temps modernes*, a relação com *Minute* é notória. Tentem, é fascinante, eu o fiz. Recortem os parágrafos nos dois jornais, misturem-nos em algum lugar e tirem. Garanto que, exceto pelo papel, não vão reconstituí-los tão facilmente.

Isso é o que deve permitir-nos encarar a questão de uma maneira que não seja a partir da objeção que fiz há pouco, ao tocar as coisas com um certo tom, com uma certa palavra, por medo de cair na palhaçada. Partamos antes de mais nada do seguinte – a palhaçada já está ali. Talvez colocando um pouco de vergonha no tempero, quem sabe, isso poderia contê-la.

Em suma, estou jogando o jogo de que vocês me escutam, já que me dirijo a vocês. Caso contrário, haveria antes uma objeção a que me escutassem, já que em muitos casos isto lhes impede de escutar o que digo. E é uma pena, pois pelo menos os jovens dentre vocês, há um bom tempo que são, quanto ao que digo, igualmente capazes de dizê-lo sem mim. Para isso, só lhes falta justamente um pouco de vergonha. O que poderiam chegar a ter.

Evidentemente, isso não se encontra sob a pata de um cavalo, e menos ainda de um cavalinho de pau, de alguma idéia fixa,[44] mas os sulcos da aletosfera, como disse, que cuidam de vocês [*vous soignent*] e até mesmo já os *soyuzam*[45] [*vous soyousent*] intensamente, isto talvez já fosse o suficiente como vergonha.

Reconheçam porque Pascal e Kant se agitavam como dois criados na iminência de fazer em relação a vocês o que fez Vatel.[46] Isso careceu de verdade lá em cima, durante três séculos. De qualquer maneira o serviço chegou, aquecido a seu gosto, e até o músico de quando em vez, como já sabem. Não façam cara feia, vocês estão servidos, podem dizer que não há mais vergonha.

Aqueles potes sobre os quais, quando disse que estavam vazios de mostarda, vocês se perguntaram o que estava me azucrinando – pois bem, façam logo provisão de bastante vergonha para que a festa, quando chegar, não fique insossa demais.

Vocês vão me dizer – A vergonha, que vantagem? Se é isto o avesso da psicanálise, é muito pouco para nós. Eu lhes respondo – Vocês têm disso para dar e vender. Se ainda não o sabem, tirem uma casquinha, como se diz. Esse ar avoado que vocês têm, vão vê-lo tropeçar a cada passo numa fenomenal vergonha de viver.

Isto é o que a psicanálise descobre. Com um pouco de seriedade, vão se dar conta de que essa vergonha se justifica por não morrerem de vergonha, quer dizer, por sustentarem com todas as suas forças um discurso do mestre pervertido – é o discurso universitário. *Rhegelem*-se, diria eu.

Voltei no domingo a esse sagrado libelo da *Fenomenologia do espírito*, perguntando-me se não os tapeei da última vez arrastando-os nas minhas reminiscências, com que eu mesmo me regalava. De jeito nenhum. É atordoante.

Lá verão, por exemplo – a consciência vil é a verdade da consciência nobre. E isso é lançado de maneira a deixá-los tontos. Quanto mais ignóbil – não disse obsceno, não se trata disso há bastante tempo –, melhor será. Isto esclarece verdadeiramente a reforma recente da Universidade, por exemplo. Todos, unidades de valor, créditos – tendo na algibeira de vocês o bastão da cultura, marechal à bessa, mais medalhas, como nos concursos de animais, que vão etiquetá-los com o que se ousa chamar de mestria. Formidável, terão disso em profusão.

Ter vergonha de não morrer disso talvez desse um outro tom, o de que o real esteja concernido. Disse o real e não a verdade, pois, como já lhes expliquei da última vez, é tentador sugar o leite da verdade, mas é tóxico. Isso dá sono, e é tudo o que se espera de vocês.

Recomendei a uma encantadora pessoa que relesse Baltazar Gracián que, como sabem, era um jesuíta que vivia no final do século XVI. Escreveu seus grandes trechos no começo do século XVII. Em suma, foi ali que nasceu a visão de mundo que nos convém. Antes mesmo de que a ciência subisse a nosso zênite, sentiu-se que ela vinha. É curioso, mas é assim. Deve-se mesmo registrar, para toda apreciação verdadeiramente experimental da história, que o barroco que tão bem nos convém – e a arte moderna, figurativa ou não, dá no mesmo – tenha começado antes, ou justamente ao mesmo tempo que os passos iniciais da ciência.

No *Criticón*, que é uma espécie de apólogo onde já se encontra incluída por exemplo a trama de *Robinson Crusoé* – a maior parte das obras-primas constitui-se de migalhas de outras obras-primas desconhecidas –, na terceira parte, sobre o declínio da velhice – pois ele toma esse grafo das idades –, no segundo capítulo se encontra algo que se chama *a verdade em trabalho de fraldas*.

A verdade está de fraldas numa cidade em que só habitam os seres da maior pureza. Isso não os impede de pôr-se em fuga, sob o impacto de um medo danado, quando se lhes diz que a verdade é trabalho de criança, ou seja, um parto.

Pergunto-me por que me pedem para explicar isso, já que fizeram para mim essa descoberta – pois, na verdade, não sou eu quem a demarcou –, a menos que não se tenha vindo a meu último seminário, pois é justamente o que disse ali.

É aí que têm que fazer pé firme, pois as palavras de vocês, se as querem subversivas, tomem cuidado para que elas não se grudem demais no caminho da verdade.

O que da última vez quis articular, pondo aqui no quadro essas coisas que não posso voltar a desenhar todo o tempo, é que o S_1, significante-mestre que constitui o segredo do saber em sua situação universitária, é extremamente tentador colar-se a ele. Ali, fica-se preso.

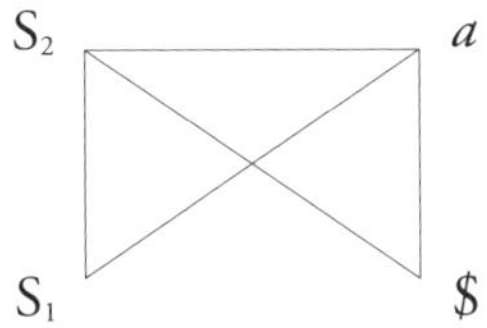

O que esboço, e talvez seja apenas isto que alguns de vocês poderão guardar deste ano, é o enfoque no nível da produção – da produção do sistema universitário. Uma certa produção é esperada de vocês. Trata-se talvez de obter esse efeito, de substituir ali uma outra.

2

Quanto a isso, simplesmente como etapa, troca, e por tê-las colocado como uma marca do que eu havia enunciado diante de vocês da última vez, vou ler-lhes três páginas. Peço desculpas às poucas pessoas com quem já fiz a experiência.

Essas três páginas respondem a esse belga surpreendente que me fez umas perguntas que me retêm o bastante para que me questione se eu mesmo não as ditei a ele sem saber. O mérito certamente fica com ele.

Eis então a sexta, de uma ingenuidade encantadora – *Em quê saber e verdade* – todos sabem que procurei mostrar como se costuram juntas, essas duas virtudes – *são incompatíveis?*

Digo-lhe – *Para me exprimir como vai me ocorrendo, nada é incompatível com a verdade: a gente faz xixi, cospe lá dentro. É um lugar de pas-*

sagem, ou, para melhor dizer, de evacuação do saber como do resto. Pode-se permanecer nele para sempre, e até ficar maluco por ele.

É notável que acautelei o psicanalista para que não dê a conotação de amor a esse lugar do qual, por seu saber, ele está noivo. Digo logo a ele: a gente não se casa com a verdade; com ela, nada de contrato e menos ainda de união livre. Ela não suporta nada disso. A verdade é primeiro sedução, e para engrupi-los. Para não se deixar pegar, é preciso ser forte. Não é o caso de vocês.

Assim falava eu aos psicanalistas, esse fantasma que convoco [héle], *e até reboco* [hale], *em troca da diversão de pressioná-los na hora e no dia invariáveis durante todo o tempo em que sustento para vocês o desafio de que ele, o psicanalista, me escute. Então não é a vocês que aviso; vocês não correm o risco de serem mordidos pela verdade; mas, quem sabe, que minha invenção se anime, que o psicanalista me tome o posto, nos limites da esperança de que isso não se encontre, é a ele que advirto; que da verdade se tenha tudo a apreender, esse lugar comum condena qualquer pessoa a perder-se ali. Que cada um saiba um pouco, será suficiente, e ele fará bem em ater-se a isso. Embora o melhor seria que não fizesse nada. Não há nada de mais traiçoeiro como instrumento.*

Sabe-se como um psicanalista – não o *– em geral se sai disso; ele entrega o fio dessa verdade àquele que dela já tinha as chateações e que, nessa condição, torna-se verdadeiramente seu paciente, mediante o que não liga mais a mínima para ela.*

De todo modo, é um fato a que alguns, há certo tempo, fazem questão de se sentir mais concernidos. Talvez seja a minha influência. Talvez eu tenha tido algo a ver com essa correção. E é justamente isso que me impõe o dever de advertir-lhes para não irem longe demais, porque se eu obtive isso foi por não parecer que ia mexer lá. Mas é justamente o que há de grave, e aliás é óbvio que se finge sentir certo terror. É uma recusa. Mas da recusa não está excluída a colaboração. A própria recusa pode ser uma colaboração.

Com aqueles que me escutam no rádio e que não têm, como dizia há pouco, obstáculo para escutar o que digo, que é o de me escutar, vou aqui chegar mais longe. É por esta razão que leio isto para vocês, porque, se posso dizê-lo em um certo nível da *mass-media*, porque não fazer também aqui a tentativa?

E além do mais, essas primeiras respostas que aqui tanto deslumbraram vocês e que, ao que parece, saíram muito melhor do que se pensa nesse rádio, confirmaram o princípio que adotei, e que está na linha das coisas que gostaria hoje de legar-lhes. É um dos métodos com que se poderia agir sobre a cultura.

Quando se é tomado por acaso no nível de um público amplo, de uma dessas massas que um tipo de *medium* lhes dá, por que justamente não elevar o nível, proporcionalmente à presumida inaptidão – que é de pura presunção – desse campo? Por que diminuir o tom? A quem vocês têm que conglomerar? O jogo da cultura é precisamente incorporá-los a esse sistema, a saber, se o objetivo for atingido, fica-se desnorteado como cachorro em dia de mudança.

Portanto, e embora isso ainda seja completamente dizível nesta sala, digo aqui o que tem de notável não ter sido notada minha fórmula do sujeito suposto saber, colocada como princípio da transferência.

O saber suposto do qual, em meu dizer, o psicanalisante faz transferência, não disse que o psicanalista seja mais suposto saber a sua verdade. Que se pense nisso para compreender que acrescentar-lhe esse complemento seria mortal para a transferência. Mas também, que não se pense nisso, se compreendê-lo iria justamente impedir que seu efeito permanecesse verdadeiro.

Saboreio a indignação de que uma pessoa se vista com o que eu denuncio do pouco de saber cuja obra é feita pela transferência. Cabe só a ela mobiliar isto com outra coisa que não a poltrona que diz estar prestes a vender caso eu tivesse razão. Ela só deixa sem saída essa história se não se ativer a seus meios. O psicanalista só se sustenta se não tiver contas a ajustar com seu ser. O famoso não-saber com que caçoam de nós só lhe toca o coração porque, quanto a ele, ele não sabe nada. Tem repugnância à moda de desenterrar uma sombra para fingir que é carniça, a se fazer cotar como cão de caça. Sua disciplina o penetra porque o real não é, antes de mais nada, para ser sabido – é o único dique para conter o idealismo.

O saber se acrescenta ao real; é precisamente por isso que pode levar o falso a ser, e inclusive a ser um pouco real. Eu Daseino *com toda a força nessa ocasião, precisa-se de ajuda para isso.*

Para dizer a verdade, é só de onde é falso que o saber se preocupa com verdade. Todo saber que não é falso não se importa com ela. Ao ser averiguado, só tem sua forma como surpresa, surpresa de um gosto aliás duvidoso, quando, pela graça de Freud, é de linguagem que nos fala, posto que não é senão seu produto.

É aqui que tem lugar a incidência política. Trata-se em ato desta pergunta – de que saber se faz a lei? Quando se descobre isso, pode ser que mude. O saber cai na categoria de sintoma, visto com outro olhar. E ali, vem a verdade.

Luta-se pela verdade, o que, de todo modo, só se produz por sua relação com o real. Mas que isso se produza importa muito menos do que aquilo que produz. O efeito de verdade é apenas uma queda de saber. É essa queda que faz produção, a ser retomada em breve.

O real não é afetado por isso, de modo algum. Em geral, ele se agita até a próxima crise. Seu benefício do momento é que recuperou seu verniz. Este seria aliás o benefício que se poderia esperar de qualquer revolução, esse verniz que brilharia muito tempo no lugar, sempre turvo, da verdade. Só que, desse verniz, nunca se vê mais do que o fogo.

Eis o que, no dia seguinte ao último seminário, joguei num canto – para vocês, manifestamente, porque não é mais o caso de acrescentá-lo à minha pequena canoa radiológica.

O que temos que compreender a respeito é isto – o que há de pavoroso na verdade é o que ela põe em seu lugar.

O lugar do Outro, como sempre disse, é feito para que nele se inscreva a verdade, quer dizer, tudo o que é dessa ordem, o falso, inclusive a mentira – que não existe, a não ser sobre o fundamento da verdade. Isto, no jogo franco da fala e da linguagem.

Mas o que há com a verdade nesse esquema do quadrípode? Ele supõe a linguagem, e considera estruturado um discurso, quer dizer, o que condiciona toda palavra que ali possa se produzir. O que é que coloca em seu lugar a verdade em apreço, a verdade desse discurso, quer dizer, o que ele condiciona? Como é que isso se sustenta, o discurso do mestre? É a outra face da função da verdade, não a face patente, mas a dimensão na qual ela se necessita como algo escondido.

Nossos sulcos da aletosfera se traçam na superfície do céu, há muito tempo desertada. Mas o que está em questão é aquilo que um dia chamei com essa palavra que provocou em vários de vocês a comichão de se perguntarem o que deu em mim – a latusa.

Não fui eu quem inventou essa dimensão da verdade que faz com que ela esteja oculta. É a *Verborgenheit* que a constitui. Em suma, as coisas estão de tal modo que ela faz supor que tem algo no ventre.

Logo logo, houve espertinhos que perceberam que se isso surgisse, seria abominável. Ela provavelmente vem como acréscimo, para que fique melhor na paisagem. Agora, é igualmente possível que o troço esteja todo aí, que ele deve ser pavoroso se surgir. Se vocês passarem seu tempo esperando, estão fritos. Em suma, não se deve implicar demais com a latusa. Meter-se com ela, é assegurar sempre o quê? O que me mato para explicar a vocês – assegurar o impossível do que é efetivamente, essa relação, real. Quanto mais a procura de vocês envereda pelo lado da verdade, mais vão sustentar o poder dos impossíveis, que são aqueles que enumerei respectivamente da última vez – governar, educar, analisar eventualmente. Quanto à análise, em todo caso, é evidente.

O sujeito suposto saber escandaliza, quando simplesmente me aproximo da verdade.

3

Meus esqueminhas quadrípodes – digo-lhes isto hoje para que tomem muito cuidado –, não é a mesa espírita da história. Não é obrigatório que isto sempre passe por ali, e que gire no mesmo sentido. É só um meio de dar-lhes referências em relação ao que bem pode-se chamar de funções radicais, no sentido matemático do termo.

Em se tratando de funções, o passo decisivo foi dado em algum lugar por volta dessa época que designei agora mesmo, em torno do que há de comum entre o primeiro passo de Galileu, o surgimento das integrais e das diferenciais em Leibniz, e depois também o surgimento dos logaritmos.

Função vem a ser esse algo que entra no real, que nele jamais havia entrado, e que corresponde não a descobrir, experimentar, cingir, destacar, deduzir, nada disso, e sim a escrever – escrever duas ordens de relações.

Exemplifiquemos de onde surgiu o logaritmo. Num caso, a primeira relação é a adição. A adição é de todo modo intuitiva, há coisas aqui, coisas ali, vocês as juntam, isso dá um novo conjunto. A multiplicação dos pães não é a mesma coisa que a reunião dos pães. Trata-se de fazer com que uma dessas relações se aplique na outra. Vocês inventam o logaritmo. Ele começa a correr um bocado pelo mundo, com regrinhas que parecem não ser nada, mas sobre as quais não pensem que o fato de que existam deixa qualquer um dos aqui presentes no mesmo estado que antes de que elas surgissem. A presença delas é tudo o que importa.

Pois bem, esses pequenos termos mais ou menos alados, S_1, S_2, *a*, \$, digo-lhes que podem servir em um número muito grande de relações. É preciso simplesmente familiarizar-se com seu manejo.

Por exemplo, a partir do traço unário, por mais que possamos nos contentar com ele, pode-se tentar indagar a respeito do funcionamento do significante-mestre. Pois bem, é completamente utilizável se, apenas com fundamentá-lo bem estruturalmente, vocês perceberem que não é preciso repassar toda a grande com, dia da luta mortal por puro prestígio e seu desenlace. Contrariamente ao que se concluiu interrogando as coisas no nível do verdadeiro por natureza, não existe contingência na posição do escravo. Existe a necessidade de que, no saber, algo se produza que cumpra a função de significante-mestre.

A gente não pode se impedir de sonhar, é claro, nem de procurar saber quem fez isso primeiro, e então se encontra a beleza do jogo em que o senhor devolve a bola ao escravo. Mas talvez seja simplesmente alguém que sentia vergonha, que se lançou assim para a frente.

Trouxe-lhes hoje a dimensão da vergonha. Não é cômodo falar disso. Não é desta coisa que se fala com mais facilidade. Talvez seja justamente isso o buraco de onde brota o significante-mestre. Se fosse isso, provavelmente não seria inútil para avaliar até que ponto é preciso nos aproximarmos daí, se quisermos ter algo a ver com a subversão, e mesmo simplesmente com o desenrolar do discurso do mestre.

Seja como for, uma coisa é certa, essa introdução do S_1, do significante-mestre, vocês a têm a seu alcance em qualquer discurso – é o que define sua legibilidade.

Há, de fato, a linguagem e a fala e o saber, e tudo isso parece ter funcionado no tempo do neolítico, mas não temos qualquer rastro de que existisse uma dimensão chamada leitura. Não era preciso ainda que houvesse escrito, ou impressão, não que não estivesse ali há muito tempo, mas, de algum modo, por efeito retroativo. O que é que sempre nos permite, lendo qualquer texto, perguntar-nos o que o distingue como legível? Devemos procurar a articulação pelo lado do que constitui o significante-mestre.

Farei vocês notarem que, como obras literárias, só lemos histórias para boi dormir. Por que será que isso se mantém?

Aconteceu-me no meu último passo em falso – eu os adoro – ler *O avesso da vida contemporânea*, de Balzac. É verdadeiramente para boi dormir. Se não tiverem lido isso, podem ter lido sempre tudo o que quiseram sobre a história do fim do século XVIII e do começo do XIX, a Revolução Francesa, para chamá-la pelo seu nome. Podem inclusive ter lido Marx, vocês não compreenderão nada e sempre lhes escapará algo que só está ali, nessa história para aborrecer vocês, *O avesso da vida contemporânea*.

Remetam-se a ele, por favor. Estou seguro de que não há muitos dentre vocês que o tenham lido. É um dos menos lidos de Balzac. Leiam-no e façam um dever.

Façam exatamente o mesmo que aquele que, há cem anos mais ou menos, eu tinha tentado dar aos caras a quem falava em Saint-Anne, a propósito da primeira cena do ato I de *Athalie*. Tudo o que eles entenderam foram os pontos de basta. Não lhes digo que fosse uma excelente metáfora. Enfim, era esse S_1, o significante-mestre.

Deus sabe o que eles fizeram desse ponto de basta, levaram-no até *Tempos Modernos* – de qualquer maneira, não é *Minute*.

Tratava-se do significante-mestre. Era um modo de pedir-lhes que reparassem de que maneira uma coisa que se expande na linguagem como um rastro de pólvora é legível, quer dizer que isso se engancha, faz discurso.

Afirmo sempre que não há metalinguagem. Tudo o que se pode pensar como sendo da ordem de uma busca do meta na linguagem é sempre, simplesmente, uma pergunta sobre a leitura.

Suponhamos, pura suposição, que peçam minha opinião sobre algo com que não estou enfronhado a não ser do meu lugar nesse espaço – mesmo assim tenho que dizê-la, bastante particular, e me espantaria que hoje isso pusesse em pratos limpos meu lugar no espaço da Universidade. Mas enfim, se outros, de onde eles estão e por razões que de modo algum são desprezíveis, mas que aparecem melhor se nos reportamos a minhas letrinhas, estão em posição de querer subverter algo na ordem da Universidade, onde podem eles procurar?

Podem procurar pelo lado em que se enfia tudo num pequeno bastão, em que se pode meter o pouquinho que eles são, e depois outros, que são, na natureza da progressão do saber, dominados.

Por esse lado, pode-se vislumbrar que ali poderia haver um saber-viver. Já tem tanto tempo que é como um mito. Não estou aqui para predicar isso a vocês. Quanto a mim, falei-lhes da vergonha de viver.

Se eles procurarem por esse lado, podem achar, justificando com meus esqueminhas, que o estudante não está fora de lugar por sentir-se irmão, como se diz, não do proletariado, mas do subproletariado.

O proletariado é como a plebe romana – eram pessoas muito distintas. De início, a luta de classes contém, talvez, essa pequena fonte de erro, é que isso não se passa em absoluto no plano da verdadeira dialética do discurso do mestre – situa-se no plano da identificação. *Senatus Populusque Romanus*. Eles estão do mesmo lado. E todo o Império, são os outros restantes.

A questão é saber por que os estudantes se sentem como os outros restantes. Não parecem mesmo ver claramente como se sair dessa.

Gostaria de indicar a eles que um ponto essencial do sistema é a produção – a produção da vergonha. Isto se traduz – é a desvergonha.

É por esta razão que talvez esse não fosse um meio tão mau de não ir nesse sentido.

4

Com efeito, para designar algo que se inscreve com muita facilidade nessas letrinhas, o que se produz? Produz-se algo de cultural. E quando se pega a linha da Universidade, o que se produz é uma tese.

Essa ordem de produção tem sempre relação com o significante-mestre, mas não simplesmente porque isso o confere a vocês, simplesmente porque faz parte dos pressupostos que o que quer que seja dessa ordem tem relação com um nome de autor.

É muito sofisticado. Há uma espécie de encaminhamento preliminar, que está no umbral da Universidade. Ter-se-á o direito de falar disso, salvo pela convenção de que é totalmente estrito que serão sempre etiquetados pela tese de vocês. Isso confere o peso ao nome de vocês. Contudo, ao que há nessa tese, vocês não estão de maneira alguma ligados daí por diante. Habitualmente, aliás, vocês se contentam com isso. Mas pouco importa, poderão dizer tudo que quiserem, se já advieram ao nome. Isto é que tem o papel de significante-mestre.

Poderei dizê-lo? Pois não gostaria de atribuir importância demais ao que fiz – é assim que me veio a idéia de um negócio, do qual vocês não ouvem falar muito há algum tempo, *Scilicet*. Alguns ficaram chocados, de todo modo, por eu ter dito que seria um lugar onde deveriam se escrever coisas não assinadas.

Não se deve acreditar que as minhas o sejam mais. Vejam o que escrevi lá – isso é que fala por si só de uma experiência penosa, a que tive com o que se chama uma escola, aonde tinha levado proposições para que algo se inscrevesse, algo que aliás não deixou de se inscrever – certo efeito de catalepsia.

O fato de que esteja assinado por mim só teria interesse se eu fosse um autor. De modo algum sou um autor. Ninguém imagina isso quando lê meus *Escritos*. Eu ficara cuidadosamente confinado por muito tempo num órgão que não tinha outro interesse senão o de estar o mais próximo possível do que tento definir como um questionamento do saber. O que produz o saber analítico como desastre? Eis o que estava em questão, o que esteve em questão por tanto tempo que não lhes deu a todos comichão de se tornarem autores. É muito curioso que o não assinado pareça paradoxal, ao passo que tudo o que houve de gente honesta, durante séculos, sempre fez pelo menos como se lhes houvessem arrebatado seu manuscrito, como se lhes houvessem feito uma piada de mau gosto. Não esperavam que à saída lhes enviassem bilhetes de felicitações.

Em resumo, se podia surgir alguma coisa de um questionamento sério do saber que se prodiga e se propaga no contexto estabelecido da Universidade, não há razão alguma para que isso não possa ser feito num pequeno abrigo, tipo este lugar, que adotaria a mesma lei, quer dizer, não apresentar algo para valorizar uma pessoa, mas dizer algo de estruturalmente rigoroso, seja o que for que possa advir disso. Poderia ter um alcance maior do que se possa esperar de antemão.

Um sujeito como Diderot soltava *O sobrinho de Rameau*, deixava-o cair do bolso, algum outro o levava para Schiller, que sabia apenas que era de Diderot. Diderot nunca mais se ocupou dele. Foi em 1804 que Schiller o passou a Goethe, que o traduziu imediatamente, e até 1891 – posso dizê-lo a vocês, porque aqui está o volume, fui procurá-lo na minha biblioteca – nós só tivemos uma retradução francesa da tradução alemã de Goethe, que aliás tinha esquecido completamente dela um ano após ter sido publicada, e mesmo, talvez, nunca a tenha tido, pois se estava em plena briga franco-alemã e o povo suportava bastante mal essa intrusão revolucionária. Em suma, essa tradução passou desapercebida, o próprio Goethe certamente não sabia que havia sido publicada, e isso, de todo modo, não impediu que Hegel fizesse dele um dos eixos desse livrinho cheio de humor a que me referi nos últimos tempos, a *Fenomenologia do espírito.*

Como vêem, não há que se preocupar tanto com que o que surge de vocês tenha a etiqueta do que lhes concerne. Isto coloca enormes obstáculos, posso assegurar, para que surja algo decente – nem que seja apenas pelo fato de que, no interior mesmo daquilo pelo que poderiam naturalmente se interessar, vocês se julgariam obrigados, em nome das leis da tese, a remetê-lo ao autor – ele tem talento, forçosamente, não tem idéias, não diz grandes besteiras. E se contribuiu com alguma coisa importante que pode não concerni-lo em nada, vocês estão absolutamente obrigados a pensar que ele foi uma cabeça pensante. Com isso, estão ferrados por um bom tempo.

No que diz respeito à psicologia, é assombroso que não haja nem sombra dela na ordem das coisas esclarecedoras, como *O avesso da vida contemporânea* de que lhes falava há pouco. É uma pequena montagem que vale inteiramente por seus significantes-mestres, que vale por ser legível. Não há qualquer necessidade da menor psicologia.

Para dizer-lhes tudo, para livrar a minha cara, o que salva os *Escritos* do acidente que tiveram, ou seja, terem sido lidos imediatamente, é que apesar de tudo são um *worst-seller*.

Não vou hoje, por causa do calor, prolongar por mais tempo este discurso, que é o último que lhes faço este ano.

É claro que muitas coisas faltam nele, mas com certeza isto não é inútil salientar – se, para me exprimir como Hegel, a presença de vocês aqui, tão numerosos, que tão amiúde me embaraça, tem razões um pouco menos que ignóbeis – evidentemente é uma questão de tato, como diria Goethe, eu faço questão, ao que parece, não demasiado, mas o suficiente –, se este fenômeno tem lugar, na verdade incompreensível, tendo em vista o que exponho para a maioria de vocês, é que, não demasiado, mas o suficiente, me acontece provocar-lhes vergonha.

17 DE JUNHO DE 1970

Anexos

A

Analyticon

O contestador prepara sozinho o seu chocolate.
O impasse da seleção psicanalítica.
Os créditos.
Nada é tudo.
Vejam como fazem.

[*Esta sessão teve lugar em Vincennes, centro experimental universitário, no dia 3 de dezembro de 1969. Fora anunciada como a primeira entre quatro, sob o título* Analyticon, quatro improvisos.]

Vou falar de minha egéria, que é deste tipo [*um cachorro passa pelo estrado*].

É a única pessoa que conheço que sabe o que fala – não digo que saiba o que diz.

Não é que ela não diga nada – não o diz em palavras. Diz alguma coisa quando tem angústia – isso acontece –, pousa sua cabeça sobre meus joelhos. Ela sabe que eu vou morrer, o que um certo número de pessoas também sabe. Chama-se Justine, é minha cachorra, e é muito bonita – vocês teriam que havê-la escutado falar...

A única coisa que lhe falta em comparação a este que está passeando é não ter ido à Universidade.

1

Eis-me aqui então, na qualidade de convidado, no centro experimental da dita Universidade, experiência que me parece bastante exemplar.

Posto que é de experiência que se trata, vocês poderiam perguntar a si mesmos para que servem vocês. Se me perguntarem isto, a mim, vou lhes fazer um desenho – vou tentar –, porque, afinal, a Universidade é muito forte, tem alicerces profundos.

Guardei para vocês o anúncio do título de uma das quatro posições de discurso que anunciei em outro lugar, lá onde comecei meu seminário.

O discurso do mestre, disse eu, já que estão habituados a ouvir falar deste. E não é fácil dar um exemplo, como fazia notar ontem à noite alguém muito inteligente. Mesmo assim vou tentar. Foi aí que parei, tendo deixado a coisa em suspenso no meu seminário. E aqui, por certo, não é o caso de continuá-lo. *Improviso*, disse eu. Podem ver que essa coisa com o rabo entre as pernas forneceu-o a mim agorinha mesmo. Continuarei no mesmo tom.

Em segundo lugar, discurso da histérica. É muito importante, porque é com ele que se desenha o discurso do psicanalista. Mas seria preciso que existissem – psicanalistas. É a isso que me dedico.

INTERVENÇÃO: *Em todo caso, não é em Vincennes que há psicanalistas.*

O senhor o disse, não em Vincennes.

INTERVENÇÃO: *Por que os estudantes de Vincennes, ao final do ensino que presumivelmente recebem, não podem se tornar psicanalistas?*

É justamente o que vou explicar, senhorita. Trata-se disso, justamente. A psicanálise não se transmite como qualquer outro saber. O psicanalista tem uma posição que eventualmente pode ser a de um discurso. Ele não transmite um saber – não porque não tenha nada a saber, ao contrário do que imprudentemente se diz. Isto é o que está posto em questão – a função, na sociedade, de um certo saber, aquele que lhe transmitem. Ele existe.

Isso é uma seqüência algébrica que se sustenta por constituir uma cadeia cujo ponto de partida está nesta fórmula

$$\frac{S_1}{\$} \longrightarrow \frac{S_2}{a}$$

Um significante se define por representar um sujeito para outro significante. É uma inscrição absolutamente fundamental. Em todo caso, pode ser considerada assim. Por meus ofícios, foi elaborada uma tentativa, que é esta a que chego agora após haver gasto o tempo que foi preciso para dar-lhe forma. É uma tentativa de instaurar o que necessitava para manipular decentemente uma noção, encorajando os sujeitos a confiarem nela e com ela operarem. É o que se chama o psicanalisante.

Perguntei-me primeiro o que podia resultar disto para o psicanalista, e onde estava ele. Pois é bem evidente que, quanto a isso, as noções não estão claras, desde que Freud, que sabia o que dizia, disse que essa era uma função impossível – e no entanto exercida todos os dias. Se relerem bem o texto, vocês vão se dar conta de que não se trata da função, mas do ser do psicanalista.

O que é que se engendra para que num belo dia um psicanalista se decida a sê-lo – psicanalista? Foi o que tentei articular quando falei do ato psicanalítico. Meu seminário daquele ano – era 68 –, eu o interrompi antes do fim, a fim – assim mesmo – de mostrar minha simpatia com o que entrava em agitação, e que continua – moderadamente. A contestação me faz pensar numa coisa que foi um dia inventada, se não me falha a memória, por meu bom e falecido amigo Marcel Duchamp – *le celibataire fait son chocolat lui-même*, o celibatário prepara sozinho o seu chocolate. Tomem cuidado para que o contestador não prepare sozinho o seu chocolate – que ele não fique decepcionado.[47]

Em suma, esse ato psicanalítico ficou no tinteiro, se posso dizer assim. E não tive tempo de voltar a ele, ainda mais porque espocam em torno de mim os exemplos do que surte isso.

Foi publicado um número de uma revista que se chama *Estudos Freudianos*. Não poderia deixar de recomendar-lhes enfaticamente sua leitura, pois nunca hesitei em lhes recomendar leituras ruins que em si mesmas tenham o caráter de *best-sellers*. Se a aconselho a vocês é porque são textos muito, muito bons. Não se trata de algo como o grotesco textinho sobre os comentários sobre o meu estilo que encontrara lugar naturalmente no espaço desabitado da *paulhanbecilidade*.[48] Isto aqui é outra coisa. Vocês vão tirar dela o melhor dos proveitos.

Exceto por um artigo daquele que a dirige, de quem só poderia dizer coisas positivas, vocês têm enunciados incontestável e universalmente contestatários à instituição psicanalítica. Há um canadense encantador, sólido e simpático que diz, podem crer, coisas muito pertinentes. Há alguém do Instituto Psicanalítico de Paris, onde ocupa uma importante posição na comissão de ensino, que faz uma crítica à instituição psicanalítica como tal, na medida em que ela está estritamente em contradição com tudo o que a própria existência do psicanalista exige – é verdadeiramente uma maravilha. Eu não posso dizer que o assinaria, pois já o assinei – são as minhas palavras.

Em todo caso, lá pelos meus lados isso tem uma seqüência, quer dizer, uma certa proposição que tira as conclusões desse impasse tão magistralmente demonstrado. Poderiam ter dito em algum lugar, numa nota pequenininha, que em algum canto há um extremista que tentou passar isso em uma proposição que renova radicalmente o sentido de toda a seleção psicanalítica. É claro que não o fizeram.

Isto não é realmente para me lamentar, pois, segundo a própria opinião das pessoas interessadas, essa contestação está inteirinha nas nuvens, gratuita. Não se trata em absoluto de que isso modifique seja lá o que for do funcionamento presente da instituição de onde provêm os autores.

2

INTERVENÇÃO: *Não entendi nada até agora. Então, poderíamos começar por saber o que é um psicanalista. Para mim, é uma espécie de tira. As pessoas que fazem análise só falam e só se ocupam de si mesmas.*

INTERVENÇÃO: *Já tínhamos os padres, mas como isso não funcionava mais, temos agora os psicanalistas.*

INTERVENÇÃO: *Lacan, estamos esperando há uma hora o que você nos anuncia com meias palavras, a crítica da psicanálise. É por isso que a gente fica quieta, porque aí seria também a sua autocrítica.*

Mas eu de modo algum critico a psicanálise. Não se trata de criticá-la. Ele não está entendendo bem. Eu não sou contestador, de modo algum.

INTERVENÇÃO: *Você disse que em Vincennes não se formavam psicanalistas, e que isso era uma boa coisa. Um saber, de fato, é ministrado, mas você não disse o que era isso. Em todo o caso, isso não seria um saber. E então?*

Um pouco de paciência. Vou explicar isto ao senhor. Sou convidado, quero que reparem. É bonito, é grandioso, é generoso, mas sou convidado.

INTERVENÇÃO: *Lacan, a psicanálise é revolucionária?*

Eis uma boa pergunta.

INTERVENÇÃO: *É um saber ou não é um saber? Você não é o único paranóico aqui.*

Vou falar de um certo aspecto de coisas dali de onde hoje não me encontro, a saber, o Departamento de Psicanálise. Houve a delicada questão dos créditos.

INTERVENÇÃO: *A questão dos créditos está resolvida, e não é o momento de colocá-la na mesa. Houve toda uma manobra dos docentes do Departamento de Psicanálise para arrastá-la durante o ano todo. Estamos nos lixando para os créditos. É a psicanálise que está em questão. Dá para entender? Estamos pouco ligando.*

Eu não tenho de modo algum a impressão de que não liguem para os créditos. Pelo contrário, conta-se muito com os créditos. É um hábito. Pus no quadro o esquema do quarto discurso, aquele que da última vez não nomeei, e que se chama discurso universitário. Ei-lo. Aqui, em posição de domínio, como se diz, está S_2, o saber.

INTERVENÇÃO: *De quem é que você está zombando aqui? O discurso universitário, ele está nos créditos. Isso é um mito, e o que você pede é que a gente creia no mito. As pessoas que invocam as regras do jogo que você impõe, é aí que pega. Então não nos faça acreditar que o discurso universitário está no quadro. Porque isso não é verdade.*

O discurso universitário está no quadro, e o senhor ocupa, no quadro, um lugar no alto e à esquerda já designado no discurso precedente. Pois o que há de importante no que está escrito são as relações, onde isso passa e onde não passa. Se começarem pondo em seu lugar o que essencialmente constitui o discurso do mestre, quer dizer, o fato de que ele ordene, intervenha no sistema do saber, poderão se colocar a questão de saber o que isso quer dizer quando o discurso do saber, mediante esse deslocamento de um quarto de círculo, não precisa estar no quadro porque está no real. Nesse deslocamento, quando o saber toma as rédeas, nesse momento em que vocês estão, é aí que foi definido o resultado, o fruto, a queda das relações entre o senhor e o escravo. Ou seja, em minha álgebra, o que se designa com a letra, o objeto *a*. No ano passado, quando me dei ao trabalho de anunciar uma coisa que se chama *De um Outro ao outro*, disse que o objeto *a* era o lugar revelado, designado por Marx como mais-valia.

Vocês são os produtos da Universidade, e comprovam que a mais-valia são vocês, quando menos no seguinte, que não apenas consentem, mas aplaudem, e ao que eu não teria por que fazer objeções – é que saem dali vocês próprios equiparados a mais ou menos créditos. Vocês vêm aqui tornar-se créditos. Saem daqui etiquetados como créditos, unidades de valor.[49]

INTERVENÇÃO: *Moral da história, mais vale sair daqui etiquetado por Lacan.*

Eu não etiqueto ninguém. Por que é que vocês presumem que eu queira etiquetá-los? Que história!

INTERVENÇÃO: *Não, você não vai nos etiquetar, pode ficar tranqüilo. O que quero dizer é que há pessoas aqui etiquetadas pelo fato de, querendo sustentar o discurso que você sustenta para elas, não podem sustentá-lo da maneira que se pareça à presença delas aqui. As pessoas querem falar em nome de uma contestação que você qualifica como vã. Outras, em seu canto, fazem tra-lá-lá, bum-bum-bum, zum-zum, e isto é o que constitui o movimento de opinião. Nada disso se diz, sob o pretexto de que é você quem tem que dizê-lo. O que eu gostaria é de que você tivesse o desejo de ficar calado.*

Que espertinhos. Eles pensam que eu diria isso muito melhor que eles. Eu volto para a minha casa, é disso que me acusam.

INTERVENÇÃO: *Ô, Lacan, não caçoe das pessoas, hein!*

Vocês trazem um discurso que tem tamanhas exigências...

INTERVENÇÃO: *Eu, o que proponho é que não se caçoe das pessoas quando elas fazem uma pergunta. Não se deve fazer uma vozinha gaiata como você por três vezes já fez. Deve-se responder, e só isso. Então, o que é que você propôs como pergunta? E depois há outra coisa – já que tem gente aqui que pensa que a psicanálise é um papo de problemas de sacanagem, é só fazer um* love-in. *Quem é que concorda em transformar isto num* love-in *selvagem?*

[*Ele tira a camisa.*]

Escute, meu velho, já vi isso ontem à noite, eu estava no Open Theater, e havia lá um sujeito que fazia isso, só que ele era um pouco mais descarado que o senhor, ficava completamente pelado. Vamos, continue, merda!

INTERVENÇÃO: *De qualquer modo, seria bom não exagerar, por que é que Lacan se satisfaz com uma crítica tão insignificante à prática do companheiro? Dizer do companheiro, batendo na mesa, que ele não pode se despir, pode ser engraçado, mas é também muito simplista.*

Mas eu sou simplista.

INTERVENÇÃO: *E isso os faz rir, que interessante.*

Mas não vejo por que de repente não haveriam de rir.

INTERVENÇÃO: *Eu gostaria justamente de que não rissem neste momento.*

É triste.

INTERVENÇÃO: *Assim como é triste ver as pessoas saírem daqui como saem de um metrô às seis da tarde.*

Então, onde paramos? Parece que as pessoas não podem falar de psicanálise porque esperam que fale eu. Pois bem, têm razão. Eu o farei bem melhor que elas.

INTERVENÇÃO: *Não é exatamente assim, porque elas sentem necessidades de falar entre si.*

Isto está comprovado.

INTERVENÇÃO: *Há um certo número de pessoas, as mesmas que tomam notas e riem, que, quando Lacan retoma o público e volta a tê-lo nas mãos, se dizem à boca pequena – porque isto é da ordem de uma certa topologia, um certo número de coisas. Pois bem, é essa gente que eu gostaria de escutar.*

INTERVENÇÃO: *Mas, enfim, deixem Lacan falar!*

Enquanto isso, vocês não dizem nada.

INTERVENÇÃO: *Lacan com a gente!*

Eu estou com vocês.

O tempo está passando. Tentemos mesmo assim dar a vocês uma pequena idéia do que é o meu projeto.

Trata-se de articular uma lógica que, por mais frágil que pareça – minhas quatro letrinhas que não parecem nada, salvo que temos que saber as regras segundo as quais elas funcionam –, é ainda bastante forte para comportar aquilo que é o signo dessa força lógica, a saber, a incompletude.

Isto os faz rir. Mas tem uma conseqüência muito importante, especialmente para os revolucionários – é que nada é tudo.

Por onde quer que encarem as coisas, de qualquer modo que as revirem, a propriedade de cada um desses esqueminhas de quatro patas é a de deixar sua hiância.

No plano do discurso do mestre, é precisamente a da recuperação da mais-valia.

No plano do discurso universitário, é uma outra. E esta é a que atormenta vocês. Não que o saber que lhes é dado não seja estruturado e sólido, tanto que só lhes resta fazer uma coisa, entrelaçarem-se dentro dele com os que trabalham, quer dizer, aqueles que ensinam a vocês, na condição de meios de produção e simultaneamente de mais-valia.

Quanto ao discurso da histérica, foi este que permitiu a passagem decisiva, dando seu sentido ao que Marx historicamente articulou. Que é, a saber, existirem acontecimentos históricos que só podem ser julgados em termos de sintomas. Não se viu aonde isso chegaria até o dia em que se dispôs do discurso da histérica para fazer a passagem com uma outra coisa, que é o discurso do psicanalista.

O psicanalista, de início, teve apenas que escutar o que a histérica dizia.

Quero um homem que saiba fazer amor.

Bom, é sim, o homem se detém aí. Ele se detém nisso – em que ele, de fato, é alguém que saiba. Para fazer amor, pode-se passar e repassar, e sempre tropeçar. Nada é tudo, e vocês podem continuar fazendo suas brincadeirinhas, há uma que não é engraçada, que é a castração.

3

INTERVENÇÃO: *Enquanto este curso ronrona tranqüilamente, há cento e cinqüenta companheiros de Belas Artes que foram detidos pelos tiras e desde ontem estão em Beaujon, porque eles não dão cursos sobre o objeto a como o mandarim aqui presente, para o qual todo mundo está se lixando. Eles foram dar um curso libertário no Ministério de Infra-estrutura sobre as favelas e sobre a política do sr. Chalandon. Acho então que esta ronronante aula magistral traduz bastante bem o estado de podridão atual da Universidade.*

INTERVENÇÃO: *Se não querem me deixar falar, é porque manifestamente não sabem a que ponto sou capaz de berrar. Lacan, eu queria te dizer algumas coisas.*

Acho que chegamos a um ponto em que é evidente que uma contestação pode mais ou menos assumir nesta sala uma forma de possibilidade. É claro que se pode dar gritinhos, que se pode fazer bons jogos de palavras, mas também é claro, e talvez hoje de modo evidente, que nunca poderemos chegar a uma crítica à Universidade se permanecermos no interior, em suas aulas e nas regras que ela estabeleceu antes de nossa intervenção.

Penso que o que o companheiro acaba de dizer quanto aos estudantes de Belas Artes que foram fazer um curso libertário fora da Universidade sobre as favelas e sobre a política de Chalandon é um exemplo muito importante. Isto permite achar uma saída para nossa vontade de mudar a sociedade e de, entre outras coisas, destruir a Universidade. E gostaria de que Lacan desse agora seu ponto de vista quanto a isso. Pois destruir a Universidade não será feito com uma maioria de estudantes a partir do interior, mas principalmente a partir de uma união que devemos fazer, baseados em posições revolucionárias, nós, estudantes, com os operários, com os camponeses e com os trabalhadores. Percebo bem que não existe relação com o que Lacan dizia há pouco, mas...

Mas de modo algum, existe sim.

INTERVENÇÃO: *Talvez exista, mas não de maneira evidente. A relação entre as ações que devemos realizar no exterior e o discurso – se é que se trata de um – e o discurso de Lacan, está manifestamente implícita. E seria bom que Lacan dissesse agora o que pensa sobre a necessidade de sair da Universidade, e parasse de chicanear com as palavras, de contestar um professor sobre esta ou aquela citação de Marx. Porque do Marx acadêmico, já estamos de saco cheio. Há um ano que ouvimos babosearem sobre ele nesta faculdade. E sabemos que é pura merda. Utilizar um Marx acadêmico é servir a uma Universidade burguesa. Se temos que foder a Universidade, isso vai ser do exterior, com os outros que estão lá fora.*

INTERVENÇÃO: *Então por que você está dentro?*

INTERVENÇÃO: *Estou dentro, companheiro, porque se quero que as pessoas saiam dela, tenho que vir aqui dizer-lhes.*

Veja só. Está tudo aí, meu velho. Para conseguir que eles saiam, o senhor entra.

INTERVENÇÃO: *Lacan, deixe que eu termine. Não chegamos até aí porque certos estudantes ainda pensam que, escutando o discurso do sr. Lacan, encontrarão nele os elementos que vão lhes permitir contestar seu discurso. Quero dizer que isso é cair na arapuca.*

Totalmente verdadeiro.

INTERVENÇÃO: *Se pensamos que ouvindo o discurso de Lacan, de Foucault ou de qualquer outro é que vamos obter os meios para criticar a ideologia que eles nos fazem engolir, estamos ferrados. Entendo que é fora dela que temos que buscar os meios para foder a Universidade.*

Mas fora do quê? Porque, quando saem daqui, vocês ficam afásicos? Quando saem, continuam a falar, e por conseguinte continuam estando dentro.

INTERVENÇÃO: *Eu não sei o que é isso, afásico...*

O senhor não sabe o que é afásico? Isto é muito revoltante. O senhor não sabe o que é um afásico? No entanto há um mínimo que se tem que saber.

INTERVENÇÃO: *Eu não estou vinte e quatro horas por dia na Universidade.*

Enfim, o senhor não sabe o que é um afásico?

INTERVENÇÃO: *Quando alguns saem da Universidade, é para se dedicarem a suas armações particulares. Outros saem para militar fora. Eis o que quer dizer sair da Universidade. Então, Lacan, diz logo o teu ponto de vista.*

Fazer uma Universidade crítica, em suma? Quer dizer, isto que está se passando aqui? É isso? Vocês também não sabem o que é uma Universidade crítica. Nunca lhes falaram disso.

Bom. Gostaria de fazer-lhes uma pequena observação. A configuração dos operários-camponeses chegou, de todo modo, a uma forma de sociedade em que é justamente a Universidade que tem as rédeas. Pois o que reina no que é chamado comumente de União das Repúblicas Socialistas Soviéticas é a Universidade.

INTERVENÇÃO: *E o que essa porra tem a ver com a gente? Não é do revisionismo que estamos falando, é do marxismo-leninismo.*

Chega. Vocês me pediram para falar, então eu falo. Não digo coisas que estão pairando na atmosfera, digo algo preciso.

INTERVENÇÃO: *Você não diz nada.*

Não acabo de dizer como concebo a organização da URSS?

INTERVENÇÃO: *Não, em absoluto.*

Não disse que o saber é que era o rei? Não disse isso? Não?

INTERVENÇÃO: *E daí?*

Daí que isso tem certas conseqüências. Acontece, meu amigo, que lá o senhor não estaria muito à vontade.

INTERVENÇÃO: *Foi feita uma pergunta a respeito de certa sociedade, e você, você fala de uma outra. O que teria que ser dito é em que você pensa que é inelutável.*

Estou totalmente de acordo. É que há limites intransponíveis para uma certa lógica, que chamei de lógica frágil, mas ainda bastante forte para deixar-lhes um pouco de incompletude, da qual vocês de fato dão testemunho, de modo perfeito.

INTERVENÇÃO: *Eu me pergunto por que este anfiteatro está lotado com oitocentas pessoas. É verdade que você é um belo palhaço, célebre, e que você vem falar. Um companheiro tambám falou, durante dez minutos, para dizer que os grupúsculos não podiam sair da Universidade. E todo mundo, reconhecendo que não há nada a dizer, fala para nada dizer. Então, se não há nada a dizer, nada a compreender, nada a saber, nada a fazer, por que toda essa gente está aqui? E você, Lacan, por que fica?*

INTERVENÇÃO: *Estamos um pouco perdidos em um falso problema. Tudo isso porque o companheiro disse que vinha à Universidade para sair dela com outros companheiros.*

INTERVENÇÃO: *Fala-se de uma Nova Sociedade. Será que a psicanálise vai ter uma função nela? Qual será?*

Uma sociedade não é algo que se possa definir assim. O que tento articular, posto que a análise me dá seu testemunho disso, é aquilo que a domina, ou seja, a prática da linguagem. A afasia, isso quer dizer que há alguma coisa que fraqueja por esse lado. Imaginem que acontecem trecos no cérebro de certos caras, e eles não sabem mais como se arranjar com a linguagem. Isto faz deles, antes de mais nada, enfermos.

INTERVENÇÃO: *Pode-se dizer que Lênin esteve a ponto de ficar afásico.*

Se tivessem um pouco de paciência, e se aceitassem que nossos improvisos continuassem, eu lhes diria que a aspiração revolucionária só tem uma chance, a de culminar, sempre, no discurso do mestre. Isto é o que a experiência provou.

É ao que vocês aspiram como revolucionários, a um mestre. Vocês o terão.

INTERVENÇÃO: *Já o temos, temos Pompidou.*

Vocês imaginam que têm um mestre em Pompidou. Que história é essa?

Eu também gostaria de lhes fazer umas perguntas. Para quem, aqui, a palavra *liberal* tem um sentido?

INTERVENÇÃO: *Pompidou é liberal. Lacan também.*

Eu sou liberal, como todo mundo, apenas na medida em que sou antiprogressista. Só que estou metido em um movimento que merece ser chamado de progressista, pois é progressista em ver fundamentar-se o discurso psicanalítico, na medida em que este completa o círculo que poderia, talvez, permitir a vocês situarem exatamente aquilo contra o que se revoltam. O que não impede que isso continue funcionando bem *paca.*

E os primeiros a colaborarem com isso, aqui mesmo em Vincennes, são vocês, pois desempenham a função de hilotas desse regime. Vocês também não sabem o que isso quer dizer? O regime o mostra para vocês. Ele diz – *Vejam como gozam.*

Até logo por hoje. *Bye-bye.* Acabou.

3 DE DEZEMBRO DE 1969

B

Exposição do sr. Caquot

Ao sugerir que Moisés pode ter sido levado à morte pelos seus, S. Freud se abriga sob a autoridade de Ernst Sellin. Este biblista, nascido em 1867, foi um dos representantes mais fecundos da escola exegética alemã. Em 1922, data da publicação de seu livro *Mose und seine Bedeutung für die israelitisch-jüdische Geschichte* ("Moisés e sua significação para a história israelita e judaica"), ele era professor de Antigo Testamento na Universidade de Berlim. Como ocorre com muitos de seus contemporâneos, reconhecemos em sua obra de historiador e exegeta uma certa ideologia e uma opção metodológica cuja exposição não é inútil para fazer compreender suas explicações da Bíblia.

A ideologia é a do protestantismo liberal que vê o ápice da revelação bíblica numa predicação moral, resumida nos Dez Mandamentos e desenvolvida pelos profetas do século VIII a.C., o proto-Isaías, Oséias, Amós, Miquéias. Menos cético que alguns dos seus contemporâneos, E. Sellin considerava Moisés como fundador da religião de Israel, autor dos Dez Mandamentos e iniciador da predicação moral que os grandes profetas teriam apenas prosseguido. Os profetas não só teriam retomado o ensino de Moisés, mas teriam ainda conservado, em sua tradição, as lembranças da vida deste. É por isto, segundo E. Sellin, que Oséias faria algumas alusões, nas passagens que vamos assinalar, a uma morte violenta de Moisés, sobre a qual a literatura "histórica" da Bíblia não diz uma só palavra (*Deuteronômio* 34,5-6 assinala a morte de Moisés e seu enterro; mas especifica que ninguém conhece a localização de seu túmulo, e essa indicação um pouco misteriosa fez nascer a lenda de uma assunção de Moisés ao céu). Sellin pensa que a tradição sobre a morte violenta de Moisés foi censurada pelos historiadores ligados ao meio dos sacerdotes.

A opção metodológica consiste em desconfiar do texto hebraico tradicional, chamado "massorético". Preferem a ele, habitualmente, a decana das traduções, a versão grega chamada dos Septuginta, cujos testemunhos manuscritos são na maioria das vezes muito anteriores ao texto hebraico.[50] Mas, mesmo sem o menor apoio nas versões antigas (gregas, siríaca ou latina), recorrem muito facilmente a correções do texto hebraico consagrado, visando dar-lhe um sentido julgado mais satisfatório. Supõem que o texto consagrado, ou o hebraico subjacente a tal versão, sofreu "corrupções" ao longo do tempo, na transmissão oral ou escrita. A exegese assim compreendida foi por vezes exercício de um virtuosismo arbitrário. O trabalho de E. Sellin sobre *Oséias* dá algumas amostras disso.

Foi provavelmente ao redigir a primeira edição de seu comentário sobre *Oséias*, publicada também ela em 1922, na série intitulada *Kommentar zum Alten Testament*, que Ernst Sellin pensou encontrar no texto do profeta alusões ao assassinato de Moisés. As passagens que ressalta em apoio à sua hipótese serão aqui brevemente tratadas tal como foram compreendidas antes ou depois de Sellin, e tal como este as interpretou e com que argumentos.

1) *Oséias* 5,2a. O hemistíquio figura numa invectiva do profeta contra os sacerdotes e contra a "casa de Israel". Consiste em três palavras, pouco claras, cuja tradução literal seria: "E o massacre, os extraviados [o] aprofundaram". O substantivo traduzido por "extraviados" foi compreendido muito extremadamente, ao que parece, pela tradição judaica, que vê ali idólatras. Mas, desde a primeira metade do século XIX, F.W. Umbreit propusera substituir essa palavra pelo topônimo "Shittim", que se parece a ela, salvo que a consonante inicial fricativa é diferente, assim como a vocalização da primeira sílaba. Essa correção acarretava outras: substituindo na grafia da primeira palavra um *t* simples pelo *t* enfático e destacando o *h* final para fazer dele o artigo pertencente ao topônimo, obtinha-se uma frase julgada mais satisfatória como acusação: "Eles aprofundaram a fossa de Shittim."

E. Sellin acolhe com entusiasmo esta conjectura, pois o topônimo Shittim lhe oferece uma referência na literatura histórica que tem um papel essencial na sua argumentação a favor do assassinato de Moisés. É a célebre passagem de *Números* 25 onde se narra a perdição dos israelitas no santuário de Baal Peor, ocorrida enquanto permaneciam em Shittim. Os israelitas foram induzidos à tentação pelas mulheres moabitas. Deus se irritou, enviando-lhes algum flagelo. O sacerdote Pinhas põe fim a isto quando traspassa o corpo de um homem de Israel pego em flagrante delito de adultério com uma mulher moabita. Um pouco mais adiante se diz que o homem se chamava Zimri, e a moabita, Kozbi.

Sellin certamente não teria sido levado ao entendimento que teve da passagem dos *Números* se sua interpretação de *Oséias* não lhe houvesse sugerido a intuição de um assassinato de Moisés. O que ele diz do episódio de Shittim e de Baal Peor dá provas de uma imaginação desenfreada. Reconstitui todo um drama no qual o israelita levado à morte não teria sido outro senão Moisés, de quem se sabe que tinha uma mulher moabita (*Êxodo*, 2,15-22), e a morte violenta do guia de Israel teria tido, em sua origem, o valor de um sacrifício expiatório, fazendo cessar o flagelo. Mais tarde, a tradição sacerdotal teria recomposto inteiramente o episódio para glória do clero (representado por Pinhas, cujo zelo é recompensado pela "aliança" que Deus lhe outorgou), e apagado o nome de Moisés. Seria ele o herói primitivo da história, de quem a tradição profética guardaria a lembrança autêntica; ter-se-ia substituído este nome pelo do insignificante Zimri, e trocado o nome da medianita Tzipora pelo de Kozbi, construído com a raiz significante "mentir".

2) *Oséias* 9,9. É novamente um requisitório profético contra "Efraim". "A casa de Israel", este nome tem em vista, como em 5,2, o reino do Norte, separado de Judá em 922 e objeto constante da polêmica de *Oséias*. Trata-se em 9,8 de um "profeta" para quem Efraim prepara uma armadilha. Sellin supõe que é Moisés. O hemistáquio 8b, que termina com "ele [encontra] um adversário na casa de seu deus", permite a Sellin reencontrar o topônimo Shittim, com o qual o substantivo hebraico adversário (*mastemah*) tem alguma semelhança. Ele restitui como texto primitivo: "Em Shittim, na casa de seu deus." No versículo 9 encontramos palavras próximas àquelas de 5,2, e também difíceis de compreender, pois a tradução literal seria: "Eles aprofundaram, eles corromperam como nos dias de Guiv'a". É provável que o verbo habitualmente traduzido por "aprofundar" tenha um valor modal e sirva para indicar que a corrupção de que "Efraim" é acusado foi contínua e sistemática. A alusão aos "dias de Guiv'a" diz respeito a uma atrocidade memorável ocorrida nesse lugar, segundo *Juízes* 19. Sellin corrige novamente o texto para adequá-lo a 5,2 tal como ele o lê: trocando as vogais do verbo "eles corromperam", obtém o substantivo "sua fossa" e traduz: "... em Shittim, na casa de seu deus, eles cavaram profundamente sua fossa."

3) *Oséias* 12,14-13, 1. O final do capítulo 12 (versículo 14) é a única passagem de *Oséias* em que o "profeta" designa incontestavelmente Moisés: "Foi por intermédio de um profeta que YHVH fez Israel subir do Egito e foi por um profeta que [Israel] foi guardado". O texto do versículo 15 será parafraseado assim, de maneira a especificar o valor dos sufixos pronominais que freqüentemente são equívocos em hebraico: "Efraim [= Israel] irritou [YHVH] amargamente, mas seu sangue [= o sangue que Efraim derramou] voltará a cair sobre ele [Efraim] e o Senhor fará recair sobre ele o opróbio que cometeu." Israel é aqui acusado de crimes de sangue, e seu castigo por Deus é anunciado sem equívoco. A dificuldade reside em 13,1, cuja tradução literal poderia ser "quando Efraim falava [havia] um tremor; ele se elevou em Israel. Mas tornou-se culpado por causa de Baal, e foi morto". Trata-se, com toda verossimilhança, de uma sátira sobre a grandeza e a decadência da tribo que, segundo Oséias, representa mais diretamente a realeza cismática, posto que foi o efraimita Jeroboão quem provocou, em 922, a separação de Israel (no sentido restrito, designando o reino do Norte) do reino de Judá.

A conjectura de Sellin consiste em substituir o substantivo "tremor" (cujas consoantes são *rtt*) pelo substantivo "minha lei" (cujas consoantes seriam *trt*), ler no lugar do verbo *nassá* ("elevar-se") o substantivo *nassí* ("príncipe"), dar ao verbo "tornar-se culpado" a acepção "expiar", que considera possível porque o substantivo da mesma raiz designa um sacrifício expiatório, e consiste, finalmente, em deslocar o hemistíquio 12,15b para depois do versículo 13,1, o que daria: "(12,14) Foi por um profeta [Moisés] que YHVH fez Israel subir do Egito e foi por um profeta que [Israel] foi guardado. (12,15a) Mas Efraim irritou [YHVH] amargamente. (13,1) Quando Efraim dizia minha lei, ele era príncipe em Israel. Ele [o profeta] expiou por causa de Baal [do pecado de Baal Peor] e foi morto. (12,15b) Mas seu sangue [o sangue do profeta] voltará a cair sobre ele [Efraim] e o Senhor fará recair sobre ele o opróbio que cometeu". Sellin encontra aqui a expressão mais clara do sentido que quis dar ao pretenso assassinato do profeta: Moisés teria sido levado à morte pelos seus como vítima expiatória, em conseqüência do pecado coletivo de Baal Peor. Justifica esta estranha hipótese com uma declaração de Moisés em *Êxodo* 32,32, onde o herói implora o perdão divino para o povo pelo pecado do Bezerro de Ouro, devendo por isto ser ele próprio apagado do livro de Deus. Mas não é possível ignorar as raízes cristãs das idéias de Sellin, que encontrava assim em Moisés o protótipo de misteriosos personagens sofredores de que fala a literatura profética: o "servidor de YHVH" do *Dêutero-Isaías* (ver em particular Isaías 52,13-53,12) e o "traspassado" de *Zacarias* 12,10.

Sellin teve consciência da fragilidade de suas hipóteses de 1922. Em 1928, num artigo da *Zeitschrift für die alttestamentliche Wissenschaft* (46, p.261-263) intitulado "Hosea und das Martyrium des Mose", retoma o estudo de *Oséias* 12,14-13,1 propondo algumas novas correções ao texto de 13,1a: "Quando Efraim sustentava palavras rebeldes [lendo *rbt* no lugar de *rtt*], ele [ou seja, o profeta, quer dizer, Moisés] assumiu [isso] sobre si e expiou." Na segunda edição de seu comentário de *Oséias*, publicada em 1929, é que se mostra mais cético a respeito de suas primeiras intuições. Continua a acreditar que *Oséias* tem a lembrança de uma morte expiatória de Moisés, mas só a lê em 13,1 tal como o reinterpretou em 1928. Em *Oséias* 5,2, renuncia à correção de F.W. Umbreit, chega a contestar a pertinência da alegada referência a Shittim para evocar o caso de Baal Peor, e traduz: "(5,2a) Eles cavaram profundamente o túmulo da perdição." Em 9,8-9, não corrige mais *mastémah* em "Shittim" e, embora conserve sua tradução de 9,9a: "Eles cavaram profundamente sua fossa", não pensa mais que o "profeta" a que se reporta o possessivo seja Moisés. Seria uma personificação da função profética, tal como Sellin a concebe: o portador da palavra divina está destinado ao martírio.

Como observou K. Budde em 1932 ("Goethe zu Mose's Tod", *Zeitschrift für die alttestamentlich Wissenschaft*, 50, p.300-303), Goethe havia imaginado, um século e meio antes de E. Sellin, uma morte violenta de Moisés: numa de suas *Noten und Abhandlungen zu besseren Verständnis des west-östlisches Diwans* (na edição Hempel IV, p.320ss), ele supõe que Josué e Caleb, aborrecidos pela indecisão de Moisés em atravessar o Jordão para entrar na terra prometida, assassinaram o velho guia para se dirigir a Israel. É uma conjectura mais simples que a de Sellin, mas não menos gratuita, pois a informação lacônica do *Deuteronômio* 34,5-6 sobre o túmulo desconhecido de Moisés pode certamente excitar as imaginações, mas não justifica nenhuma hipótese sobre a morte de Moisés. Poderíamos indagar se S. Freud não deve sua idéia de uma morte violenta de Moisés à lembrança longínqua de uma leitura de Goethe, e se não quis dar a ela uma justificativa considerada mais sábia ao invocar apenas a autoridade de E. Sellin.

NOTA

O sr. André Caquot, a meu pedido, aceitou redigir em 1990 a sua exposição de 1970. Que ele encontre aqui a expressão de minha gratidão.

Devo agradecer ao dr. Patrick Valas, que pôs à minha disposição uma transcrição das palavras ditas nos degraus do Panteão; ele também cotejou, para esta edição, a estenografia do conjunto do *Seminário* com as gravações.

A releitura das provas mobilizou a sra. Judith Miller, a sra. Évelyne Cazade-Havas, minha interlocutora nas Éditions du Seuil, e a Sra. Dominique Mechter. Agradeço-lhes por sua contribuição.

Enfim, o leitor poderá participar do estabelecimento do texto dirigindo-me, ao endereço do editor, observações, e mesmo correções, que de bom grado levarei em conta.

Mantive a citação errônea, feita na página 181, do título de Balzac *O avesso da história contemporânea.*

J.A.M.

Notas de tradução

1. Da edição francesa. A compilação brasileira não inclui o texto mencionado. (ref. à p.10)

2. *Quadripodes* no original. Não há referência dicionarizada do termo, mas, pela etimologia, alude ao que tem quatro pés: os esquemas discursivos que, além de serem quatro, compõem-se de quatro elementos que rotam por quatro lugares circulares. (ref. à p.15)

3. No orignal, *l'étant*. Em latim, *ens, entis* é o particípio presente do verbo *sum* (ser): trata-se, propriamente, do ente. (ref. à p.16)

4. No original, *discours du maître*. O vocábulo *maître* pode ter em português as acepções de amo, em oposição a servo; senhor, em oposição a escravo; e mestre, em oposição a discípulo. Não havendo em português termo que reúna as três, empregaremos preferencialmente o vocábulo "mestre" nesta tradução, salvo quando houver referência à dialética hegeliana do senhor e do escravo – caso em que usaremos, naturalmente, "senhor". (ref. à p.19)

5. No original: "*comme petit maître*...". A expressão, se grafada com hífen (*petit-maître*), equivale, em português, a janota, dândi, ou... petimetre. (ref. à p.30)

6. No original, *tout-savoir*, que admite a tradução alternativa "todo-saber" – o que matiza notavelmente a definição de S_2. (ref. à p.32)

7. Sendo *hystérique* um adjetivo substantivado comum de dois gêneros em francês, a frase perde sentido na tradução. Como em português podemos empregar "a histérica" no feminino, tentar evocar a ambigüidade do original só daria margem a maiores mal-entendidos. (ref. à p.34)

8. Épinal é um tradicional centro de cerâmica popular na França, cujas imagens, sempre marcadas pela ingenuidade e o ponto de vista do senso comum, costumam representar alegorias como A Beleza, A Verdade etc. (ref. à p.36)

9. No original, *le fait du prince*. A expressão alude a atos de governo, a atos impositivos de quem detém o poder. (ref. à p.41)

10. Note-se que o verbo *presser* admite, em francês, tanto o sentido de pressionar quanto o de apressar. (ref. à p.41)

11. *Entropie*, em francês, é homófono ao termo hipotético, mencionado por Lacan, *anthropie* (antropia) – cujo prefixo deriva do grego *ánthropos*, homem. (ref. à p.50)

12. No original: "*n'a qu'à s'apparoler à cet appareil-là*". No jogo de palavras, intraduzível, Lacan condensa *s'appareiller* (preparar-se, mas também se emparelhar ou se acasalar) e *parole* (palavra, no sentido da fala). (ref. à p.53)

13. Tal assonância, quase imperceptível em português, é contudo marcada em francês: *envers e verité*. (ref. à p.57)

14. Em francês, fígado (*foie*) tem homofonia com fé (*foi*). Assim, o discurso de Lacan, ao ser pronunciado, deu margem à escuta alternativa: "sem coração, mas não sem fé". (ref. à p.58)

15. *Pas*: é advérbio de negação, como empregado aqui ("nada-de-sentido", "sentido-algum" ou "não-sentido"), mas também o substantivo "passo" – o que provoca a ambigüidade aludida por Lacan, posto que a expressão *pas-de-sens* também pode, dialeticamente, ser um "passo-de-sentido". (ref. à p.59)

16. A frase original é: "*... ce veau qui dort debout. On voit alors qu'il est, si je puis dire*, d'or dur." Lacan joga com as homofonias entre *dort* (dorme) e *d'or* (de ouro), e entre *or dur* (ouro duro) e *ordure* (imundície, excremento, monturo). (ref. à p.59)

17. Referência ao provérbio "*chassez le naturel, il revient au galop*": expulse o natural, e ele voltará a galope. (ref. à p.59)

18. *Sans*, em português, é *sem*. Nossos dicionários, contudo, não registram a etimologia apontada por Lacan: tanto o *Novo Dicionário da Língua Portuguesa*, de Aurélio Buarque de Holanda, como o *Dicionário Etimológico* de Antônio Geraldo da Cunha indicam o latim *sine* como originador de *sem*. (ref. à p.60)

19. Os jogos de palavras que Lacan fabrica nesta conferência com *sans* e *pas-sans* se vêem aqui ampliados com a inclusão do verbo *passer* (passar) e da expressão *s'en passer* (dispensar, privar-se de) – que coincide foneticamente com *sans-passé* (sem-passado). (ref. à p.61)

20. No original: "*Il fait jour. C'est bien le minimum. Il, au neutre.* Il fait, cela fait – *à l'occasion, c'est la même chose*". Primeiramente, tivemos que adaptar o exemplo ("é de dia") para "faz bom tempo", conservando assim o verbo fazer, que Lacan emprega no presente e no particípio (am-

bos *fait*), nos parágrafos seguintes, em justaposição ao homônimo "fato" (também *fait*). Depois, eliminamos do texto o final do parágrafo, pois não caberiam em português as considerações sobre o uso, tão específico em francês, do pronome neutro *il* em expressões impessoais, e a ambigüidade que isto provoca, motivada pela coincidência significante deste com o pronome pessoal "ele" (também *il*). (ref. à p.62)

21. Diferenciar o *Je*, sujeito do inconsciente, do *moi*, função imaginária – ambos denotados em português pelo pronome "eu" – é dificuldade antiga entre os tradutores de Lacan. Diversas soluções foram apresentadas, mais e menos satisfatórias. Escolhemos, para este seminário, outra, que tampouco responde por inteiro à dificuldade, na verdade intransponível, mas que se inspira e mantém-se fiel ao texto original: é que ali *Je* é grafado com sua inicial em maiúscula, e *moi* em minúscula. Assim, adotaremos: Eu = *Je*, e eu = *moi*. (ref. à p.65)

22. No original: "*moi, la vérité, je parle*". Para manter a convenção estabelecida para traduzir *je* e *moi*, tivemos que incluir no texto o parêntese inexistente. (ref. à p.68)

23. No original: "*wird, vertu, verdit, verdoie*". As duas últimas formas correspondem aos verbos *verdir* e *verdoyer*, respectivamente, que significam "ficar verde". O primeiro deles tem ainda a conotação do nosso "amarelar de medo". (ref. à p.68)

24. Cf. nota 22. (ref. à p.69)

25. Cunhada, em francês, é *belle-soeur*: literalmente, a bela irmã. (ref. à p.71)

26. Em português, *felicidade*. (ref. à p.76)

27. O termo *bouchère* (açougueira) pode ser aqui escandido, produzindo o sintagma "*la belle bouche erre*": a bela boca erra. A reiteração do significante *bouche* (usado na frase anterior como conjugação do verbo *boucher*, tamponar) alude ao modo em que o marido, no exemplo freudiano, pretende preencher a bela açougueira: pela boca, oferecendo-lhe finas iguarias. (ref. à p.77)

28. *Unité de valeur*: é o que chamamos, nos ambientes universitários, de *crédito* – isto é, pontuação que se acumula para obter um título ou diploma; cada cadeira cursada corresponde a determinado número de créditos. No entanto, empregaremos por vezes nesta tradução a literalidade da expressão "unidade de valor" pelo uso que dela faz Lacan, ligando-a à teoria do valor em Marx. (ref. à p.84)

29. A tradução do verbo *racheter*, que aparece várias vezes neste e no próximo parágrafos, é necessariamente imprecisa: Lacan põe em jogo a variada gama semântica do verbo, que inclui as acepções "recomprar",

"resgatar", "comprar barato", "remir", "redimir", entre outras. Assim, o leitor poderá produzir, mediante as indicações entre colchetes no texto, leituras diversas da que aqui é proposta, que iluminem o trecho por outros ângulos. (ref. à p.86)

30. No original, *astudé*. O termo remete foneticamente ao verbo *étudier* (estudar), que tem no particípio a forma *etudié* (estudado). A troca operada na vogal inicial evoca o a estudante mencionado mais acima. (ref. à p.110)

31. *Petit analyste*: alusão ao objeto *a*, muitas vezes referido em francês como *objet petit a*, objeto a minúsculo. Nesta tradução, optamos em geral por suprimir o adjetivo, dispensável em português. (ref. à p.115)

32. No original, "*foutre nom de Dieu*". A blasfêmia, de uso corrente em francês, não é empregada entre nós como exclamação de revolta. Daí a tradução aproximativa que adotamos. (ref. à p.123)

33. No original: "*...non pas que les écailles lui tombent des yeux...*" A frase alude à expressão *les écailles lui sont tombées des yeux* (caíram-lhe as escamas dos olhos), que conota que alguém abriu os olhos, percebeu o seu erro. (ref. à p.127)

34. No original, *tudé* – corruptela de *tué* (matado ou morto), assim alterado em assonância com o *astudée* da mesma frase. Este, aliás, é aqui feminino, mas sacrificamos esta precisão para conservar a assonância com o "tucidado". (ref. à p.137)

35. A homonímia mencionada se dá entre *maître* (senhor, mestre) e *m'être* (me ser, me estar). (ref. à p.161)

36. No original: "... *de* l'insubstance, *de* l'achose *avec l'apostrophe.*" Alteramos o texto substituindo a menção ao apóstrofe pela referência à condensação "a + coisa" – que é, naturalmente, o que Lacan pretendeu destacar. (ref. à p.168)

37. No original, *operçoit* – condensação das formas verbais *opère* e *perçoit*, opera e percebe, respectivamente (ref. à p.169)

38. Em francês: *ventouse* e *lathouse*. (ref. à p.171)

39. O mesmo para o português. (ref. à p.178)

40. Alusão à peça de Crommelynck, *Le Cocu Magnifique*. (ref. à p.180)

41. No original, "*... c'est-à-dire obscène, vinscène, si j'ose dire, bon exemple pour rire.*" A palavra, forjada por Lacan, arremeda Vincennes, local que abrigava à época a Universidade de Paris VIII e seu Departamento de Psicanálise. O adjetivo *vã*, que inserimos no texto, procura conservar esta homofonia. Foneticamente, vinscène pode ser escandido em *vingt scènes* (vinte cenas), como se lerá a seguir. (ref. à p.190)

42. No original, *hontologie*, condensação neológica de *honte* (vergonha) e *ontologie* (ontologia). (ref. à p.190)

43. *Les Temps Modernes*: importante revista de orientação esquerdista, em cujo Comitê de Direção se encontrava à época Jean-Paul Sartre. *Minute*: jornal de extrema direita. (ref. à p.191)

44. No original, *d'un dada* – palavra que designa o cavalo, na linguagem infantil, mas também conota, figuradamente, mania ou idéia fixa. Para captar-lhe o tom, convém lembrar que com ela se autobatizou o dadaísmo. (ref. à p.192)

45. Referência à nave espacial soviética Soyuz 9, que, duas semanas antes desta conferência de Lacan, retornara da expedição que constituiu a mais longa permanência, até então, do homem no espaço – 18 dias. (ref. à p.192)

46. Vatel foi o mordomo do príncipe de Cond, cuja morte trágica tornou-se célebre pela descrição de Mme. de Sevigné: julgando que faltaria peixe para o banquete que seu amo oferecia a Luís XIV, Vatel considerou-se responsável pelo erro e se suicidou no momento mesmo em que o peixe chegava ao palácio. (ref. à p.192)

47. A mordacidade da frase, que se perde em português, deve-se à alusão – clara em francês – à expressão *être chocolat* ou *rester chocolat* (estar ou ficar chocolate), que conota sofrer uma decepção, uma desilusão. (ref. à p.209)

48. No original, *paulhânerie*. A referência é a Jean Paulhan, escritor, diretor da "Nouvelle Revue Française" e fundador das *Editions de Minuit*. (ref. à p.209)

49. Cf. nota 28. (ref. à p.212)

50. O leitor brasileiro que comparar os trechos citados neste capítulo com seus correspondentes nas diversas versões da Bíblia em português, encontrará, na maioria dos casos, diferenças e mesmo divergências notáveis. É que a Igreja latina tem como cânone bíblico a Vulgata, versão latina feita por são Jerônimo, por volta de 400 d.C., a partir de fontes e idiomas variados. (ref. à p.220)

AGRADECIMENTOS DO TRADUTOR

A Paulo Rónai, mestre das traduções, que à revelia orientou este trabalho.

A Analucia Teixeira Ribeiro e Nelly Ladvocat Cintra, pela disposição e entusiasmo com que puseram seu sólido conhecimento de francês a serviço desta tradução.

Ao rabino Nilton Bonder, por sua gentileza em indicar a transliteração usual das referências bíblicas e das palavras em hebraico.

A Antonio Quinet, pela leitura atenta e as valiosas sugestções.

E, sobretudo, a Paulina Wacht de Roitman, colaboradora permanente e consultora, a quem se devem as primeiras versões de vários capítulos deste seminário.

A.R.

1ª EDIÇÃO [1992] 16 reimpressões

ESTA OBRA FOI COMPOSTA POR CAROLINA SOUZA EM
ADOBE GARAMOND E HELVETICA E IMPRESSA EM OFSETE PELA
BARTIRA GRÁFICA SOBRE PAPEL ALTA ALVURA DA SUZANO S.A.
PARA A EDITORA SCHWARCZ EM MARÇO DE 2025